Hornung / Lächler · Psychologisches und soziologisches Grundwissen für Krankenpflegeberufe

Rainer Hornung / Judith Lächler

Psychologisches und soziologisches Grundwissen für Krankenpflegeberufe

Ein praktisches Lehrbuch

Beltz Verlag · Weinheim und Basel

Neu ausgestattete Sonderausgabe 1997 des Titels
»Hornung / Lächler: Psychologisches und soziologisches Grundwissen für Krankenpflegeberufe. Ein praktisches Lehrbuch«
Beltz Psychologie Verlags Union, ISBN 3-621-27213-5

Herstellung: Klaus Kaltenberg
Druck: Druckhaus Beltz, Hemsbach
Umschlaggestaltung: Atelier Adolf Bachmann, Reischach
Umschlagabbildung: Bavaria Bildagentur, Gauting
Printed in Germany

ISBN 3-407-21021-3

Inhaltsverzeichnis

Einleitung 11

Teil I Krank werden, Patient werden 15

1 Zum begrifflichen Verständnis von Gesundheit und Krankheit 15

2 Das medizinische Vorfeld: Wenn der Laie selbst diagnostiziert und behandelt 16
2.1 Wie beeinflußt die soziale Schichtzugehörigkeit die Reaktion auf Krankheitssymptome? 17
2.2 Werden alle behandlungsbedürftigen Störungen behandelt? 18
2.3 Wie können Bedürfnisse der Kranken und Gesundheitsdienste besser aufeinander abgestimmt werden? 23
2.4 Phasen des Krankheitsverhaltens: Krankwerden 23

3 Von der Krankenrolle zur Patientenrolle 27
3.1 Die Rolle des Kranken 27
3.2 Die Rolle des Patienten 29
3.2.1 Erwartungen und Befürchtungen des Patienten 30
3.2.2 Reaktionen des Patienten 31

Fragen zur Wissensprüfung 32
Fragen zur Selbstaktualisierung 33

Teil II Pflegen wollen, Pflegen lernen 35

1 Motivation: Die Frage nach den Beweggründen unseres Verhaltens . . 35
1.1 Primäre und sekundäre Motive 37
1.2 Die Hierarchie von Motiven 37
1.3 Die „Stoßtheorie“ und die „Zugtheorie“ der Motivation 39
1.4 Unbewußte Motive 39

2 Sozialisation: Die Entwicklung der Persönlichkeit 40

3 Soziale Schichtung: Das Oben und Unten in der Gesellschaft 42
3.1 Theorien der sozialen Schichtung; die Klassentheorie von Karl Marx und die funktionalistische Schichtungstheorie 43

4 Theorien der Persönlichkeit 44
4.1 Persönlichkeitstypologien 46
4.2 Faktoranalytische Persönlichkeitstheorien 47
4.3 Die Persönlichkeitstheorie Freuds 48

5 Lernen 50
5.1 Klassisches Konditionieren: Das Lernen von Signalen 51
5.2 Instrumentelles Konditionieren: Lernen an den Konsequenzen . . . 53
5.3 Lernen am Modell (Modellernen): Lernen durch Beobachtung und Nachahmung 55

6 Der Konflikt: Wenn die Entscheidung schwerfällt 56
6.1 Die Qual der Wahl: Der Appetenz-Appetenz-Konflikt 56
6.2 Die Wahl des kleineren Übels: Der Aversions-Aversions-Konflikt . 56
6.3 „Ich möchte, aber...“: Der Appetenz-Aversions-Konflikt 57
6.4 Nach der Entscheidung 57

Fragen zur Wissensprüfung 59
Fragen zur Selbstaktualisierung 59

Teil III Die Rolle des Pflegers 61

1 Die Krankenpflege im Wandel 61

2 Was ist eine soziale Rolle? 64

3 Wie wird eine Rolle in Verhalten umgesetzt? 70

4 Wenn jemand aus der Rolle fällt 72

5 Wenn's nicht mehr rund rollt 74
5.1 Interrollenkonflikte 75
5.1.1 Zwei oder mehrere verschiedene Rollen konkurrieren miteinander, bzw. sind unvereinbar 75
5.2 Intrarollenkonflikte 76
5.2.1 Zwei oder mehrere Erwartungen an eine Rolle sind unvereinbar 76
5.2.2 Ein Rollensender stellt widersprüchliche Erwartungen an einen Rollenträger 76

5.2.3 Die Erwartungen des Rollensenders sind nicht vereinbar mit den Erwartungen, die der Rolleninhaber von sich selbst hat, seinem Rollenselbstbild 77
5.2.4 Der Rolleninhaber stellt an sich selbst und seine Rolle unvereinbare Erwartungen 77

6 Damit es wieder rollt 77
6.1 Konfliktbearbeitung durch Kommunikation 78
6.2 Konfliktbearbeitung durch innerpsychische Veränderungen 79
6.3 Konfliktbearbeitung durch soziale Veränderungen 80
6.4 Konfliktbearbeitung durch die Inanspruchnahme von Fremdhilfe . 81

Fragen zur Wissensprüfung 82
Fragen zur Selbstaktualisierung 82

Teil IV Die Pfleger – Patient-Beziehung 85

1 Kommunikation und Interaktion 85

2 Wege der Kommunikation 87
2.1 Kommunikation mit dem menschlichen Körper 88
2.1.1 Körperkontakt 88
2.1.2 Körperhaltung 89
2.1.3 Mimik und Gestik 89
2.1.4 Blickrichtung 90
2.2 Kommunikation durch Objekte 90
2.3 Kommunikation durch räumliche Distanz 90

3 Widersprüchliche Kommunikation: Wenn Kommunikation nicht mehr eindeutig ist 91
3.1 Die Beziehungsfalle oder die Theorie der Doppelbindung 91

4 Modell der Kommunikation 93
4.1 Feedback: Wie ist die Nachricht angekommen? 96
4.2 Interpunktion: Wer hat angefangen? 97

5 Wahrnehmung als sozialer Vorgang 98
5.1 Die Problematik des ersten Eindrucks 99
5.2 Was bestimmt und verzerrt unsere Wahrnehmung? 99
5.2.1 Wie kommt eine Wahrnehmungsverzerrung zustande? 100

6 Einstellungen, Stereotyp und soziale Vorurteile 101
6.1 Welche Funktion haben Vorurteile? 104
6.2 Wenn das Vorurteil sich selbst bestätigt 105

Fragen zur Wissensprüfung 106
Fragen zur Selbstaktualisierung 107

Teil V Pflegen in Gruppe und Institution 109

1 Was sind Gruppen? 109

2 Was können Gruppen für das Individuum bedeuten? 111
2.1 Kleingruppen – Primärgruppen 111
2.2 Größere, organisierte Gruppen – Sekundärgruppen 112
2.3 Bezugsgruppen: Gruppen, an denen wir uns orientieren 112
2.4 Die Wahrnehmung und Beurteilung eigener und fremder Gruppen . 113
2.5 Gruppen in Betrieb und Organisation 115

3 Die Entstehung und Entwicklung von Gruppen 116
3.1 Was bewegt Menschen, sich mit anderen zusammenzutun? 116
3.2 Phasen in der Entwicklung von Gruppen 118

4 Die Gruppe – ein System 119
4.1 Was sind Bestandteile von Gruppensystemen? 120
4.2 Einzelne Elemente von Gruppensystemen 122

5 Führungsverhalten in Gruppen 127
5.1 Führung innerhalb einer Organisation 127

6 Das Krankenhaus: Eine Institution 130
6.1 Was versteht man unter einer Institution? 130
6.2 Institutionelle und strukturelle Eigenarten des Krankenhauses . . . 131

Fragen zur Wissensprüfung 134
Fragen zur Selbstaktualisierung 134

Teil VI Zur Psychohygiene des Pflegers 137

1 Physische und psychische Anforderungen an die Pflegenden 137
1.1 Belastungen durch die Berufsrolle 139
1.2 Die Belastungen durch die Arbeit 140
1.3 Belastungen durch menschliche Beziehungen 144
1.4 Belastungen durch die Organisation 145

2 Wie Pflegende Belastungen zu bewältigen versuchen 146
2.1 Individuelle Problemlösungsversuche 148

3 Ein psychologischer Erklärungsansatz: Das Helfer-Syndrom 149

4 Die Krise: Risiko und Chance 151

5 Therapeutische Wege zur psychischen Gesundheit 154
5.1 Psychoanalyse 155
5.2 Gestalttherapie 156
5.3 Gesprächspsychotherapie 157
5.4 Verhaltenstherapie 159

6 Prävention: Was kann vorbeugend für die psychische Gesundheit der Pflegenden getan werden? 162
6.1 Institutionelle und individuelle Maßnahmen zur Verbesserung der Arbeitsbedingungen 162
6.1.1 Maßnahmen zur Verminderung der Arbeitsbelastungen . . . 164
6.1.2 Maßnahmen zur besseren Bewältigung von beruflichen und zwischenmenschlichen Problemen 166
6.1.3 Erhöhung der individuellen und sozialen Handlungskompetenz 169

Fragen zur Wissensprüfung 172
Fragen zur Selbstaktualisierung 172

Glossar 175

Literatur 180

Einleitung

Zur Vorgeschichte dieses Buches

Im September 1977 wurde in Bern eine „Vereinigung der Medizinsoziologen“ gegründet. Ziel dieser Vereinigung, der etwa zwei Dutzend im Bereich der Medizin bzw. des Gesundheitswesens tätige Sozialwissenschaftler angehören, ist es, den gegenseitigen fachlichen Kontakt anzuregen, die beruflichen Interessen zu artikulieren und die Anliegen der Medizinsoziologie zu fördern. An der konstituierenden Sitzung bildete sich neben anderen eine Arbeitsgruppe mit der Zielsetzung, eine Bestandesaufnahme des soziologischen Angebots in Lehre und Ausbildung für Berufe der Krankenpflege vorzunehmen. Es wurde zur Klärung dieser Frage eine Erhebung an 55 Schulen für Krankenpflege in der deutschsprachigen Schweiz durchgeführt (Ammann, A.; Burger, E.; Dechmann, M.; Hornung, R.; Lächler, J.; Stemmle, D.: Soziologie an Krankenpflegeschulen. Zeitschrift für Krankenpflege 2/1979, 93–95). Die Befragung führte zu folgenden Hauptergebnissen: Die Einstellung zu Soziologie und Medizinsoziologie als Lehrfach in der Pflegeausbildung war überwiegend positiv; beklagt wurde von etwa der Hälfte der befragten Schulen das zu theoretische Selbstverständnis des Faches und der mangelnde Praxisbezug; etwa zwei Drittel aller Schulen äußerten ein Bedürfnis nach der Vermittlung von Lehrmaterial.

Die Ergebnisse der Befragung und hier vor allem die geäußerte Unzufriedenheit mit dem vorhandenen Unterrichtsmaterial beeinflußten den Entschluß eines Teils der Arbeitsgruppe, ein Lehrmittel für den Unterricht in Soziologie und Medizinsoziologie zu entwickeln. In der Arbeitsgruppe, der anfänglich neben den beiden Autoren (Rainer Hornung, Judith Lächler) Alex und Ursula Ammann und Erika Burger angehörten, wurde versucht, ein Konzept für ein Lehrbuch zu entwickeln, das den Bedürfnissen der befragten Schulen Rechnung tragen sollte.

Zur Konzeption und zum Inhalt

Das von den Schulen für Krankenpflege geäußerte Interesse an einer möglichst praxisbezogenen Vermittlung von soziologischem Wissen haben Konzeption und Inhalt dieses Lehrbuches entscheidend beeinflußt. Es erschien uns sinnvoll, angesichts des großen Überschneidungsbereiches der beiden Disziplinen Medizinische Psychologie und Medizinische Soziologie, beide gemeinsam in einem Lehrbuch zu behandeln. Der Lernstoff ist am Gegenstandskatalog für die Fächer Medizinische Psychologie und Medizinische Soziologie der Approbationsordnung für Ärzte in der Bundesrepublik Deutschland von 1970 orientiert (vgl. Buser, K., Kaul H. (Hrsg.): Medizinische Psychologie, Medizinische Soziologie, Stuttgart, New York: Fischer 1978, 3–34). Der Inhalt des vorliegenden Bandes stellt eine Auswahl aus den beiden Fachbereichen dar. Der Schwerpunkt des Lehrbuches liegt auf Begriffen und Konzepten aus dem psychosozialen Bereich, wie Rolle, Kommunikation, Interaktion, Einstellung, Stereotyp, Vorurteil, Gruppe, Institution, die für das Erfassen und Verstehen der alltäglichen Berufspraxis im Krankenhaus von besonderer Bedeutung sind. Dies geschah in der Annahme, daß mit Hilfe dieser Begriffe am ehesten die von uns angestrebte Erhöhung der sozialen Handlungskompetenz des Pflegenden erreicht werden kann. Nicht berücksichtigt sind deshalb im Gegenstandskatalog aufgeführte Themen wie Ethologie, Erhebungs- und Meßmethoden, Demographie, psychophysiologische Zusammenhänge.

Die Autoren gehen davon aus, daß Lernen und insbesondere soziales Lernen im Kräftefeld von Emotionalität, Theorie und Praxis stattfindet. Für die Gestaltung dieses Lehrmittels bedeutet dies, daß neben den theoretischen Instrumenten und dem kognitiven Wissen, die dem Leser/Schüler zur Verfügung gestellt werden sollen, der Inhalt Möglichkeiten des emotionalen Angesprochenseins anbieten soll. Aus dieser Verbindung von emotionaler Betroffenheit einerseits und theoretischem Instrumentarium andererseits sollen neue Handlungsmöglichkeiten des Lernenden resultieren. Damit ist ein wesentliches Lernziel genannt; die Erhöhung der sozialen Handlungsfähigkeit des Pflegenden.

Hinweise zur Benutzung

Das Lehrbuch richtet sich in erster Linie an Pflegepersonen in Ausbildung und an Lehrkräfte. Darüber hinaus ermöglicht es bereits ausgebildeten Pflegepersonen die Auseinandersetzung mit den beiden Fachbereichen.

Die sechs Teile des Buches sind nach dem gleichen Muster aufgebaut. In die theoretischen Ausführungen des jeweiligen Kapitels sind Fallbeispiele aus einer fiktiven Abteilung B eines Krankenhauses eingebaut. An diesen Fallbeispielen werden alltägliche Probleme der Pflegepraxis aufgezeigt und mit Hilfe der eingeführten psychologischen und soziologischen Begriffe analysiert. Den Schluß jedes Teiles bilden „Fragen zur Wissensprüfung“, „Fragen zur Selbstaktualisierung“ und „Ergänzende und weiterführende Literatur“. Die Fragen zur Wissensprüfung sollen dem Leser/Schüler eine Gelegenheit geben, festzustellen, ob der im jeweiligen Kapitel behandelte Stoff von ihm verstanden wurde und in eigenen Worten wiedergegeben werden kann. Sie erfüllen damit zum großen Teil die Funktion einer Zusammenfassung. Die Beantwortung der Fragen setzt eine intensive Auseinandersetzung mit dem Inhalt des jeweiligen Kapitels voraus.

Die Fragen zur Selbstaktualisierung sollen das emotionale Angesprochensein durch den Stoff ermöglichen. Im thematischen Umfeld eines jeden Kapitels sollen durch sie Anstöße zur persönlichen Auseinandersetzung mit der jeweiligen Problematik gegeben und damit die Verbindung zur eigenen Lebenspraxis hergestellt werden.

Die ergänzenden und weiterführenden Literaturhinweise sollen eine Vertiefung der angesprochenen Themenbereiche erleichtern.

Das Glossar am Ende des Buches enthält, kurz erläutert, die im Text vorgestellten wichtigsten Begriffe.

Für Pflegepersonen werden im Text folgende Begriffe verwendet: Krankenschwester, Schwester, Pfleger, Pflegende. Die Begriffe Abteilung und Station, Abteilungsschwester und Stationsschwester werden als gleichwertige, austauschbare Begriffe betrachtet.

Die Abteilung B

Die Fallbeispiele des vorliegenden Lehrbuches spielen auf einer fiktiven Abteilung für innere Medizin eines mittelgroßen Krankenhauses: Die Abteilung B.

Das Personal unserer Abteilung setzt sich zusammen aus einem Oberarzt, einem Unterassistenten, einer Abteilungsschwester, zwei diplomierten Krankenschwestern, zwei Schwesternschülerinnen, einem Pflegeschüler und einer Schwesternhilfe.

Dr. med. Burkard	Oberarzt
Herr Fischer	Unterassistent
Sr. Ruth	Abteilungsschwester
Sr. Christa	Pflegende Schwester
Sr. Anja	Pflegende Schwester
Sr. Sonja	Schülerin
Sr. Gerda	Schülerin
Felix Müller	Schüler
Frau Anna	Schwesterhilfe

Teil I
Krank werden, Patient werden

Im ersten Kapitel werden wir uns mit Fragen beschäftigen, die die Rolle des Kranken und Patienten betreffen. Wie wird jemand zum Kranken und schließlich zum Patienten? Welche Vorstellungen über Gesundheit und Krankheit sind in der Bevölkerung vorhanden? Wann und in welcher Form wird auf bestimmte körperliche Störungen reagiert? Welche Erwartungen richten sich an die Rolle des Kranken und Patienten?

1 Zum begrifflichen Verständnis von Gesundheit und Krankheit

Was heißt Gesundsein und Kranksein? Eine allgemeine gültige und verbindliche Antwort auf diese Frage ist schwierig und läßt sich wohl kaum geben. Je nach dem eigenen Standort und der eigenen Perspektive werden andere Aspekte von Gesundheit und Krankheit bedeutsam. Die Phänomene Gesundheit und Krankheit lassen sich somit nicht nur aus einer medizinischen Sicht heraus beschreiben.

Das traditionelle *medizinisch-biologische* Verständnis von Hartmann (Enke u. a., 1973, S. 286) definiert Gesundheit als „das geordnete Zusammenspiel normaler Funktionsabläufe und des normalen Stoffwechsels". Krankheiten sind unerwünschte Abweichungen von diesem Zusammenspiel. Neben dieser am körperlichen Zustand orientierten Definition lassen sich psychologische und soziologische Gesundheits- und Krankheitsdefinitionen anführen, die die psychische und gesellschaftliche Bedeutung von Gesundheit und Krankheit in den Vordergrund stellen.

Aus *psychologischer* Perspektive läßt sich Gesundheit als Möglichkeit und Chance zur Erlangung von Wohlbefinden, Bedürfnisbefriedigung und individueller Selbstverwirklichung beschreiben. Sigmund Freud[1] hat Gesundheit als die Fähigkeit lieben und arbeiten zu können definiert. Das Nichtvorhandensein dieser Fähigkeiten und Möglichkeiten verweist danach auf einen krankhaften Zustand.

Der Soziologe Talcot Parsons (Enke u. a., 1973, S. 286) definiert „Gesundheit ... als Zustand optimaler Leistungsfähigkeit des Individuums für die wirksame Erfüllung der Rollen und Aufgaben, für die es sozialisiert worden ist". Die

1 Begründer der Psychoanalyse

Beteiligung am gesellschaftlichen System durch die Übernahme und das Ausführen von sozialen Rollen und Aufgaben ist somit aus *soziologischer* Sicht das wesentliche Merkmal von Gesundheit. Gesundheit wird hier zu einer entscheidenden Voraussetzung für das Bestehen und die Weiterentwicklung einer Gesellschaft.

Der *Gesundheitsbegriff der Weltgesundheitsorganisation* (WHO = World Health Organization) hat versucht, die drei erwähnten Aspekte von Gesundheit und Krankheit (den körperlichen, psychischen und sozialen Aspekt) aufzunehmen: „Gesundheit ist ein Zustand vollkommenen körperlichen, geistigen und sozialen Wohlbefindens und nicht allein das Fehlen von Krankheit und Gebrechen". Diese im wesentlichen an der psychologischen Kategorie des Wohlbefindens orientierte Definition ist problematisch. Das „vollkommene Wohlbefinden" ist eine unrealistische, ja geradezu utopische Zielvorstellung.

Nach dieser Definition dürfte sich wohl kaum ein Mensch als gesund bezeichnen dürfen. In der Definition wird ferner Gesundheit als ein statischer Zustand betrachtet und nicht als ein dynamischer sich immer wieder verändernder Prozeß. Gleichwohl kommt diesem Begriff das Verdienst zu, das Verständnis von Gesundheit und Krankheit aus einer einseitig medizinischen Perspektive herausgeholt und den Blick frei gemacht zu haben für die psychischen und sozialen Bedingungsfaktoren.

Neuere Richtungen in der Medizin haben die Definition der Weltgesundheitsorganisation aufgenommen und auf das Krankheitsverständnis übertragen. Danach hat jede Krankheit einen biologischen, einen psychischen und einen sozialen Anteil.

Dieses Krankheitsverständnis wird als „biopsychosoziales Modell" im Gegensatz zum traditionellen „biomedizinischen Modell" bezeichnet (Engel, 1979 und 1980).

2 *Das medizinische Vorfeld: Wenn der Laie selbst diagnostiziert und behandelt*

Innerhalb einer Gesellschaft sind gewisse Vorstellungen vorhanden, was als krank zu gelten hat und wie man auf gesundheitliche Störungen reagieren sollte. Diese Vorstellungen werden als **Laienverständnis** bzw. **Laiendefinition von Krankheit** bezeichnet. Bevor ein Mensch mit einer gesundheitlichen Störung einen Arzt aufsucht, werden diese für das Alltagsleben bedeutsamen Laienvorstellungen von Krankheit wirksam. In diesem vormedizinischen Bereich wird entschieden, ob ein Mensch sich selbst behandelt (zum Beispiel durch heiße Umschläge) oder ganz einfach abwartet, ob er Vertreter nichtärztlicher Berufsgruppen konsultiert (Apotheker, Heilpraktiker u. a.) oder ob er fachärztliche Hilfe in Anspruch nimmt.

Das was im einzelnen als krank definiert wird und als behandlungsbedürftig gilt, variiert zwischen den verschiedenen gesellschaftlichen Gruppierungen. Ob ein Mensch eine gesundheitliche Störung wahrnimmt und als behandlungsbedürftig betrachtet, wird von sozialen und psychologischen Faktoren beeinflußt, wie soziale Schichtzugehörigkeit, Religionszugehörigkeit, Familienstruktur und den Erfahrungen, die früher mit ähnlichen Störungen gemacht wurden.

2.1 *Wie beeinflußt die soziale Schichtzugehörigkeit die Reaktion auf Krankheitssymptome?*

Die folgenden Ergebnisse einer Studie zeigen, wie soziale Schichtzugehörigkeit die Reaktion auf einzelne Krankheitssymptome beeinflußt (Koos, 1970). In dieser Studie wurden den Bewohnern einer amerikanischen Provinzstadt verschiedene leicht wahrnehmbare Symptome vorgegeben mit der Frage, welche nach ihrer Meinung behandlungsbedürftig wären und eine ärztliche Konsultation notwendig machten. Die unterschiedliche Reaktion der einzelnen Schichten auf die vorgelegten Symptome zeigt Tabelle 1.

Tabelle 1: Prozentsatz von Befragten in jeder sozialen Gruppe, die bei spezifischen Symptomen die Notwendigkeit ärztlicher Konsultation bejahen.*

Symptom	Gruppe I Oberschicht (N = 51)**	Gruppe II Mittelschicht (N = 335)**	Gruppe III Unterschicht (N = 128)**
Appetitlosigkeit	57 %	50 %	20 %
Hartnäckiges Rückenweh	53	44	19
Fortgesetztes Husten	77	78	23
Hartnäckige Glieder- und Muskelschmerzen	80	47	19
Blut im Stuhl	98	89	60
Blut im Urin	100	93	69
Übermäßige Vaginalblutungen	92	83	54
Anschwellen der Fußknöchel	77	76	23
Gewichtsverlust	80	51	21
Zahnfleischbluten	79	51	20
Chronische Müdigkeit	80	53	19
Kurzatmigkeit	77	55	21
Hartnäckiges Kopfweh	80	56	22
Ohnmachtsanfälle	80	51	33
Schmerz im Brustkorb	80	51	31
Kloß in der Brust	94	71	44
Kloß im Unterleib	92	65	34

* Prozentsätze auf- und abgerundet
** N = Anzahl befragter Personen (Aus: Koos in Mitscherlich u. a. 1970, S. 306)

Auffallend ist, daß die Bejahung der Behandlungsbedürftigkeit unter den Befragten der Gruppe I (Oberschicht) einheitlich höher als in den anderen Gruppen ist. Lediglich zwei Symptome - Appetitlosigkeit und hartnäckiges

Rückenweh – werden von weniger als 75 Prozent dieser Gruppe als ernsthafte Störungen bezeichnet. In der Gruppe II (Mittelschicht) wurde bereits den einzelnen Symptomen geringere Bedeutung beigemessen mit Ausnahme des Symptoms fortgesetzter Husten. Hier wiesen die Befragten der Gruppe II mit 78 Prozent den höchsten Prozentsatz der drei Gruppen auf. Im Gegensatz zu den beiden ersten Gruppen zeigen die Angehörigen der sozialen Unterschicht (Gruppe III) eine deutliche Gleichgültigkeit gegenüber den vorgegebenen körperlichen Störanzeichen. Nur drei Symptome – Blut im Stuhl, Blut im Urin und übermäßige Vaginalblutungen – betrachten mehr als 50 Prozent der Befragten als behandlungsbedürftige Störungen. Eine Gemeindeschwester der untersuchten Provinzstadt gab für die niedrigen Prozentsätze in der Gruppe III folgende Erklärung (Koos in Mitscherlich u. a. 1970, S. 306–307):

„Etwas Ähnliches hatte ich erwartet. Die armen Leute in unserer Gegend wissen nicht viel über Krankheit, aber wie auf uns alle ist auch auf sie jahrelang der Tuberkulose-Feldzug heruntergeprasselt, und wenn sie überhaupt vor etwas Angst haben, dann vor einer Lungenkrankheit ... Was das Rückenweh angeht, Müdigkeit und Steifheit, warum sollten sie sich darüber Sorgen machen? Du lieber Himmel, das sind ständige Begleiter für arme Leute mit schlechter Ernährung, schlechter Betreuung nach Geburten, zuviel Arbeit und all dem übrigen. Ich wäre überrascht, wenn sie diese Dinge nicht sagen würden."

Ein Großteil von gesundheitlichen Störungen verbleibt also im vormedizinischen Bereich, obwohl aufgrund der gesundheitlichen Beeinträchtigung die Inanspruchnahme ärztlicher Hilfe angezeigt wäre. Das Verhalten von Personen, die trotz schwerwiegender gesundheitlicher Störungen fehlendes oder falsches Krankheitsverhalten zeigen (zum Beispiel Selbstbehandlung, obwohl ärztliche Behandlung nötig wäre), wird als „underutilization" bezeichnet. Man darf also davon ausgehen, daß viele Erkrankungen nicht medizinisch behandelt werden, obwohl es notwendig wäre. Das Vorhandensein eines medizinischen Dunkelfeldes konnte in verschiedenen Untersuchungen aufgezeigt werden.

2.2 Werden alle behandlungsbedürftigen Störungen behandelt?

Das Auseinanderklaffen von behandlungsbedürftigen Störungen und tatsächlicher Behandlung wurde von Srole und Mitarbeitern in der sogenannten Midtown-Manhatten-Studie eindrücklich demonstriert. Die epidemiologische Untersuchung wurde in den 50er Jahren in einem psychiatrisch vermeintlich bestversorgten New Yorker Stadtteil an einer repräsentativen Stichprobe durchgeführt. Die dabei gewonnenen Ergebnisse decken sich in ihrer Tendenz mit einer Reihe ähnlicher Studien. Tabelle 2 zeigt, daß von 100 psychiatrisch behandlungsbedürftigen Personen 73 nie in Behandlung waren.
Eine Aufschlüsselung der Personen nach sozialer Schichtzugehörigkeit ergab, daß Angehörige oberer Schichten nicht dieses ausgeprägte psychotherapeutische Abstinenzverhalten zeigten. Hier waren es nur 49 von 100 Personen gegenüber 79 in den unteren sozialen Schichten, die eine fachliche Behandlung nicht in

Tabelle 2: Psychiatrische Behandlungsbedürftigkeit und Inanspruchnahme professioneller Beratung (Midtown-Manhatten-Studie). Für die Inanspruchnahme professioneller Beratung entschieden sich von den behandlungsbedürftigen Untersuchungsprobanden (N = 389)

In Behandlung stehende Patienten	5,4%
Es standen zu einem früheren Zeitpunkt in Behandlung	21,3%
Bisher nicht in Behandlung (73,3%)	
„Suche einen Psychotherapeuten auf"	13,4%
„Suche einen Arzt auf"	8,5%
„Suche den Angehörigen eines anderen Berufes auf"	7,2%
Nehme keine professionelle Beratung in Anspruch	44,2%

(v. Ferber, 1975, S. 4)

Anspruch nahmen. Über die Gültigkeit und Zuverlässigkeit psychiatrischer Diagnosen läßt sich streiten, so daß diese Ergebnisse nicht unbedingt geeignet sind, die Existenz eines medizinischen Dunkelfeldes überzeugend nachzuweisen. Ähnliche Befunde ließen sich jedoch auch für Erkrankungen mit einer höheren diagnostischen Zuverlässigkeit erbringen. So wurde z.B. bei einer Vorsorgeuntersuchung an 11 000 Berufstätigen in Westberlin bei 6 Prozent der Untersuchten ein starker Verdacht auf einen Leberschaden festgestellt. Von diesen 6 Prozent wußten ¾ nicht einmal, daß sie ein Leberleiden hatten (Siegrist 1975, S. 94–95).

Neben der Nichtannahme der Krankenrolle aufgrund des nichtvorhandenen Wissens, kann die Krankenrolle aber auch aus anderen beispielsweise psychischen oder familiären Gründen zurückgewiesen werden, obwohl die Annahme der Krankenrolle und die Inanspruchnahme medizinischer Leistungen durch die soziale Umwelt nahegelegt wird. Malzahn (1975, S. 254) führt hierfür folgendes Beispiel an:

„Eine durch Haushalt und Kinder überforderte Mutter zeigt alle Anzeichen einer psychophysischen Erschöpfung, hat aber kaum ein subjektives Krankheitsbewußtsein entwickelt. Mit der Aufforderung der besorgten Freunde unbedingt auf Kur zu gehen, wird versucht, ihr die Krankenrolle zuzuweisen. Aus mangelnder Identifikation mit dieser als passiv empfundenen Rolle und mit dem sekundär motivierten Hinweis, sie könne nicht alles stehen und liegen lassen, akzeptiert sie die Krankenrolle nicht."

Neben diesen Personen, die keine ärztliche Hilfe in Anspruch nehmen, obwohl es aus objektiven Gründen notwendig wäre, läßt sich eine weitere Gruppe mit einem unangemessenen Gesundheits- bzw. Krankheitsverhalten feststellen. Es handelt sich hierbei um Personen, die sich in ärztliche Behandlung begeben, obwohl eine Behandlung aus medizinischen Gründen nicht angezeigt ist. Hinter diesem als „overutilization" oder „overconsumption" bezeichneten Verhalten können neben hypochondrischen Gründen die verschiedensten Motive stehen, etwa das Motiv durch die Krankheitsbestätigung des Arztes persönlichen Mißerfolg zu erklären, sich aus einer belastenden Lebenssituation lösen zu können oder ganz einfach ein allgemeines Kontaktbedürfnis.

Auch für den Bereich der *Symptompräsentation* beim Arztbesuch lassen sich innerhalb einer Gesellschaft Variationen im Verhalten einzelner Bevölkerungsgruppen feststellen. Es ist bekannt, daß Angehörige unterer sozialer Schichten bei Krankheitsanzeichen dazu neigen, diese zu somatisieren und in den körperlichen Bereich umzusetzen. Dies scheint mit einer in diesen Schichten vorherrschenden Meinung zusammenzuhängen, daß es zur Legitimierung eines Arztbesuchs notwendig ist, eine körperliche Störung vorzuweisen und daß somatische Erkrankungen ohnehin ehrenwerter sind als psychische, die nicht im oder am Körper festgemacht werden können. Hinter diesem Verhalten steht die realistische und begründbare Angst vor den sozialen Stigamtisierungs- und Ausschließungsprozessen, welche durch das diagnostische Etikett „psychisch krank" ausgelöst werden können. Diese Angst mit dem Etikett „psychisch krank" behaftet zu werden oder umgangssprachlich gesagt „verrückt" zu sein oder zu „spinnen" und die im Zusammenhang damit ablaufenden gesellschaftlichen Prozesse der Abstempelung und Absonderung sind in den vergangenen Jahren Gegenstand der Soziologie des abweichenden Verhaltens geworden (Labeling- bzw. Etikettierungstheorie).

Die Etikettierungs- oder Labeling-Theorie (z.B. Becker, 1973) geht davon aus, daß das was als normal oder krank gilt, weniger von bestimmten Persönlichkeitsmerkmalen abhängt als vielmehr von der Bewertung dieser Merkmale durch die soziale Umwelt. So macht beispielsweise nicht das bizarre, unverständliche Verhalten eines Menschen in erster Linie aus, daß er als verrückt betrachtet wird, sondern die Reaktion der Umwelt auf dieses Verhalten. Oder anders gesagt: „Verrückt" ist, wer von der Umwelt als „verrückt" betrachtet wird. Wie schmerzhaft dieser Prozeß der Aussonderung erlebt wird, zeigt das Beispiel eines Menschen mit einem manisch-depressiven Gemütsleiden (Wieser, 1973, S. 99):

> „Bis zu meinem 18. Lebensjahr war ich gesund und kam dann im Sommer in die Nervenklinik und mußte anschließend, nachdem ich 9 Wochen in der Klinik gewesen war, zu Hause erfahren, daß mich kein Mensch mehr beachtete. Man hat mich verlacht, vor meinen Augen, und ich wurde nicht mehr eingeladen. Ich konnte nicht mehr in den Turnverein gehen, wo ich früher war; plötzlich wurde ich da wie eine Aussätzige behandelt. Ich konnte mich also gar nicht mehr unter die normalen Bürger begeben, und es wurden Sachen über mich erzählt, die wirklich nicht den Tatsachen entsprachen. Selbst meine Geschwister wurden schon im Ort gemieden. Es war so, daß man überhaupt jeglichen Kontakt zu mir vermied. Man wollte einfach nichts mehr mit mir zu tun haben. Ich war praktisch abgeschrieben für die ganze Bevölkerung. Es waren nur zwei Freundinnen, die zu mir gehalten haben, die mich noch einluden und mit denen ich wirklich noch Kontakt hatte. Alle anderen hatten sich von mir gewandt."

An diesem Beispiel wird das Phänomen der **sozialen Distanz** deutlich sichtbar. Soziale Distanz läßt sich ausdrücken im Grad der Bereitschaft ein Mitglied einer anderen Gruppe in einer bestimmten sozialen Nähe zu dulden, zum Beispiel als Wohnungsnachbar oder als Arbeitskollege. Die räumliche Nähe oder Ferne läßt auf die Akzeptierung bzw. Ablehnung der jeweiligen Gruppenmitglieder schließen.

Die **Bogardus Skala** ist ein Maß, das entwickelt wurde, um den sozialen Abstand, die soziale Distanz zwischen verschiedenen Gruppen zu erfassen. Die ursprüngliche Skala umfaßt sieben Stufen der sozialen Nähe bzw. Distanz. Mit dieser Skala werden Personen befragt, welche Form der Beziehung zu Mitgliedern bestimmter ethnischer oder sozialer Gruppen akzeptiert wird:

1. in der nächsten Verwandtschaft durch Heirat,
2. in dem eigenen Verein als persönlicher Freund,
3. als Nachbar in der eigenen Straße,
4. als Mitarbeiter im eigenen Betrieb,
5. als Mitbürger im eigenen Land,
6. nur als Besucher im eigenen Land,
7. Ausweisung aus dem eigenen Land.

Die soziale Distanz zu Kranken ist unterschiedlich groß. Besonders groß ist sie zu Personen mit psychischen und geistigen Erkrankungen. Innerhalb dieser Gruppe lassen sich wiederum Unterschiede zwischen den einzelnen psychischen Krankheiten feststellen. In der folgenden Untersuchung wurde die Ablehnung und soziale Distanz zu Menschen mit vier psychiatrischen Krankheitsdiagnosen gemessen: Neurotiker, einfache Schizophrenie, Alkoholabhängiger Schizophrenie mit Wahn. Verwendet wurde ein nach dem Prinzip der Bogardus Skala konstruiertes Maß. Am deutlichsten war die Ablehnung gegenüber Personen mit paranoider (wahnhafter) Schizophrenie. Sie ist die am stärksten sozial abgewertete und abgelehnte Patientengruppe. Lediglich 16 Prozent würden ein Zimmer an einen Patienten mit dieser Diagnose vermieten, 23 Prozent würden ihn als Arbeitskollegen akzeptierten und 58 Prozent würden ihn als Wohnungsnachbar tolerieren (Tabelle 3).

Paranoide Schizophrenie ist gleichzeitig die für den Durchschnittsbürger am wenigsten einfühlbare und am meisten furchtauslösende Erkrankung. Ist hier die Angst vor dem Unbekannten, Uneinfühlbaren und Unberechenbaren Ursache der sozialen Distanz?
Das Etikett „psychisch krank“, wenn es einmal einem Menschen zugeteilt wurde, führt dazu, daß man mit diesem Menschen anders umgeht. Man meidet beispielsweise den Kontakt mit diesem Menschen, versucht ihn aus dem gesellschaftlichen Alltagsleben auszuschließen und bringt ihn so in eine Situation des Ausgesondert- und Ausgeschlossenseins. Hier hat also nicht das psychisch auffällige Verhalten, sondern die Reaktion der Gesellschaft bewirkt, daß das Individuum abgestempelt und aus der Gesellschaft ausgestoßen wird.

Wie schwer es ist, ein einmal erhaltenes Etikett „psychisch krank“ wieder loszuwerden, wurde von dem amerikanischen Psychologieprofessor Rosenhan (1973) in einer Reihe von Experimenten aufgezeigt. Gemeinsam mit sieben anderen Personen (Psychologen, Kinderärztin, Maler, Hausfrau) ließ er sich in verschiedene psychiatrische Kliniken aufnehmen. Alle klagten über dasselbe in Wirklichkeit jedoch nicht vorhandene Symptom: ein paarmal seltsame Stimmen gehört zu haben, die hohl und dumpf geklungen hätten. Alles weitere, was sie im

Tabelle 3: Ablehnung und Sozialdistanz zu psychisch Kranken mit folgenden Diagnosen: Neurotiker, einfache symptomare Schizophrenie, Alkoholiker, Schizophrenie mit Wahn. Zur Kontrolle: Sozialdistanz normalen Personen gegenüber. Die Zahl der Befragten betrug 263. Angegeben ist jeweils der Anteil der Befragten in Prozent, die den Aussagen zugestimmt haben

	Normalperson	Neurotiker	Einfache Schizophrenie	Alkoholiker	Paranoide Schizophrenie
Einheiraten lassen	80	55	20	5	3
Gemeinsam in einem Appartement wohnen	89	68	36	7	11
Zimmer vermieten an	92	74	48	13	16
Gemeinsam arbeiten mit	94	84	60	27	23
In Klub einführen	95	90	75	46	39
Tür an Tür wohnen	97	94	89	66	58
Keine Kontakte unterhalten	3	6	11	33	42
Index der Ablehnung (0 = keine, 3 = mittelgradige 6 = totale Ablehnung)	0,46	1,36	2,64	4,28	4,47

Anmerkung: Die Bevölkerung wurde selbstverständlich nicht ausdrücklich nach Diagnosen befragt: Bei der Umfrage wurde den Befragten vielmehr eine volkstümliche Fassung der Krankengeschichte des jeweiligen Falles vorgelesen.
(Nach Blizard, 1969, in Wieser, 1973, S. 105)

Verlauf des Gesprächs erzählten, entsprach der Wahrheit, und auch sofort nach ihrer Aufnahme in die Klinik verhielten sie sich völlig normal. Das zugeteilte diagnostische Etikett „Schizophrenie“ blieb jedoch an ihnen haften. Die durchschnittliche Verweildauer der sieben Personen in den psychiatrischen Kliniken betrug 19 Tage. Entlassen wurden sie als „vorübergehend symptomfreie Schizophrene“.

2.3 *Wie können Bedürfnisse der Kranken und Gesundheitsdienste besser aufeinander abgestimmt werden?*

Die beschriebenen Fehlverhaltensweisen des Patienten, nämlich ärztliche Hilfe zu beanspruchen, ohne daß dies aus medizinischen Gründen notwendig wäre („overutilization"), und andererseits dort, wo es nötig wäre, sich nicht in ärztliche Behandlung zu begeben („underutilization"), werden durch das **Prinzip der Patientensteuerung** im Gesundheitswesen verstärkt bzw. erst ermöglicht. Dieses Prinzip der Patientensteuerung meint, daß die Entscheidung, sich medizinisch behandeln zu lassen, im Normalfall vom Patienten gefällt wird. Ausnahmen von diesem Prinzip sind beispielsweise dann gegeben, wenn es zu Zwangsbehandlungen und Zwangseinweisungen etwa in psychiatrische Kliniken kommt. Die medizinsoziologische Forschung versucht, die an diesem Entscheidungsprozeß beteiligten gesundheitsfördernden bzw. -hindernden Faktoren aufzudecken und sie im Sinne einer effizienten medizinischen Versorgung der Bevölkerung zu beeinflussen.

Dabei sind zwei Ansatzpunkte denkbar. Einerseits soll die medizinische Kompetenz, die Entscheidungsfähigkeit des Patienten und des gesunden Menschen erhöht werden. Das heißt, er soll angemessen entscheiden können, welche vorsorgenden Maßnahmen er für die körperliche und geistige Gesundheit treffen kann. Er soll weiter wissen, wann eine gesundheitliche Störung von ihm selbst bewältigt werden kann und wann er sich in medizinische Behandlung begeben sollte. Die Erhöhung dieser Entscheidungs- und Handlungsfähigkeit ist eine der Hauptaufgaben der *Gesundheitserziehung*.

Ein zweiter Ansatzpunkt ist bei den Gesundheitsdiensten denkbar. Es gilt um das sogenannte „underutilization"-Verhalten zu verhindern, die Gesundheitsdienste patientennäher zu machen, sie näher an die jeweiligen Arbeits- und Lebenssituation der Bevölkerung heranzubringen. Maßnahmen und Institutionen, um dieses Ziel zu erreichen, könnten sein: Vorsorgeuntersuchungen in Betrieben, lokale Gesundheitszentren.

2.4 *Phasen des Krankheitsverhaltens: Krankwerden*

Der Bereich, der nicht durch das medizinische System abgedeckt wird, in dem Laienvorstellungen von Gesundheit und Krankheit das Verhalten beeinflussen, läßt sich in verschiedene Phasen einteilen: Symptomwahrnehmung, Symptominterpretation und Beurteilung der Behandlungsbedürftigkeit, Entscheidung über Art der Behandlung und Inanspruchnahme von Hilfe.

a) Symptomwahrnehmung

Der Ausgangspunkt einer gesundheitlichen Störung ist die Wahrnehmung von körperlichen Krankheitszeichen, bzw. Anzeichen von körperlichem Schmerz: die Phase der Symptomwahrnehmung. Bereits zum Zeitpunkt der Symptomwahrnehmung zeigen sich deutliche Unterschiede. So variiert beispielsweise die Fähigkeit, Schmerz zu ertragen *(Schmerztoleranz)* beträchtlich zwischen einzelnen Gruppierungen und einzelnen Menschen. Es zeigte sich in Untersuchungen in den Vereinigten Staaten, daß italienische und jüdische Patienten eine geringere Schmerztoleranz aufwiesen und zu einer „Übertreibung" ihrer Schmerzen neigten als alteingesessene Amerikaner und insbesondere irische Einwanderer, die selbst dort Schmerzen negierten, wo sie eigentlich bestehen sollten (Siegrist, 1975, S. 101).

b) Symptominterpretation und Beurteilung der Behandlungsbedürftigkeit

Es wurde bereits gezeigt, wie die Schichtzugehörigkeit die Beurteilung der Behandlungsbedürftigkeit von Krankheitssymptomen beeinflußt. Symptome nicht wahrhaben wollen bezeichnet man als *Symptomverleugnung* oder *Symptomverdrängung.* Symptomverleugnung und -verdrängung werden vor allem von Menschen betrieben, die sich stark am gesellschaftlichen Männlichkeitsideal orientieren. Für diese Menschen bedeutet Männlichkeit aktiv und dynamisch zu sein, sich nicht unterkriegen zu lassen und keine Schwächen zu zeigen. Krank zu werden und damit körperlich schwach, passiv und hilfsbedürftig zu sein, widerspricht und bedroht in extremem Maße dieses Männlichkeitsbild. Dies führt dazu, daß an diesen supermännlichen Idealvorstellungen auch dann zwanghaft festgehalten wird, wenn medizinische Gründe dagegen sprechen oder persönliche Bedürfnisse das Zulassen von Passivität, Schwäche und Zuwendung verlangen. Richter (1974) hat diesen Zustand des Mannes, der sich dem gesellschaftlichen Ideal von Männlichkeit uneingeschränkt unterworfen hat, mit „Krankheit des Mannes, der nicht leiden darf" umschrieben.

Paradoxerweise stellt das männliche Persönlichkeitsprofil selbst einen Risikofaktor für Herzkreislauferkrankungen dar. Rosenman und Mitarbeiter haben zwei Verhaltensmuster herausgearbeitet, den Typ A und den Typ B. Das Verhaltensmuster A, welches das Risiko für Herzinfarkt deutlich erhöht, entspricht den gesellschaftlichen Idealvorstellungen des männlichen Mannes: erfolgsorientiert, tatkräftig, ehrgeizig, dynamisch, immer unter Zeitdruck. Der Typ B ist gekennzeichnet durch das Fehlen dieser Merkmale. Er ist gleichsam der Gegentyp zum Typ A. Für ihn sind nichtleistungsorientierte Dinge, wie Entspannung, Muße, Kreativität, soziale Beziehungen wichtig.

c) Entscheidung über Art der Behandlung und Inanspruchnahme von Hilfe

Ein Mensch kann abwarten, bis der Schmerz allein vorübergeht, Versuche der Selbsttherapie und Selbstmedikation unternehmen oder den Rat der Familienmitglieder, Freunde, Bekannten oder Arbeitskollegen einholen: die **Konsultation im Laiensystem.** In diesem Bereich der Laienmedizin oder Volksmedizin kann grundsätzlich jeder „Diagnostiker" (an sich oder anderen einen krankhaften Zustand feststellen) und „Therapeut" sein (sich selbst behandeln oder anderen Ratschläge erteilen, was sie gegen eine gesundheitliche Störung tun sollten). Ein Großteil der gesundheitlichen Störungen verbleibt in diesem Bereich und wird dort mit mehr oder weniger bewährten Hausmitteln behandelt. Die Konsultation im Laiensystem kann aber auch zu einer *Überweisung zu nichtärztlichen Berufsgruppen* (Apotheker, Heilpraktiker u. a.) *oder zum Arzt* führen. Man spricht innerhalb der Medizinsoziologie vom „lay referal system" dem *Laienüberweisungs-* oder *Laienempfehlungssystem* und bezeichnet damit ein Verhalten, durch das eine mutmaßlich kranke Person von Laien an medizinische Fachleute verwiesen wird.

Das Laiensystem hat also eine erste Filterfunktion für eine medizinische Behandlung, da hier bestimmt wird, wer wohin überwiesen wird. Eine Gefahr des Laiensystems besteht darin, daß die erteilten Ratschläge häufig nicht nützlich, mitunter sogar schädlich sind. Ein Vorteil ist, daß es hier noch möglich ist, einen Menschen in seinem gesamten Lebenszusammenhang zu erfassen und eine gesundheitliche Störung als Ergebnis psychischer und sozialer Bedingungen zu verstehen und gegebenenfalls auch direkt z. B. innerhalb der Familie auf sie einzuwirken.

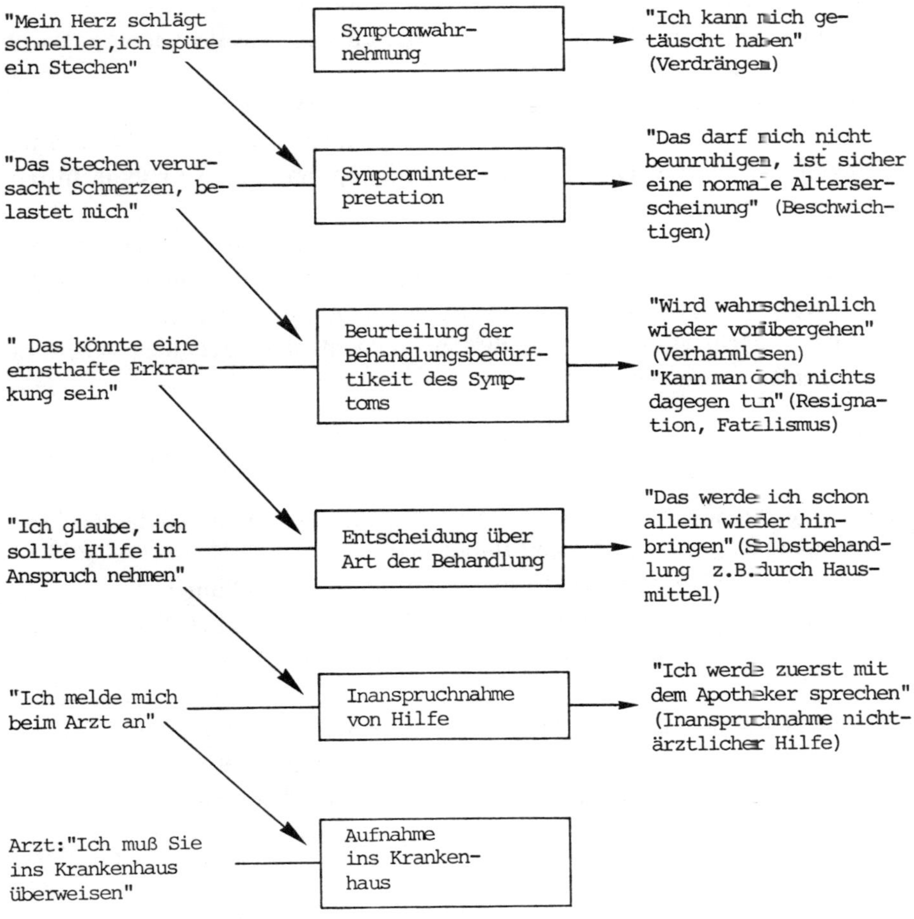

Abbildung 1: Phasen des Krankheitsverhaltens („Frau M. wird krank")
(vgl. v. Troschke, 1979, S. 134)

Frau M. wird krank

Sr. Anja mißt den Blutdruck von Frau M. Bei dieser Gelegenheit erzählt ihr Frau M. ihre Krankheitsgeschichte. Anfänglich hatte sie nur ein Stechen in der Nähe des Herzens verspürt, dem sie nur wenig Bedeutung zugeschrieben hatte. Sie dachte, das sei eine normale Alterserscheinung. Später als das Stechen immer stärker und schmerzhaft wurde, wurde Frau M. unsicher. Sie dachte jetzt zum ersten Mal daran, daß dahinter eine ernsthafte Erkrankung stehen könnte. Zunächst hatte sie mit dem Apotheker gesprochen. Dieser hatte ihr eindringlich nahegelegt, sich in ärztliche Behandlung zu begeben. Und der Arzt hatte sie dann nach einer ersten Untersuchung ins Krankenhaus eingewiesen.

Während des gesamten Prozesses von der Symptomwahrnehmung bis zur Einweisung ins Krankenhaus kann Frau M. Ratschläge im Laiensystem einholen. Sie kann Familienmitglieder, Freunde und Bekannte fragen, ob sie an sich selbst schon einmal ein ähnliches Symptom festgestellt haben, was sie damals gemacht haben und was sie ihr empfehlen würden.

Natürlich muß nicht notwendigerweise nach der Wahrnehmung eines Symptoms der gesamte beschriebene Ablauf erfolgen. So kann bei Anzeichen ernster Erkrankungen sofort nach Auftreten eines Symptoms die Aufnahme in das Krankenhaus erfolgen.

Aufgrund seiner Untersuchungen an verschiedenen Bevölkerungsgruppen hat Zola (1973) versucht aufzuzeigen, welche Faktoren nach einer langen Zeit der Symptomverleugnung und Symptomverschleppung die Patienten veranlassen, dann doch fachliche Hilfe in Anspruch zu nehmen und den Arzt aufzusuchen. Er fand fünf solcher auslösenden Faktoren:

a) eine interpersonelle Krise, die nicht unmittelbar mit den Krankheitssymptomen zusammenhängt
b) die aufgetretenen Symptome beeinträchtigen das Ausüben und die Realisierung persönlicher Wünsche und Bedürfnisse
c) der Patient wird durch eine Drittperson zu einer Behandlung gedrängt
d) die Symptome beeinträchtigen die Ausübung der beruflichen Tätigkeit
e) das wiederholte Auftreten bzw. das Fortbestehen der Symptome.

Zola schließt hieraus, daß nicht das Symptom allein, sondern erst die Verbindung mit anderen Faktoren, etwa Reaktionen der sozialen Umwelt oder Auswirkungen auf die berufliche Tätigkeit dazu führen, daß ärztliche Hilfe in Anspruch genommen wird.

3 *Von der Krankenrolle zur Patientenrolle*

Im medizinischen Sinne krank sein, das heißt behandlungsbedürftige gesundheitliche Störungen aufweisen, bedeutet nicht gleichzeitig auch im soziologischen Sinne die Rolle des Kranken innehaben. Es können Menschen die **Kranken-** oder **Patientenrolle** nicht annehmen, obwohl es aus medizinischen Gründen notwendig wäre. Und andererseits ist das Aufsuchen einer medizinischen Einrichtung, das heißt sich in ärztliche Behandlung begeben, nicht identisch mit krank sein.

Mit der Übernahme der Kranken- bzw. Patientenrolle steht ein Mensch am Anfang einer **Kranken-** bzw. **Patientenkarriere.** Der Begriff der Kranken- und Patientenkarriere ist ein aus der Umgangssprache und der Berufssoziologie entliehener Begriff. Üblicherweise verstehen wir unter Karriere das Durchlaufen einer beruflichen Laufbahn und das Hochklettern innerhalb einer hierarchisch gegliederten Organisation. „Jemand hat Karriere gemacht" bedeutet, daß er eine hohe Stufe dieser Stufenleiter erreicht hat, was in der Regel einen Zugewinn an Einkommen und Prestige mit sich bringt. Der Begriff der Kranken- und Patientenkarriere beschreibt einen Prozeß, der ebenfalls stufenweise abläuft, allerdings in absteigender Richtung. Er meint den zunehmenden Verlust an Handlungsmöglichkeiten, die Zunahme von Einschränkungen, die Einbuße von Einkommen und gesellschaftlichem Ansehen, die mit dem Kranksein und Patientsein verbunden sein können.

3.1 Die Rolle des Kranken

Die Krankenrolle umfaßt alle Erwartungen, die an das Befinden und Verhalten einer kranken Person gestellt werden. Die konkreten Rollenerwartungen sind unterschiedlich streng und lassen sich in Muß-, Soll- und Kannerwartungen einteilen. So *muß* sich ein Erkrankter bei einer ansteckenden Krankheit isolieren lassen, er *soll* die ihm verordneten Medikamente nach den Anweisungen des Arztes einnehmen, er *kann* sich bei einer Erkrankung selber einen Arzt aussuchen.

Die Krankenrolle variiert stark je nach Art, Dauer und Intensität der Erkrankung und den damit verbundenen Beeinträchtigungen. Eine psychische Erkrankung (z.B. Zwangsneurose) ist mit anderen Erwartungen der sozialen Umwelt verbunden als ein Beinbruch nach einem Sportunfall. Trotz dieser Vielzahl von möglichen Krankenrollen wurde versucht, allgemeine Erwartungen an die Rolle des Kranken herauszuarbeiten.

Parsons (Enke u.a. 1973, S. 311–314) hat die Krankenrolle durch vier Merkmale charakterisiert, wobei die ersten beiden eher als Rechte und Privilegien, die beiden letzten mehr als Verpflichtungen zu verstehen sind:

a) *Die kranke Person wird von der Verantwortung für ihren Zustand befreit,* d.h. die Gesellschaft gesteht ihr zu, daß sie an ihrer Krankheit nicht schuld ist. Die Entschuldung soll es dem Kranken erleichtern, mit seiner Krankheit unbefangen umzugehen, darüber reden und sich dem Arzt mitteilen zu können. Dennoch finden sich bei vielen kranken Menschen psychische Reaktionen und Verhaltensweisen, in denen das Kranksein als Strafe für eigenes Fehlverhalten und eigene Schuld interpretiert wird. Dabei handelt es sich in der Wahrnehmung des Kranken nicht um Schuld oder Fehlverhalten, das aus medizinischen Gründen in Verbindung mit der Krankheit steht. Es ist damit also nicht in erster Linie der infarktkranke Mensch gemeint, der ein bewegungsarmes, streßreiches und konsumfreudiges Leben geführt hat. Es ist eher an eine krebskranke Person zu denken, die ihre Erkrankung als Strafe für ein schuldhaftes Verhalten etwa gegenüber Familienmitgliedern interpretiert.

Die Entbindung von der eigenen Verantwortlichkeit wird in unterschiedlichem Maße für die verschiedenen Krankheiten zugebilligt. So scheint gegenüber Krankheiten wie Drogenabhängigkeit oder Geschlechtskrankheiten diese Bereitschaft zur Entbindung von der persönlichen Verantwortlichkeit bei Ärzten und in der Gesellschaft geringer ausgeprägt zu sein als beispielsweise bei Herz-Kreislaufkrankheiten oder Lungenkrebs, obwohl gerade die letzte Erkrankung deutlich mit dem gesundheitsschädigenden Rauchverhalten zusammenhängt.

b) *Der Kranke wird von seinen Rollenverpflichtungen befreit.* Dieses Recht ist gesetzlich garantiert, wird doch zum Beispiel die soziale Rollenabweichung „Abwesenheit von der Arbeit" durch die ärztliche Krankheitsbescheinigung legitimiert. Ohne diese Entbindung von der Arbeitsverpflichtung kann ein Fernbleiben ohne andere zwingende Gründe negative Folgen haben.

Mit diesen beiden Krankheitsprivilegien sind Pflichten verbunden.

c) *Die Pflicht des Kranken baldmöglichst wieder gesund werden zu wollen.* Da Kranksein ein gesellschaftlich unerwünschter Zustand ist, wird von einem Kranken erwartet, daß er den Willen hat, wieder gesund zu werden. Diese Verpflichtung zum Willen zur Gesundheit ist dort problematisch, wo es sich um psychosomatische und psychische Erkrankungen handelt und in Fällen, wo Kranksein die einzige Möglichkeit ist, mit einer unerträglichen Lebenssituation fertig zu werden.

d) *Die Erwartung an den Kranken, fachkundige Hilfe in Anspruch zu nehmen,* das heißt in den meisten Fällen die Hilfe eines Arztes. Der Kranke soll Einsicht in seine hilfsbedürftige Lage zeigen, mit dem Arzt kooperieren und seine Empfehlungen und Anweisungen befolgen.

Die von Parsons aufgeführten Merkmale verweisen zwar auf wesentliche gesellschaftliche Aspekte der Krankenrolle, haben aber im Alltagsleben nur bedingte Gültigkeit. Oft wird beispielsweise die Übernahme der Krankenrolle von der sozialen Umwelt nicht vorwurfslos akzeptiert (z. B. durch Arbeitgeber, Familie). Auch ist der postulierte Genesungswille des Kranken neben den genannten Gründen dort illusorisch, wo es dem Kranken behagt versorgt und gepflegt zu werden. Diese „positiven" Nebenaspekte, die ein Kranker aus seiner

Krankheit ziehen kann, bezeichnet man als *„sekundären Krankheitsgewinn"*. Zu denken ist z.B. auch an die zahlreichen Fälle, in denen Krankheit etwa als Kampf- und Machtmittel eingesetzt wird, oder an die Fälle, in denen ein krankes Familienmitglied die Rolle des Sündenbocks für die Familie übernehmen muß.

3.2 Die Rolle des Patienten

Die Krankenrolle wird zur Patientenrolle, wenn ein erkrankter Mensch mit den medizinischen Einrichtungen in Kontakt kommt, die sich mit seiner Krankheit auseinandersetzen und seiner Krankheit hierdurch gleichsam einen offiziellen Anstrich verleihen. Dieser offizielle Akt geschieht etwa, wenn ein Mensch von seinem Arzt „krank geschrieben" und ambulant behandelt wird, und er geschieht in noch stärkerer Form mit dem Eintritt in ein Krankenhaus. Wird aufgrund einer Erkrankung die Aufnahme in ein Krankenhaus erforderlich, bedeutet das für den Patienten eine stark einschneidende Veränderung seiner gesamten Lebenssituation. Der Patient tritt in eine Institution ein, in der die Trennung der verschiedenen Lebensbereiche, wie Arbeiten, Wohnen und Schlafen aufgehoben ist. Wohnen, Essen, Schlafen, soziale Beziehungen finden jetzt an ein und der selben Stelle statt.

An die Rolle des Krankenhauspatienten richten sich stark einschränkende Verhaltenserwartungen:

- Mit dem Eintritt hat sich der Patient der Klinik-/Hausordnung zu unterwerfen und hat die Anweisungen der Ärzte und Pflegepersonen zu befolgen („Compliance").
- Der Patient muß notwendige Untersuchungen über sich ergehen lassen, ohne deren Sinn immer erkennen zu können. Dabei sind im Alltag gültige Tabugrenzen aufgehoben. Fremde Personen kommen in engen körperlichen Kontakt mit ihm und sind bei den intimsten Verrichtungen zugegen (Aufhebung der körperlichen Tabugrenzen).
- Seine Bewegungsfreiheit ist eingeschränkt. Er muß sich während eines Großteils der Zeit, wenn nicht ausschließlich, im Bett oder Krankenzimmer aufhalten (Liege- oder Bettzwang).
- Er kann oft nur zu bestimmten Zeiten Besuch empfangen.
- Der Patient wird primär als Träger einer Krankheit wahrgenommen. Dies kann einen Prozeß der Depersonalisierung in Gang setzen, eine Art Entpersönlichung, die sich auch in der Kliniksprache niederschlagen kann. Es wird z.B. in extremer Form nicht mehr von „Herrn Bauer in Zimmer 14" gesprochen, sondern vom „Magenkrebs auf Zimmer 14".

Nach Goffmann (1972) trägt das Krankenhaus Merkmale einer „totalen Institution". Diese Bezeichnung soll Institutionen charakterisieren, die in einem hohen Maß das gesamte Leben der Insassen reglementieren und disziplinieren, wie zum Beispiel die psychiatrische Klinik oder das Gefängnis.

3.2.1 Erwartungen und Befürchtungen des Patienten

Mit der Aufnahme ins Krankenhaus verbunden sind Gefühle von Angst, Unsicherheit einerseits und Hoffnung auf Heilung und Wiederherstellung der Gesundheit andererseits. In diesem spannungsvollen psychischen Zustand, der zumeist mit einer durch die Krankheit bedingten körperlichen Schwächung einhergeht, entsteht beim Patienten in den meisten Fällen ein erhöhtes Bedürfnis nach ärztlicher Information. Von einem Teil der Patienten wird dieses Informationsbedürfnis oft in der unbewußten Absicht abgewehrt, nicht wahrnehmen zu müssen, was psychisch belastend sein könnte.

Daß die medizinische Aufklärung über ihren Zustand von vielen Patienten als ungenügend empfunden wird, konnte in verschiedenen Untersuchungen gezeigt werden.

Engelhardt und Mitarbeiter (1973) stellten in einer Studie mit 120 Patienten, die intensiv beobachtet und interviewt wurden, fest, daß bei etwa einem Drittel falsche, bei einem weiteren Drittel nur teilweise richtige Informationen hinsichtlich ihrer Diagnose bestanden, obwohl die Patienten daran interessiert waren. Die Kenntnisse hinsichtlich der eingeleiteten medizinischen Therapie waren noch geringer ausgeprägt.

Es zeigte sich in verschiedenen Untersuchungen, daß informierte und aufgeklärte Patienten Krankheitsepisoden besser bewältigen konnten als nichtinformierte Patienten (Siegrist, 1977, S. 6). So wurde nachgewiesen, daß Patienten mit einer präoperativen Betreuung nach der Operation bedeutend weniger mit Übelkeit und Erbrechen reagierten und einen geringeren Verbrauch von Schmerz- und Schlafmittel aufwiesen. Eine andere Studie ergab, daß tonsillektomierte Kinder, deren Mütter vor der Operation ausführlichst informiert wurden, in der Nachoperationsphase deutlich weniger Komplikationen hatten. Diese Ergebnisse deuten darauf hin, daß bei der Bewältigung von angstauslösenden Krankheitserlebnissen die ärztliche Information und Aufklärung eine wichtige Rolle spielen.

Tabelle 4: Kenntnis der Stationsschwester von dem Einfluß persönlicher Faktoren auf das Krankheitsbild des Patienten

	Frauen		Männer		Insgesamt	
	absolut	in Prozent	absolut	in Prozent	absolut	in Prozent
Kenntnis	6	10%	5	8%	11	9%
teilweise Kenntnis	19	32	15	25	34	29
keine Kenntnis	30	50	34	57	64	53
unklar	5	8	6	10	11	9
zusammen	60	100	60	100	120	100

(Aus Engelhardt u. a. 1973, S. 45)

In der Studie von Engelhardt und Mitarbeiter (1973) zeigte sich auch, daß der ärztliche Informationsstand im Hinblick auf die psychosoziale Problematik, die bei fast der Hälfte der Patienten eine bedeutende Rolle spielte, ungenügend war. Obwohl sich die in dieser Klinik tätigen Ärzte nach eigenen Angaben um die persönliche Situation ihrer Patienten kümmerten, waren die psychischen und sozialen Probleme den Ärzten lediglich bei 15 Prozent der weiblichen und bei 5 Prozent der männlichen Patienten bekannt. Dieselben Autoren ermittelten weiter die Kenntnis der Stationsschwestern von der Bedeutung psychosozialer Faktoren für das Krankheitsbild der Patienten (Tab. 4.).

Genügend Kenntnis über persönliche Probleme der Patientinnen hatten sie bei 10 Prozent. Bei den Patienten waren es 8 Prozent. Bei 50 Prozent der Patientinnen und 57 Prozent der Patienten hatten die Schwestern keine Kenntnisse. Die Autoren der Studie schließen aus ihren Ergebnissen, daß Ärzte und Pflegepersonen in ihren Patienten vorwiegend das naturwissenschaftliche Krankheitsobjekt und weniger die das Krankheitsbild mitprägende menschliche Problematik der Patienten sehen.

3.2.2 Reaktionen des Patienten

Der Aufenthalt im Krankenhaus kann beim Patienten zum Phänomen der **Regression** führen. Regression ist ein Begriff, der aus dem Vokabular der Psychoanalyse Sigmund Freuds stammt, und meint das Zurückfallen bzw. Zurückgehen auf frühere Entwicklungsstufen. Mit der Hospitalisierung gibt der Patient einen Großteil der Funktionen auf, die er als Erwachsener inne hatte, beispielsweise für sich selbstverantwortliche Entscheidungen zu treffen. Diese Funktion wird jetzt und muß auch häufig zwangsweise vom Arzt und den Pflegepersonen übernommen werden, da der Patient sich in einem hilfsbedürftigen, handlungsunfähigen Zustand befindet. Die oft hilflose, kindähnliche Situation des Patienten kann dazu führen, daß er auch kindähnliche Verhaltensweisen zeigt und damit auf eine kindliche Entwicklungsstufe regrediert. In dieser Phase mißt der Patient der Krankenschwester eine bedeutende Rolle zu. Es kann zu einer **Übertragung** derart kommen, daß die Schwester für ihn zur Ersatzmutter wird, die auf seine kindlichen Bedürfnisse, etwa nach emotionaler Zuwendung und Umsorgung, eingehen soll. Übertragung ist ein Begriff aus dem psychoanalytischen Begriffsapparat. Er bedeutet, daß frühkindliche Beziehungsmuster, zum Beispiel wie ein Kind seine Mutter wahrnimmt, von einem Menschen später auf seine Beziehung zu Erwachsenen übertragen werden.

Die Reaktionen auf Übertragungen bezeichnet man als *Gegenübertragungen.* In unserem Fall könnte die Krankenschwester die angebotene Mutter-Kind Beziehung übernehmen und im Patienten das zu umsorgende Kind sehen (s. Teil VI 5.1 Psychoanalyse).

Das Umgehen mit den Patientenübertragungen setzt ein großes kommunikatives Geschick der Pflegepersonen voraus. Denn einerseits soll der Patient das Gefühl haben, daß er mit seinen Bedürfnissen angenommen wird und ihm ein in

Hinblick auf die Gesundung notwendiger Schonraum zur Verfügung steht, aber anderseits setzt der angestrebte Heilungs- und Genesungsprozeß voraus, daß er sich baldmöglichst wieder aus dieser infantilen Haltung löst.

Schraml (1975) unterscheidet drei Ursachenbereiche, die für das Auftreten einer Regression verantwortlich sein können: den situativen, den individuellen und den institutionellen Bereich.

Die *situative Regression* wird in erster Linie durch die Situation des Krankseins hervorgerufen. Insbesondere der Zustand des Schwerkranken ähnelt in seiner Hilflosigkeit dem des Kindes. Der Kranke erhält oft eine spezielle Kost, er muß gewaschen werden, bei intimen Verrichtungen müssen ihm andere Personen behilflich sein, so daß zwischen dem Schwerkranken und einem Kind hinsichtlich der Pflegebedürftigkeit kaum ein Unterschied besteht. Er kritisiert jedoch, daß diese Rollenerwartung auch an jene Patienten herangetragen wird, die diese Beeinträchtigungen nicht aufweisen. Insbesondere der Leichtkranke erlebt daher die pflegerisch motivierten Reglementierungen seines Verhaltens nicht als Hilfe oder Unterstützung, sondern als „Erziehung" und somit als disziplinierend motiviert.

Die *individuelle Regression* hat ihre Ursachen in erster Linie in der Persönlichkeit des Patienten und nicht in äußeren Umständen wie der Krankheit oder dem Krankenhaus. Es handelt sich hier um Menschen, die den Zustand des Gepflegt- und Umsorgtwerden genießen (sekundärer Krankheitsgewinn) und an ihrer Gesundung auch nicht sonderlich interessiert sind.

Die *institutionelle Regression* ist durch die Strukturen und Anforderungen der Institution Krankenhaus bedingt. Der Patient erhält mit seinem Eintritt ein Pflegehemd („Flügelhemd"), das eine starke Ähnlichkeit mit Kleinkinderwäsche hat, zur Verrichtung seiner Ausscheidungsbedürfnisse erhält er einen Nachtstuhl, der dem Kinderstühlchen ähnelt. Das Pflegepersonal signalisiert dem Patienten mehr oder weniger bewußt, daß er sich in die passive Pflegerolle möglichst gefügig einordnen und sich den Anforderungen der Institution anpassen sollte. Rohde (1962) hat für diese Art der Regression den Begriff der „institutionell induzierten Infantilisierung" geprägt.

Fragen zur Wissensprüfung

- Definieren Sie Gesundheit aus einer psychologischen und einer soziologischen Perspektive. Wo liegen die Unterschiede zum medizinisch-biologischen Verständnis von Gesundheit?
- Bewerten Sie die Bedeutung des Gesundheitsbegriffes der Weltgesundheitsorganisation.
- Was versteht man unter dem Laienverständnis von Krankheit? Durch welche Faktoren wird es beeinflußt?

- Was bedeutet der Begriff soziale Distanz? Geben Sie Beispiele. Wie läßt sich soziale Distanz messen?
- Wie läßt es sich erklären, daß jemand, der einmal „psychisch krank“ war, von seiner Umgebung auch wenn er wieder gesund ist, noch als „anders“ betrachtet wird?
- Welche Möglichkeiten sehen Sie, um die Bedürfnisse der Kranken und das Angebot der Gesundheitsdienste besser aufeinander abzustimmen?
- Beschreiben Sie die verschiedenen Phasen des Krankheitsverhaltens.
- Was versteht man unter dem Begriff Kranken- bzw. Patientenkarriere?
- Welche Rechte und Verpflichtungen sind mit der Rolle des Kranken verbunden?
- Welche Erwartungen richten sich an die Rolle des Krankenhauspatienten?
- Worin besteht der Hauptunterschied zwischen der Krankenrolle und der Patientenrolle?
- Definieren Sie den Begriff Regression. Welche Ursachen können für das Auftreten einer Regression verantwortlich sein?
- Was versteht man unter einer Übertragung? Geben Sie ein Beispiel.

Fragen zur Selbstaktualisierung

- Bei welchen Symptomen sehe ich persönlich die Notwendigkeit, einen Arzt zu konsultieren?
- Was ängstigt mich an einer Erkrankung am meisten: Das Gefühl der eigenen Hilflosigkeit? Das Gefühl der Abhängigkeit? Die Sorge um die Zukunft meiner Angehörigen und Freunde?
- Gibt es Situationen, in denen ich mich weigere, die Krankenrolle anzunehmen? Und weshalb will ich sie nicht annehmen?
- Wenn ich mir die Phasen des Krankheitsverhaltens vorstelle: wie läuft der Prozeß bei mir üblicherweise ab?
- Gab es Situationen, in denen ich es richtig genossen habe, einmal krank zu sein? Weshalb?
- Wie wäre mir zumute, wenn ich (oder eine mir nahestehende Person) in eine psychiatrische Klinik aufgenommen werden müßte? Was ginge dabei in mir vor und weshalb wohl? Wie würde ich mich verhalten?

- Würde ich mit einer vor kurzem aus der psychiatrischen Klinik entlassenen Person gemeinsam eine Ferienreise unternehmen, in eine gemeinsame Wohnung ziehen, in den gleichen Sportklub eintreten, ständig mit ihr zusammen arbeiten?
- Wie reagiere ich auf schmerzempfindliche Patienten? Und wie auf Patienten, die Schmerz unterdrücken und nicht mitteilen?
- Sage ich einem Patienten immer die Wahrheit über seinen Zustand? Weshalb oder weshalb nicht?
- Wie reagiere ich, wenn ein nicht schwerkranker Patient sich mir gegenüber sehr hilflos und kindlich benimmt, sich zum Beispiel nicht selbst waschen will, obwohl er es meiner Meinung nach könnte? Welche anderen Reaktionsmöglichkeiten kämen noch in Frage?

Ergänzende und weiterführende Literatur

Engelhardt, K. u.a.: Kranke im Krankenhaus. Grenzen und Ergänzungsbedürftigkeit naturwissenschaftlich-technischer Medizin. Stuttgart: Enke 1973

Malzahn, P.: Die psychosoziale Situation des Patienten. In Geissler, B., Thoma, P. (Hrsg.): Medizinsoziologie, Eine Einführung für medizinische und soziale Berufe. Frankfurt a.M.: Campus 1975, 253–286

Schuller, A.: Patientenkarriere und Krankheitsbegriff, Medizin, Mensch, Gesellschaft, Band 1, Heft 1, 1976, 47–53

Siegrist, J.: Lehrbuch der Medizinischen Soziologie. München, Wien, Baltimore: Urban & Schwarzenberg, 1977

Wieser, St.: Isolation. Vom schwierigen Menschen zum hoffnungslosen Fall. Reinbek bei Hamburg: Rowohlt, 1973

Teil II
Pflegen wollen, Pflegen lernen

Die Frage nach dem Wozu menschlichen Handelns steht am Anfang dieses Kapitels: Weshalb entscheide ich mich für einen bestimmten Beruf? Was bewegt menschliches Verhalten ganz allgemein?

Was beeinflußt unsere Entscheidungen? Wie entwickelt sich ein Mensch zu einer Persönlichkeit? Wie entstehen Konflikte? Diese Fragen können mit Hilfe verschiedener psychologischer und soziologischer Begriffe und Theorien beantwortet werden. Daher ist auch das zweite Kapitel, im Unterschied zu den restlichen vier, in sechs voneinander relativ unabhängige Unterkapitel eingeteilt, die die angesprochenen Themen behandeln.

1 Motivation: Die Frage nach den Beweggründen unseres Verhaltens

Warum ich Krankenschwester werden möchte

Gerda und Sonja, die beiden Schwesternschülerinnen der Abteilung B, unterhalten sich während einer Unterrichtspause über die Frage, was sie zu ihrer Berufswahl veranlaßt hat. Weshalb möchten sie den Beruf der Krankenschwester erlernen? Was hat sie bei dieser Entscheidung beeinflußt?

Gerda: „Für mich war es schon immer klar, daß ich einen medizinischen Beruf ergreifen werde. Da mein Vater Ärzt ist und eine allgemeinärztliche Praxis führt, bin ich schon von Kindheit an mit dem Berufsleben eines Arztes vertraut gewesen, was mein Interesse für medizinische Fragen sicher maßgebend beeinflußt hat. Es war der Wunsch meiner Eltern, daß ich Medizin studieren sollte, nachdem ich das Abitur gemacht hatte. Aber ich selbst hatte trotz meines Interesses an der Medizin keine große Lust, ein so langes und aufwendiges Studium auf mich zu nehmen. Und so habe ich mich eben für einen Pflegeberuf und somit für eine weniger lange Ausbildungsdauer entschieden“.

Sonja: „Bei mir war das anders. In meiner Familie hat niemand einen medizinischen Beruf oder Pflegeberuf. Mein Vater ist Angestellter bei der Stadtverwaltung, und meine Mutter arbeitet halbtags als Sekretärin. Klar war für mich, bei meiner Berufswahl, daß ich eine Tätigkeit wählen würde, bei der ich mit anderen Menschen zu tun habe und anderen Menschen helfen kann. Ganz einfach gesagt: Ich wollte in meinem Beruf etwas Sinnvolles für andere Menschen tun. Natürlich hätte ich auch Sozialarbeiterin werden können. Für den Beruf der Krankenschwester habe ich mich dann entschieden, weil meine Eltern darin einen Beruf sahen, der wirtschaftliche Sicherheit bietet und auch gesellschaftlich geschätzt ist. Außerdem meinten sie, die Ausbildung zur Krankenschwester sei eine gute Vorbereitung für meine künftigen Aufgaben als Hausfrau und Mutter".

Im Gespräch haben die beiden Schwesterschülerinnen die Gründe dargelegt, die ihre Berufswahl beeinflußt haben. Diese Frage nach dem persönlichen Warum und Wozu eines Verhaltens berührt die Frage nach dem **Motiv** bzw. der **Motivation.** Die Begriffe Motiv und Motivation sind zwei der schillerndsten und vieldeutigsten Begriffe in der Psychologie. Sie werden oft als Begriffe mit einer gleichen Bedeutung betrachtet. Die Alltagssprache umschreibt sie mit Vorsatz, Drang, Trieb, Interesse, Absicht, Wunsch, Wille.

Motive sind nicht beobachtbar. Es sind Annahmen über die dem Verhalten zugrunde liegenden physiologischen und psychologischen Ursachen (hypothetische Konstrukte). Ich beobachte beispielsweise einen Menschen wie er trinkt. Dieses Verhalten kann ich mit folgender Annahme erklären: Der Organismus dieses Menschen weist ein Flüssigkeitsdefizit auf. Um das Flüssigkeitsdefizit wieder auszugleichen, nimmt er zusätzliche Flüssigkeit auf, trinkt also. An diesem Beispiel werden zwei wesentliche Komponenten eines Motivs deutlich: die *aktivierende* (dynamische) und die *steuernde* (lenkende) Komponente.

Die aktivierende (dynamische) Komponente ist hier der Durst, den der Mensch als Folge seines Flüssigkeitsdefizits verspürt. Defizite werden auch mit dem Begriff Bedürfnis umschrieben. Bedürfnisse wirken motivierend auf das menschliche Verhalten. Ein Bedürfnis allein veranlaßt den Menschen jedoch noch nicht zum Handeln. Erst die steuernde (lenkende) Komponente des Motivs, etwa der Entschluß des Durstigen, in ein Restaurant zu gehen und ein Bier zu trinken, ermöglicht ein zielgerichtetes Verhalten, durch das er sein Bedürfnis befriedigen kann. Motive aktivieren somit Verhalten und sie richten das Verhalten gleichzeitig auf ein Ziel hin. So erhöht der Zustand des Durstigseins die Bereitschaft zu Verhaltensweisen, die eine Flüssigkeitsaufnahme ermöglichen.

Bedürfnisse wirken motivierend auf das Verhalten. Sie gelten daher als Motive menschlichen Verhaltens. Nicht jedes Motiv aber ist ein Bedürfnis. So können auch gesellschaftliche Werte, wie etwa der Wert einer guten Qualität einer Arbeitsleistung motivierend wirken, oder Gefühle, beispielsweise das der Angst, das einen Verfolgten dazu treibt, vor seinem Verfolger unter höchsten Anstrengungen zu flüchten.

Motivation umschreibt und erklärt den gesamten Prozeß, und die Faktoren, die menschliches Verhalten bestimmen, während der Begriff Motiv sich häufig auf den einzelnen Beweggrund für ein Verhalten bezieht.

1.1 *Primäre und sekundäre Motive*

Eine gebräuchliche Unterscheidung von Motiven ist die Einteilung in **primäre** und **sekundäre Motive.**

Zu den *primären Motiven* zählen die für den Menschen lebensnotwendigen Bedürfnisse, wie Hunger, Durst, Schlafbedürfnis, Bedürfnis nach Aufrechterhaltung der Sauerstoffzufuhr. Diese Bedürfnisse sind biologisch vorgegeben, also dem Menschen angeboren. Man bezeichnet sie deshalb auch als biologische Triebe. Die Befriedigung dieser Motive wird durch das Prinzip der *Homöostase* gesteuert. Unter Homöostase versteht man den Zustand eines physiologisch günstigen Gleichgewichts im Körperhaushalt, z.B. das richtige Verhältnis von Sauerstoff zu Kohlendioxyd im Blut, die konstante Körpertemperatur, der konstante Blutzuckerspiegel. Wird dieses innere Gleichgewicht gestört, setzt der Organismus Mechanismen in Gang, um den ursprünglichen Zustand wiederherzustellen.

Ob Sexualität zu den primären Motiven gehört, ist umstritten. Zwar ist die Fähigkeit zu sexuellem Verhalten grundsätzlich bei jedem Individuum vorhanden und damit angeboren. Die Befriedigung des sexuellen Bedürfnisses ist jedoch für den einzelnen im Gegensatz zu anderen biologischen Trieben wie Hunger und Durst nicht lebensnotwendig aber unerläßlich für die Erhaltung der Art.

Von den primären Motiven können die *sekundären* abgegrenzt werden. Damit sind Bedürfnisse gemeint, die nicht an biologische Mangelzustände gebunden sind, sondern im Laufe der Entwicklung eines Menschen durch den Umgang und die Erfahrungen mit anderen Menschen gelernt werden. Zu diesen sekundären Motiven gehören das Bedürfnis nach Anerkennung und Sicherheit, das Bedürfnis nach Kontakt mit anderen Menschen (Gesellungsmotiv). Diese Motive sind bei den einzelnen Menschen unterschiedlich stark ausgeprägt. Die Nichtbefriedigung dieser Bedürfnisse kann zu einer Störung der gesunden psychischen Entwicklung eines Individuums führen.

1.2 *Die Hierarchie von Motiven*

Der Psychologe Maslow (1970) hat versucht, die verschiedenen Motive in fünf Gruppen hierarchisch zu ordnen. Diese Bedürfnisse versucht ein Mensch nacheinander zu befriedigen, wobei die Befriedigung „höherer“ Motive erst möglich wird, wenn die „niederen“ zumindest teilweise befriedigt sind. Es sind dies:

1. Physiologische Bedürfnisse
2. Bedürfnisse nach Sicherheit
3. Bedürfnisse nach Zuwendung und Liebe
4. Bedürfnisse nach Anerkennung und Wertschätzung
5. Bedürfnisse nach Selbstverwirklichung

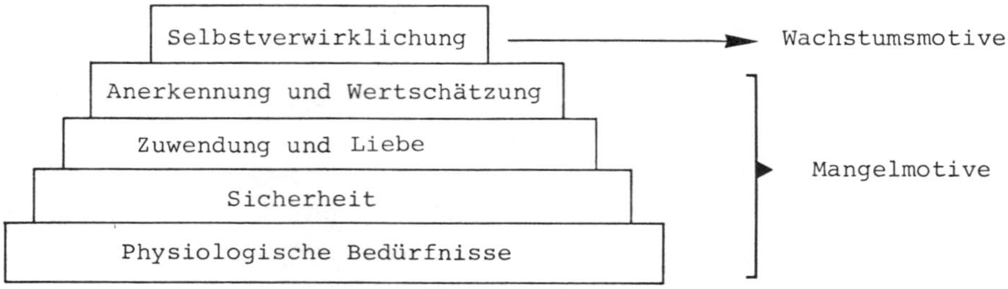

Abbildung 2: Bedürfnishierarchie nach Maslow

Zur untersten Gruppe gehören die Bedürfnisse, die am stärksten auf eine Befriedigung drängen, die *physiologischen Bedürfnisse* wie Hunger, Durst, Bedürfnis nach Schlaf, Bewegung. Ein dauerhafter Mangel an Befriedigung dieser Bedürfnisse führt dazu, daß die „höheren" Bedürfnisse solange aufgeschoben werden, bis der physiologische Mangelzustand behoben ist. So kann etwa der Hunger einen Menschen dazu verleiten, seinen Freunden Nahrungsmittel wegzunehmen.

Sind die physiologischen Bedürfnisse einigermaßen befriedigt, beginnen die Bedürfnisse der höheren Ebene das Verhalten zu bestimmen, die *Sicherheitsbedürfnisse.* Es sind dies Bedürfnisse nach Schutz vor physischen Gefahren, nach ökonomischer Sicherheit, etwa Sicherheit des Arbeitsplatzes oder nach Unabhängigkeit. Solange diese Sicherheitsbedürfnisse nicht befriedigt werden, bestimmen sie das Verhalten.

Die nächste Ebene, die aktiv wird, sind *soziale Bedürfnisse* nach Zugehörigkeit zu anderen Menschen, nach Akzeptation, Freundschaft, Zuwendung und Liebe.

Ist diese Motivgruppe befriedigt, zeigt sich wieder eine innere Unzufriedenheit; es werden Bedürfnisse der nächsten Ebene nach *Wertschätzung* aktuell. Es handelt sich dabei um das Motiv nach Selbstachtung und *Selbstwertschätzung* (wie der Wunsch nach Leistung, Wissen, Kompetenz) und das Bedürfnis, von anderen geschätzt zu werden, von *Fremdwertschätzung,* wie etwa der Wunsch nach Anerkennung, Respekt, Status.

Die Spitze der Bedürfnishierarchie bilden Motive der *Selbstverwirklichung,* nach Weiterentwicklung der eigenen Möglichkeiten. Diese Motive bewegen den Menschen dazu, sich kreativ zu verhalten und seine Fähigkeiten zu entwickeln.

Maslow (1970, S. 24) schreibt zu seinem Konzept der Bedürfnisbefriedigung:

„Der Mensch ... erreicht selten einen Zustand völliger Bedürfnisbefriedigung, ausgenommen für eine kurze Zeitspanne. Sobald ein Wunsch befriedigt ist, taucht plötzlich ein anderer auf, um seinen Platz einzunehmen. Wenn dieser befriedigt ist, schiebt sich wieder ein anderer in den Vordergrund. Es ist charakteristisch für ein menschliches Wesen, daß es sein ganzes Leben hindurch praktisch fortwährend etwas erstrebt."

Das Konzept der Hierarchie von Bedürfnissen wird in der Krankenpflege häufig benützt, um die Bedürfnisse der Patienten ganzheitlich in verschiedenen Situationen zu erfassen und daraus Pflegebedürfnisse und -maßnahmen abzuleiten.

1.3 Die „Stoßtheorie" und die „Zugtheorie" der Motivation

Die verschiedenen Motivationstheorien lassen sich in zwei Kategorien einteilen, je nach dem ob sie sich auf den inneren Antrieb oder den äußeren Anreiz beziehen, der ein Verhalten auslöst (Herkner 1975, S. 53ff.). Man spricht in diesem Zusammenhang von der „Stoßtheorie" (Motivation als Antrieb) und der „Zugtheorie" (Motivation als Anreiz). Die *„Stoßtheorie"* geht davon aus, daß ein Verhalten durch einen innerorganischen Zustand beispielsweise Hunger ausgelöst wird. Man wird durch etwas angetrieben. Die *„Zugtheorie"* nimmt an, daß es äußere Faktoren sind, situative Bedingungen, die unser Verhalten motivieren. Man wird durch etwas angezogen. Nahrungsmittel in unserer Nähe können bei uns Eßverhalten auslösen. Salzgebäck, das offen vor dem Fernsehgerät steht, besitzt dann einen so hohen Anreiz für uns, daß es uns auch ohne Hunger zum Essen veranlassen kann. Wäre das Gebäck nicht sichtbar, käme es uns kaum in den Sinn, danach zu suchen. Diese beiden Standpunkte bei der Betrachtung des motivationalen Geschehens schließen sich nicht aus, sondern stellen zwei sich ergänzende Perspektiven dar. Im ersten Fall wird der motivationale Vorgang von der Seite des betreffenden Individuums betrachtet, das etwas anstrebt, im zweiten Fall von der Seite des Objekts, das anzieht.

1.4 Unbewußte Motive

Nicht immer sind dem Menschen die Motive seines Handelns bewußt. Sigmund Freud (Begründer der Psychoanalyse) hat erstmals versucht, die Tatsache, daß wir oft Dinge tun, die wir eigentlich nicht tun wollten und von denen wir auch nicht wissen, warum wir sie tun, mit dem Wirken unbewußter Motive zu erklären. Solche unbewußten Motive und Wünsche können durch Träume zum Ausdruck gebracht werden, sie können sich aber auch in alltäglichen Fehlleistungen wie Versprechen oder Vergessen äußern.

Beispiel: Eine Krankenschwester, die „vergißt" einem ihr unsympatischen Patienten eine Nachricht zu vermitteln, begeht möglicherweise keinen zufälligen Fehler, sondern handelt unbewußt nach ihrem Bedürfnis, mit diesem Patienten möglichst wenig zu tun zu haben.

Kehren wir zum Gespräch zwischen den beiden Schwesternschülerinnen zurück. Sonja und Gerda haben sich in diesem Gespräch gegenseitig die mutmaßlichen Gründe mitgeteilt, die ihre Berufswahl beeinflußt haben. In beiden Fällen, so zeigt sich im Gespräch, haben die Eltern einen wesentlichen Einfluß auf die Berufswahl ihrer Töchter ausgeübt. Bei Gerda war es der Beruf des Vaters, der ihr Interesse für medizinische Fragen geprägt hat. Bei Sonja war die Meinung der Eltern für ihre Berufswahl entscheidend, ein Pflegeberuf würde ökonomische Sicherheit und gesellschaftliches Ansehen bedeuten

In den Äußerungen Sonjas wird das Bedürfnis, anderen Menschen zu helfen, als ein zentrales Berufsmotiv deutlich sichtbar. Wir können hier lediglich spekulieren, ob hinter dem vordergründigen Motiv des Helfens möglicherweise unbewußte Bedürfnisse stehen (s. Teil VI „Ein psychologischer Erklärungsansatz: das Helfer-Syndrom"): Bedürfnisse, die Sonja nicht wahrnehmen bzw. nicht zulassen kann. Das wäre dann der Fall, wenn hinter Sonjas Bedürfnis anderen Menschen zu helfen, das unbewußte Motiv stände, andere Menschen von sich abhängig zu machen und sie zu dominieren. Der Umgang mit dem hilfsbedürftigen, in seinen Verhaltensmöglichkeiten oft stark eingeschränkten Patienten würde die Befriedigung eines solchen Bedürfnisses leicht ermöglichen.

2 Sozialisation: Die Entwicklung der Persönlichkeit

Am Beispiel der Berufswahl der beiden Schwesterschülerinnen wurde die Bedeutung des elterlichen Einflusses für die Entwicklung und die Entscheidungen des Heranwachsenden sichtbar. Durch die Sozialisation in seiner Herkunftsfamilie enthält ein Mensch die ersten, oft entscheidenden Prägungen für sein weiteres Leben. Unter **Sozialisation** versteht man den Prozeß, durch den ein Individuum zum Mitglied einer Gesellschaft wird, indem es die gewünschten Einstellungen und Verhaltensweisen erlernt und übernimmt. Zigler und Child (1969, S. 474) definieren Sozialisation als „den gesamten Prozeß, durch den ein Individuum im aktiven Umgang mit anderen Menschen seine spezifischen und sozial relevanten Verhaltens- und Erlebnisformen entwickelt". Die Vermittlung der gesellschaftlich vorgegebenen Werte und Verhaltensweisen erfolgt durch sog. **Sozialisationsinstanzen,** wie z. B. Familie, Schule, Betrieb, Kirche. Ziel der Sozialisation ist es, einen Menschen zu motivieren, die Regeln und Gepflogenheiten der Gesellschaft oder der Gruppe, der er angehört, zu übernehmen und zu befolgen. Ein Mensch hat bei einer erfolgreichen Sozialisation die Verhaltensvorschriften und Regeln als seine eigenen akzeptiert und übernommen; er hat sie **internalisiert.**

Es wird unterschieden zwischen **primärer** und **sekundärer Sozialisation.** Die *primäre Sozialisation* findet in der frühen Kindheit in der Regel in der Familie statt. Hier werden dem Kind die ersten emotionalen und sozialen Handlungsmöglichkeiten vermittelt; das Kind lernt, Beziehungen zu anderen Menschen aufzunehmen, seine Gefühle und Wünsche auszudrücken und sich mit den Anforderungen seiner (familiären) Umwelt auseinanderzusetzen. Die Entwicklung in dieser Phase ist einerseits bedingt durch erbliche Anlagen und andererseits durch Einflüsse der sozialen Umwelt. Aus der komplexen Wechselwirkung von Anlage und Umwelt entwickeln sich die ersten Züge der späteren, erwachsenen Persönlichkeit. Die *sekundäre Sozialisation* bezieht sich auf Einflüsse, denen das Kind und der heranwachsende Mensch nach dem Heraustreten aus der Familie ausgesetzt ist. Die Kontakte mit Gleichaltrigen werden wichtig, Kindergarten und Schule stellen Anforderungen und bringen Lernprozesse in Gang, die Arbeitswelt richtet Ansprüche an den Menschen. Die sekundäre Sozialisation ist ein fortwährender lebenslanger Vorgang, in dem ein Mensch immer wieder mit neuen Aufgaben und Anforderungen konfrontiert wird. Die Einflüsse der primären und sekundären Sozialisation können gegensätzlicher Natur sein und zu Konflikten führen. Ein Konflikt tritt beispielsweise bei einem Heranwachsenden auf, wenn die Werte und Verhaltensvorschriften des Elternhauses im Widerspruch zu denen seiner gleichaltrigen Freunde und Bekannten stehen.

Beispiel: Ein 16jähriges Mädchen, das in einem traditionell-konservativen Elternhaus aufgewachsen ist, tritt in eine liberal-fortschrittliche Schule für Krankenpflege ein. Die dem Mädchen bislang in der Familie vermittelten konservativen Wertvorstellungen und der mit der Berufsausbildung einsetzende Einfluß der dazu im Widerspruch stehenden Position der Schule werden in ihr einen Konflikt auslösen.

Erziehung ist lediglich ein Teil der Sozialisation. Unter Erziehung versteht man „ein bewußtes, gezieltes Handeln, bei dem berechtigte Personen (in der Regel die Eltern) auf das zu erziehende Individuum einwirken“. (Rathgeber 1979, S. 353). Während man unter Sozialisation alle, oft unbewußten und unbeabsichtigten Vorgänge zusammenfaßt, die die Entwicklung eines Menschen beeinflussen, wird unter Erziehung das zielbewußte, absichtliche pädagogische Handeln verstanden.

Das Erziehungsverhalten der Eltern ist abhängig von ihrer Stellung in der Gesellschaft, ihrer sozialen Schichtzugehörigkeit. Obwohl die Erziehungspraktiken einem ständigen Wandel unterworfen sind, lassen sich zwischen dem Erziehungsverhalten von Eltern der sozialen Mittelschicht und der sozialen Unter- bzw. Grundschicht gewisse Unterschiede feststellen.

Der Erziehungsstil von Mittelschichteltern zeichnet sich in der Regel verkürzt gesagt durch folgendes aus: Lob und Liebeszuwendung werden als Belohnung eingesetzt, Liebesentzug als Bestrafung; Erziehungsziele sind Selbständigkeit und Selbstverantwortlichkeit („liebesorientierter Erziehungsstil“).

Das Erziehungsverhalten von Eltern der sozialen Grundschicht ist gekennzeichnet durch: materielle Belohnungen und körperliche Züchtigungen als Bestrafung; als erstrebenswerte Erziehungsziele gelten Eigenschaften wie Pflichterfüllung und Anpassung („machtorientierter Erziehungsstil“).

Schichtspezifisches Sprachverhalten; die Existenz von Sozialdialekten

Unterschiede zwischen den sozialen Schichten zeigen sich nicht nur im Erziehungsverhalten, sondern auch im Sprachverhalten. Bernstein (1964) unterscheidet zwei schichtspezifische Kommunikations- und Sprachstile; der der sozialen Unter- bzw. Grundschicht zugeordnete eingeschränkte (restringierte) Sprachstil („restrictive Code“) und der ausgearbeitete, differenzierte Sprachstil („elaborated Code“), der das sprachliche Verhalten von Mittel- und Oberschichtangehörigen charakterisiert. Merkmale des restringierten Codes sind einfache Satzkonstruktionen, Befehle und Fragen, erlebnisnahe Beschreibungen und eine Betonung der nichtsprachlichen Elemente des Kommunikationsverhaltens (z. B. Körperhaltung, Gestik). Der elaborierte Code zeichnet sich durch komplexe Satzkonstruktionen, eine differenzierte Wortwahl und erlebnisfernere, abstraktere Beschreibungen aus.

Bedeutsam im medizinischen Bereich ist die Existenz unterschiedlicher Sprachstile vor allem für die Arzt-Patient-Beziehung. Der Arzt als Angehöriger der sozialen Mittel- bzw. Oberschicht spricht einen differenzierten, eher abstrakten Sprachstil, während ein Großteil seiner Patienten als Angehörige unterer Schichten aus einem anderen Vorstellungs- und Erlebnisbereich kommt und sich in einer einfachen Sprache ausdrückt. Das unterschiedliche Sprachverhalten besitzt in der Arzt-Patient-Beziehung eine besondere Bedeutung, weil das Gespräch ein wichtiges diagnostisches und therapeutisches Instrument vor allem für den Allgemeinpraktiker darstellt. Dadurch wird oft verhindert, daß der Patient sich vom Arzt verstanden fühlt, und damit wird gleichzeitig die Entwicklung eines für den therapeutischen Prozeß wichtigen emotionalen Klimas beeinträchtigt.

3 Soziale Schichtung: Das Oben und Unten in der Gesellschaft

Die Krankenschwester wird in ihrer Ausbildung und beruflichen Tätigkeit mit Angehörigen verschiedenster sozialen Schichten konfrontiert. Was versteht die Soziologie unter dem Begriff der sozialen Schichtung?

Der bereits angeführte Begriff der **sozialen Schicht** bzw. der **sozialen Schichtung** bezieht sich auf die auch dem Nichtwissenschaftler bekannte Tatsache, daß Menschen ungleich sind, daß es ein „Oben“ und ein „Unten“ in der Gesellschaft gibt. Damit ist nicht eine biologische Ungleichheit gemeint (Geschlecht, Alter, Haarfarbe usw.) sondern eine soziale Ungleichheit, die bedingt sein kann durch die unterschiedliche berufliche Ausbildung, oder durch die ungleiche Verteilung von Einkommen und Vermögen. Menschen betrachten sich aufgrund solcher Merkmale als ungleich im Sinne einer höheren oder tieferen Stellung innerhalb einer Gesellschaft. Die Soziologie geht von dieser Wirklichkeit aus, wenn sie die Gesellschaft als ein hierarchisch geschichtetes System betrachtet.

Die Position, die ein Individuum innerhalb einer Gesellschaft einnimmt, bezeichnet man als **sozialen Status**. Es wird unterschieden zwischen einem *zugeschriebenen* und einem *erworbenen Status*. Einen zugeschriebenen Status hat eine Person unabhängig von ihren eigenen Fähigkeiten und ihrem Zutun. So kann sie einen hohen Status aufgrund ihrer sozialen Herkunft haben.

Beim erworbenen Status handelt es sich um eine Position, die sich eine Person aufgrund persönlicher Leistungen beispielsweise im Beruf erworben hat.

Sind die verschiedenen Statusmerkmale (z.B. Bildung, Einkommen) einer Person immer gleich hoch, mittel oder niedrig, wie etwa bei einem praktizierenden Arzt (hohe Bildung und hohes Einkommen) oder bei einer Haushaltshilfe (wenig Bildung und niedriges Einkommen), spricht man von **Statuskonsistenz.** Fallen die einzelnen Merkmale auseinander, besteht eine **Statusinkonsistenz.** So muß beispielsweise hohe Bildung nicht gleichzeitig auch ein hohes Einkommen bedeuten. Ein Individuum mit hoher Bildung aber einem geringen Einkommen (z.B. arbeitsloser Akademiker) befindet sich in einer statusinkonsistenten

Situation. Allein dieses Beispiel zeigt, daß die Einordnung eines Individuums in das gesellschaftliche Schichtgefüge nicht immer einfach ist.

Eine **soziale Schicht** besteht aus Individuen, die zumindest ein gemeinsames Merkmal aufweisen. Dieses Merkmal bestimmt den *Rang* dieser Schicht im Verhältnis zu anderen Schichten und erlaubt eine Einstufung nach oben oder unten. In modernen Gesellschaften werden vor allem drei Merkmale zur Bestimmung einer sozialen Schicht als wichtig erachtet:

- Beruf bzw. berufliche Position
- Bildung
- Einkommen

Von diesen drei Merkmalen wird dem Beruf eine zentrale Bedeutung zugeschrieben.

Bolte (1965) vergleicht die Schichtung unserer heutigen Gesellschaft mit einem Farbspektrum. So wie sich beim Farbspektrum einzelne Farben betrachten lassen, so zeigen sich in der Gesellschaft soziale Schichtungen. Problematisch wird es dann, wenn festgehalten werden soll, wo die eine Schicht bzw. Farbe aufhört und die andere beginnt. Die Grenzen werden deshalb relativ willkürlich gezogen, was verständlich macht, daß die verschiedenen Schichtmodelle von einer unterschiedlichen Anzahl Schichten ausgehen. Als Beispiel sei ein Modell angeführt, das die Gesellschaft in fünf Schichten einteilt:

- Oberschicht
- Obere Mittelschicht
- Mittlere Mittelschicht
- Untere Mittelschicht
- Soziale Unter- bzw. Grundschicht

3.1 Theorien der sozialen Schichtung: die Klassentheorie von Karl Marx und die funktionalistische Schichtungstheorie

In der soziologischen Diskussion spielen vor allem zwei Schichtmodelle eine große Rolle: die Klassentheorie von Karl Marx und die funktionalistische Schichtungstheorie.

Die *Klassentheorie von Karl Marx* ist ein Versuch, das Phänomen der sozialen Ungleichheit aus der ökonomischen Situation der frühindustriellen Gesellschaft zu erklären. Kurz zusammengefaßt geht Marx von der Existenz zweier Klassen aus: die Klasse derjenigen, die Verfügungsgewalt über Produktionsmittel und daraus abgeleitet auch Herrschaft über Menschen besitzt (Klasse der Kapitalisten) und die zahlenmäßig weit größere Klasse derjenigen, die hiervon ausgeschlossen sind und lediglich über ihre Arbeitskraft verfügen (Klasse der Proletarier).

Diese beiden objektiven Kriterien (Verfügungsgewalt über Produktionsmittel und individuelle Arbeitskraft) bilden nach Marx die *Klassen an sich*. Wenn die

Arbeiterklasse ein gemeinsames Klassenbewußtsein entwickelt, wird die Klasse an sich zur *Klasse für sich.* Vom Klassenbewußtsein, das durch politische Information und Aufklärung geweckt werden müsse, würden gemeinsame Aktionen hervorgehen, die letztlich zur Überwindung des kapitalistischen Gesellschaftssystem führen.

In den beiden Klassen sieht Marx die Grundstruktur industrieller Gesellschaften, aus der sich notwendigerweise Konflikt und Klassenkampf entwickeln müssen. Die Vorhersagen der marxschen Klassentheorie wurden durch die historische Entwicklung der industrialisierten Gesellschaften nicht bestätigt. Die hier rudimentär skizzierte Theorie von Karl Marx ist von einer Reihe neomarxistischer Theoretiker weiterentwickelt und modifiziert worden.

Die *funktionalistische Schichtungstheorie* geht davon aus, daß in jeder bis heute bekannten Gesellschaft soziale Schichten in irgendeiner Form nachgewiesen werden konnten; sie erklärt soziale Schichten aus der funktionalen Notwendigkeit der Arbeitsteilung. Das Funktionieren bzw. Überleben einer Gesellschaft macht es erforderlich, daß von den einzelnen Gesellschaftsmitgliedern bestimmte Aufgaben übernommen werden. Aufgaben, die einen hohen Beitrag für das Funktionieren einer Gesellschaft leisten, werden im allgemeinen auch mit hohen gesellschaftlichen Belohnungen versehen. Diese Belohnungen sollen gewährleisten, daß in einer Gesellschaft wichtige Aufgaben auch von geeigneten Individuen übernommen werden. In dem durch die Aussicht auf Belohnung ausgelösten Wettbewerb sollen die Talentiertesten und Geeignetsten in die gesellschaftlich hochrangigen Positionen gebracht werden.

Die funktionalistische Schichtungstheorie macht den hohen Status und die materiellen Belohnungen verständlich, die in unserer Gesellschaft mit dem Beruf des Arztes verbunden sind. Danach hat der Arztberuf deshalb ein so großes gesellschaftliches Prestige, weil er mit der Erhaltung und Wiederherstellung eines der höchsten menschlichen Werte, der menschlichen Gesundheit, betraut ist.

Die Kritik an der funktionalistischen Schichtungstheorie richtet sich zum einen gegen die Grundannahme, es bestehe ein Mangel an Qualifikationen und Talenten, die erst durch die Aussicht auf Belohnung motiviert werden müßten. Weiter wird das Ignorieren der Tatsache kritisiert, daß ein Großteil gesellschaftlich hoch bewerteter Positionen durch familiäre und traditionelle Machtverteilung und nicht durch Talent und Qualifikation erfolgt.

4 Theorien der Persönlichkeit

Im Verlauf der Sozialisation eines Menschen bildet sich das, was wir als seine **Persönlichkeit** bezeichnen. In der Alltagssprache wird der Begriff Persönlichkeit oft mit Personen verbunden, die sich durch positive Eigenschaften und Merkmale auszeichnen. Eine „Persönlichkeit" in diesem Sinne besitzt Überzeugungskraft, Attraktivität, hohes soziales Ansehen usw. In ähnlich wertender und an moralischen Maßstäben orientierter Weise wird der Begriff Charakter verwendet. Die Bedeutung des Wortes Persönlichkeit in der Psychologie ist allgemeiner und wertfrei: Persönlichkeit ist in der Psychologie das, was ein Individuum charakterisiert und worin es sich von anderen Menschen unterscheidet. Das sind beispielsweise seine Einstellungen, seine Gewohnheiten und Interessen, seine Fähigkeiten, seine persönlichen Zielsetzungen und Wertvorstellungen.

Das Gemeinsame und das Einzigartige im menschlichen Verhalten

Innerhalb der Persönlichkeitsforschung lassen sich zwei Fragestellungen unterscheiden. Die erste Frage zielt darauf hin, das Allgemeine im menschlichen Verhalten zu erfassen, Reaktionen und Erlebnisweisen, die allen Menschen gemeinsam sind *(nomothetischer Ansatz):*

Worin sind sich alle Menschen ähnlich? Was ist dem Verhalten verschiedener Menschen gemeinsam? So haben alle Menschen die mehr oder minder ausgeprägte Tendenz, sich mit anderen Menschen zusammenzutun (Gesellungsverhalten) oder sich unterschiedlich aktiv und initiativ zu verhalten.

Die zweite Frage sucht zu erklären, worin und weshalb sich Menschen unterscheiden. Dieser Ansatz *(ideographischer Ansatz)* möchte das Besondere und Einzigartige einer Person erfassen:

Worin unterscheiden sich die Menschen? So kann ein Mensch ausgesprochen gesellig sein, ein anderer wird eher die Gesellschaft anderer Menschen weitgehend zu vermeiden versuchen. Gewisse Menschen lassen sich als sehr aktiv bezeichnen, während andere Menschen sich eher passiv verhalten.

Die beiden Ansätze bedingen sich gegenseitig. Es ist nicht möglich, einen Menschen als eine ausgesprochen gesellige Person zu charakterisieren (ideographische Position), wenn wir nicht Gesellungsverhalten, die Neigung sich mit anderen Menschen zusammenzutun, als eine allgemeine Dimension menschlichen Verhaltens betrachten (nomothetische Position). Um es an einem Beispiel aus der Medizin zu verdeutlichen: Jeder Mensch besitzt einen Magen. Das Fassungsvermögen des Magens ist jedoch bei den einzelnen Individuen recht unterschiedlich.

Die medizinische Forschung kann sich mit den allgemeinen Gesetzmäßigkeiten und Funktionen des Magens im menschlichen Organismus beschäftigen, sie kann daneben auch untersuchen, in welcher Weise die unterschiedliche Größe des Magens mit dem jeweiligen innerorganischen Geschehen zusammenhängt.

Aus der Vielzahl der psychologischen Persönlichkeitstheorien sollen drei grundlegende Theorien dargestellt werden:

- die Persönlichkeitstypologien,
- die faktoranalytischen Persönlichkeitstheorien,
- und die Persönlichkeitstheorie Sigmund Freuds.

4.1 Persönlichkeitstypologien

Bei der Typenbildung ordnet man Menschen in vorgegebene Kategorien ein. Es wird versucht, die Komplexität und Vielfalt des menschlichen Verhaltens auf einige wenige Grundtypen zu reduzieren. Merkmale zur Charakterisierung von Typen können sich beziehen auf den Körperbau, auf Wertorientierungen, auf das Temperament. Eine wesentliche Eigenschaft der Typen ist ihr sich gegenseitig ausschließender Charakter: ein Mensch gehört entweder dem einen oder dem anderen Typ an. Die Bildung von Typen ist deshalb so populär, weil sie uns mit geringem Aufwand zu erlauben scheint, das Verhalten anderer Menschen zu erklären. „Herr C. ist ein typischer Querulant". So mag das Urteil einer Krankenschwester über einen unzufriedenen Patienten lauten. Sie hat ihn aufgrund seines Verhaltens in die Kategorie „Querulant" eingeordnet und somit sein Verhalten scheinbar erklärt. Diese Typologisierung kann für eine Krankenschwester eine vordergründige Erleichterung sein, da sie die verschiedenen unzufriedenen, kritischen und unangepaßten Patienten lediglich in diese Kategorie einordnen muß. Sie hat damit das Verhalten des Patienten als eine seiner Person innewohnende Verhaltensgewohnheit erklärt (er ist Angehöriger eines bestimmten Typs) und braucht sich mit anderen möglichen Ursachen seines Verhaltens nicht auseinanderzusetzen.

Eine der ältesten Typologien ist die allgemein bekannte Lehre von den vier menschlichen Temperamenten: der sanguinische, der cholerische, der melancholische und der phlegmatische Typ.

Ein weiteres Beispiel ist die auf bestimmten Wertorientierungen basierende Typologie Sprangers, die davon ausgeht, daß sich ein Mensch durch eine grundlegende persönliche Werthaltung charakterisieren läßt. Spranger unterscheidet die folgenden sechs Typen:

1. Der theoretische Mensch
2. Der ökonomische Mensch
3. Der ästhetische Mensch
4. Der soziale Mensch
5. Der Machtmensch
6. Der religiöse Mensch

Die wohl bekannteste Typologie ist die von Kretschmer entwickelte Konstitutionslehre, in der ein Zusammenhang zwischen dem Körperbau und dem „Charakter" eines Menschen postuliert wird. Kretschmer konnte in seiner klinisch - psychiatrischen Arbeit beobachten, daß Menschen mit bestimmten psychiatrischen Erkrankungen auch häufig ähnliche Körperbaumerkmale aufwiesen. So hatten schizophrene Patienten häufig einen *leptosomen* Körperbau (langgliedrig – schmal, hochaufgewachsen, flacher Brustkorb). Personen mit manisch – depressiven Erkrankungen wiesen eher einen *pyknischen* (rundlich – dick, kurze Gliedmasse) und Epileptiker einen *athletischen* Körperbau auf (starker Knochenbau, kräftige Muskulatur).

Die von Kretschmer an psychiatrischen Patienten festgestellten Zusammenhänge sollten nach seiner Meinung auch auf gesunde Personen zutreffen. Ein leptosomer Körperbau soll auf *schizothyme* Persönlichkeitsmerkmale hindeuten, wie emotional kühl, zurückhaltend, ungesellig, analytisch denkend. Pyknischer Körperbau auf *zyklothyme* Merkmale, wie gesellig, gemütvoll, wenig Sinn für Abstraktionen, praktisch veranlagt. Der athletische Körperbau soll mit *viskösen* Eigenschaften wie schwerfällig, phlegmatisch, zuverlässig in Verbindung stehen.

Neuere Studien konnten in den Untersuchungen Kretschmers methodische Fehler aufzeigen und die von ihm postulierten Zusammenhänge nicht bestätigen. Seine Typologie besitzt heute in der Psychologie keine Bedeutung mehr.

Gegen die Verwendung von Persönlichkeitstypologien lassen sich grundsätzliche Einwände anführen: Reine Typen treten in der Wirklichkeit kaum auf. Versucht man den einzelnen Menschen dennoch in eine der vorgegebenen Kategorien einzupassen, wird man der Einzigartigkeit seiner Persönlichkeit nicht gerecht. Daneben haben Typen für den Wahrnehmenden eine verzerrende Wirkung. Er achtet vorwiegend auf Eigenschaften, die in seine Typologie passen und ignoriert andere wesentliche Persönlichkeitsmerkmale.

4.2 Faktoranalytische Persönlichkeitstheorien

Es ist naheliegend, die Persönlichkeit eines Menschen durch dessen Eigenschaften zu beschreiben. Ist ein Mensch aufgeschlossen, so hat er das Persönlichkeitsmerkmal Aufgeschlossenheit, ist er hilfsbereit, besitzt er das Merkmal Hilfsbereitschaft. Die Problematik, in dieser Art Menschen zu beschreiben, liegt darin, daß es eine Vielzahl von Eigenschaften gibt, die zur Charakterisierung menschlichen Verhaltens verwendet werden können.

Ein Weg aus diesem Dilemma besteht darin, die Vielzahl möglicher Eigenschaften auf einige grundlegende zu reduzieren. So wurde versucht, die große Zahl menschlicher Eigenschaften auf eine begrenzte Anzahl zentraler Eigenschaftsdimensionen zurückzuführen. Die übrigen Eigenschaften sollten diesen zentralen Dimensionen untergeordnet werden können. Die Bestimmung der zentralen Eigenschaftsdimensionen erfolgte mit Hilfe der Faktorenanalyse, was diesen Persönlichkeitstheorien ihren Namen gab. Die Faktorenanalyse ist ein mathematisches Verfahren, das eine große Anzahl von Merkmalen auf eine kleine Anzahl grundlegender Dimensionen (Faktoren) zurückführt.

Zwei bekannte Vertreter von faktoranalytischen Persönlichkeitstheorien sind Cattel und Eysenck.

Cattel fand in seinen Untersuchungen 16 grundlegende Persönlichkeitseigenschaften („source traits“), die nach seiner Meinung ausreichen, um die wichtigen Bereiche der Persönlichkeit zu erfassen. Zu diesen Grundeigenschaften zählen Intelligenz, Dominanz, Soziale Initiative, Feinfühligkeit, Scharfsinn, Argwohn, Eigenständigkeit, Selbstkontrolle.

Eysenck glaubte, daß für die Beschreibung der Persönlichkeit eines Menschen zwei bipolar angeordnete Grunddimensionen ausreichend seien: Extraversion – Introversion, Emotionale Stabilität – Emotionale Instabilität.

4.3 Die Persönlichkeitstheorie Freuds

Die psychoanalytische Persönlichkeitstheorie Freuds stellt sich die menschliche Persönlichkeit als zusammengesetzt aus drei Instanzen vor: dem Es, dem Ich und dem Überich.

Das *Es* enthält die triebhaften Bedürfnisse und Wünsche eines Menschen. Es reagiert irrational und drängt unmittelbar nach Triebbefriedigung (z. B. Hunger, Durst, Sexualität, Macht) ohne Barrieren, die durch die gesellschaftliche Umwelt gesetzt werden, zu beachten. Seine Inhalte sind unbewußt, die sich abspielenden Prozesse lassen sich nur indirekt, beispielsweise aus Träumen erschließen.

Das *Überich* enthält die gesellschaftlichen Normen und moralischen Vorstellungen, die im Laufe der Sozialisation z. B. von den Eltern an ihre Kinder weitergegeben und so zu einem Bestandteil der Persönlichkeit wurden. Es entspricht dem, was man als Gewissen bezeichnet. Daneben enthält das Überich auch Vorstellungen darüber wie man selbst gern sein möchte, das Ich-Ideal. Dieses Ich-Ideal kommt dadurch zustande, daß Kinder die Wunschvorstellungen anderer – in den meisten Fällen die ihrer Eltern – über ihre eigene Persönlichkeitsentwicklung übernehmen und zu ihren eigenen machen, sie internalisieren. Das Überich hat die Funktion, die aus dem Es resultierenden ungezügelten Triebe zu kontrollieren. Konflikte zwischen Es und Überich sind damit unvermeidlich.

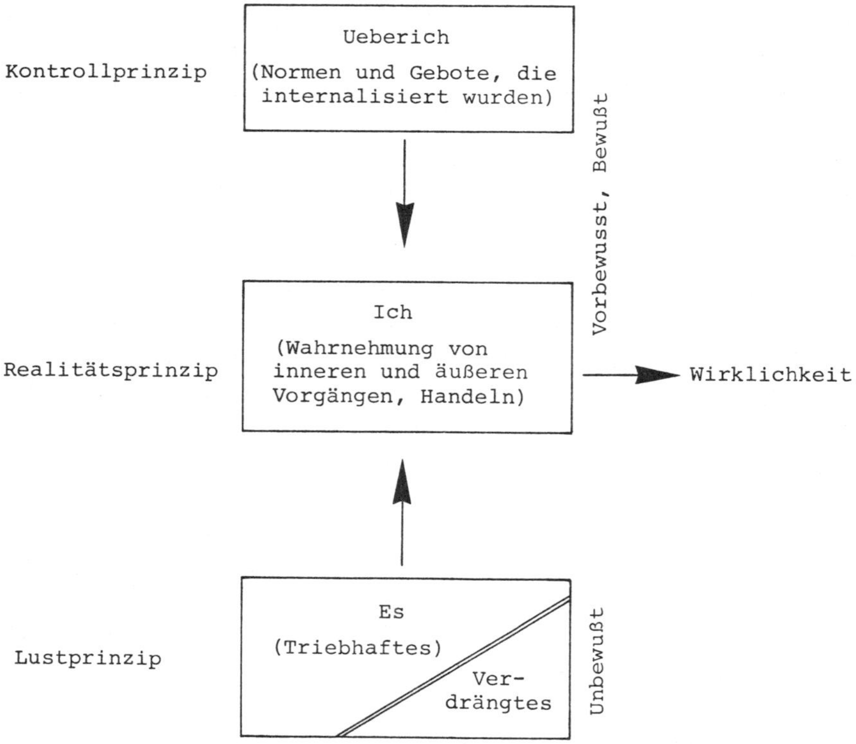

Abbildung 3: Die Persönlichkeitstheorie Freuds (vgl. Buser/Kaul, 1978, S. 181)

In diesem Konflikt übernimmt das *Ich* eine Vermittlerrolle. Seine Aufgabe besteht darin, zwischen den triebhaften Wünschen des Es und den Ansprüchen der sozialen Umwelt, die sich im Überich manifestieren, einen Ausgleich bzw. Kompromiß zu finden. Das Ich handelt damit nach dem Realitätsprinzip.

Die Bewußtseinsinhalte von Ich und Überich sind bewußt oder vorbewußt, d.h. sie können durch aktive Prozesse z.B. Zuwendung von Aufmerksamkeit (ich versuche mich an den Namen einer mir bekannten Person wiederzuerinnern) bewußt gemacht werden.

Freud kennzeichnet die menschliche Persönlichkeit mit dem Bild eines ständigen Kampfes zwischen Es und Überich, in den das Ich vermittelnd eingreift. Diese Struktur ist allen Menschen gemeinsam (nomothetische Position), wie die Vermittlung gelingt oder nicht gelingt, ist für jeden Menschen einzigartig (ideographische Position). Von einer psychisch gesunden Persönlichkeit können wir dann sprechen, wenn es dem Ich gelingt, die Triebregungen des Es und die Gebote des Überich mit der sozialen Wirklichkeit auszubalancieren (vgl. Abb. 3).

Um zwischen den Geboten des Überichs und den Ansprüchen des Es auszugleichen, kann das Ich **Abwehrmechanismen** einsetzen, die zumeist unbewußt sind. Solche Abwehrmechanismen sind:

Verdrängung: Ein unerwünschter oder bedrohlicher Bewußtseinsinhalt wird ins Unbewußte abgeschoben. Beispiel: Das Wissen eines Patienten, der an einer unheilbaren Krankheit leidet, wird vom Ich ins Unbewußte verdrängt, um sich nicht mit dieser bedrohlichen und angstauslösenden Tatsache auseinandersetzen zu müssen.

Projektion: Eigene Triebwünsche, die nicht geäußert werden dürfen oder können, werden auf andere „herausgeworfen", auf sie projeziert. Beispiel: Sexuell gehemmte Menschen neigen dazu, andere Menschen als sexuell zügellos zu betrachten. Oder: Eine Krankenschwester, die ihre eigenen Gefühle der Schwäche und Unzulänglichkeit nicht zulassen und akzeptieren kann, ist geneigt, diese Regungen auf die Patienten zu projezieren.

Regression: Zurückfallen auf eine frühere (kindliche) Entwicklungsstufe. Beispiel: Eine junge Frau, die sich den Anforderungen einer Partnerbeziehung nicht gewachsen fühlt, kehrt zu ihrer Mutter zurück und regrediert damit in die frühere Rolle des Kindes.

Verschiebung: Angestaute aggressive Gefühle werden auf Personen übertragen, die weniger gefährlich sind als die Personen, die diese Gefühle ausgelöst haben. Beispiel: Die Stationsschwester reagiert ihren Ärger, der durch das Verhalten des Oberarztes bewirkt wurde, an einer Schwesternschülerin ab.

Rationalisierung: Das verstandesmäßige Rechtfertigen eines Verhaltens, dessen wahre Ursachen man nicht akzeptieren kann. An die Stelle der tatsächlichen Motive treten Scheinbegründungen. Beispiel: Ein Mensch mit einer gesundheitlichen Störung, der Angst vor dem Arztbesuch hat, versucht den Besuch beim Arzt zu vermeiden indem er angibt, seine augenblickliche Arbeitsbelastung würde einen Arztbesuch nicht zulassen.

Abwehrmechanismen dienen dem Schutz einer Persönlichkeit und werden von jedem Menschen in gewissen Intensitäten verwendet. Ein übermäßiger Einsatz von Abwehrmechanismen kann ein Anzeichen einer Neurose sein. Neurotische Menschen benutzen so viel von ihrer psychischen Energie für die Abwehr unerwünschter Triebimpulse, daß ihnen nur noch wenig Kraft für eine produktive Lebensgestaltung bleibt.

Die Grundlagen der späteren Persönlichkeit, deren Struktur und Mechanismen dargestellt wurden, werden nach Freud in der frühen Kindheit gelegt: Die Ereignisse in der frühen Kindheit, die von Freud in drei Phasen eingeteilt wird, bestimmen entscheidend die Persönlichkeitsentwicklung eines Menschen. Freud unterscheidet *drei Phasen der psychosexuellen Entwicklung* eines Kindes: die orale, die anale und die phallische Phase. In jeder dieser Phasen werden andere Körperteile und Körperzonen für das Kind wichtig und die Auseinandersetzung damit wird als lustvoll erlebt.

In der ersten Phase, der *oralen,* (1. Lebensjahr) ist für das Kind der Mund die Hauptquelle der Lustbefriedigung, saugende und lutschende Verhaltensweisen stehen im Vordergrund. Die *anale* Phase (2./3. Lebensjahr) ist gekennzeichnet durch die lustvolle Auseinandersetzung mit den eigenen Ausscheidungsorganen. In diese Phase fällt das Sauberkeits- und Reinlichkeitstraining. Die sich anschließende *phallische* Phase ist geprägt durch das Interesse an den eigenen Sexualorganen. Auf die phallische Phase folgt die Latenzphase der Pubertät, die dann in die reife genitale Sexualität des Erwachsenen übergeht. Störungen in den einzelnen Phasen – so Freud – sollen sich später in bestimmten Persönlichkeitsstörungen niederschlagen.

Als grundsätzliche Kritik an Persönlichkeitstheorien läßt sich anführen, daß die Ursachen für das menschliche Verhalten ausschließlich in innerpsychischen Faktoren, d. h. in den jeweiligen Persönlichkeitsmerkmalen gesucht werden und damit die Bedeutung der situativen und gesellschaftlichen Einflüsse vernachlässigt wird.

5 Lernen

Bei jeder beruflichen Ausbildung ist das Lernen von zentraler Bedeutung. Die Tatsache, Lernender zu sein, wird von den meisten Menschen mit unterschiedlichen Erfahrungen aus der Kindheit und Schulzeit in Verbindung gebracht. Häufig belasten diese das Lernen im Erwachsenenalter. Durch die Zusammenarbeit mit Schülerinnen wird eine Krankenschwester auch nach ihrer Ausbildung immer wieder mit Fragen des Lernens konfrontiert.

Sabine und Sonja, die beiden Schwesternschülerinnen, haben sich entschlossen, den Beruf der Krankenschwester zu erlernen. Das heißt sie werden sich in den einzelnen Unterrichtsfächern die theoretischen Grundlagen des Pflegeberufs aneignen, sie werden in der Tätigkeit im Krankenhaus die praktischen Teile ihrer Ausbildung, wie etwa das Verarbreichen von Spritzen, erlernen. In diesem

Zusammenhang – Lernen in der Schule, Lernen in der beruflichen Ausbildung – wird der Begriff in der Alltagssprache verwendet. Der Lernbegriff der Psychologie ist sehr viel weiter gefaßt und umfaßt im Grunde alle Erfahrungen, die einen Einfluß auf unser Verhalten haben.

Ein Kind lernt beispielsweise, wenn es seine Hand auf eine heiße Herdplatte gelegt hat, wegen der durch die Verbrennungen entstandenen Schmerzen dies künftig nicht mehr zu tun. Ein Mensch kann aus dem Mißerfolg einer bestimmten Verhandlungsstrategie lernen, daß er das nächste Mal eine andere Strategie wählen sollte. Die Schwesternschülerin lernt am zufriedenen Gesichtsausdruck der Stationsschwester, daß sie eine Pflegeverrichtung gut ausgeführt hat, und wird sie auch weiterhin in dieser Weise ausführen.

Es sollen im folgenden die drei wichtigsten Prinzipien, nach denen Lernvorgänge ablaufen können, dargestellt werden:

1. Klassisches Konditionieren: das Lernen von Signalen
2. Instrumentelles Konditionieren: Lernen an den Konsequenzen
3. Lernen am Modell (Modellernen): Lernen durch Beobachtung und Imitation

5.1 Klassisches Konditionieren: das Lernen von Signalen

Frau K. wird es im Krankenhaus immer übel

Frau M., die nach einem Herzinfarkt ins Krankenhaus eingewiesen wurde, erhält Besuch von ihrer Nachbarin Frau K. Im Verlauf des Gesprächs erklärt Frau K. ihrer erkrankten Nachbarin, weshalb sie so ungern in ein Krankenhaus kommt, auch wenn es sich nur um einen Krankenbesuch handelt:

„Immer wenn ich in ein Krankenhaus komme und die Krankenschwestern in ihren weißen Schürzen sehe, wird mir ganz übel. Vielleicht hängt das damit zusammen, daß ich das Erhalten von Spritzen als sehr schmerzhaft erlebe und es mir zumeist auch unwohl dabei wird.“

Weshalb stellt sich bei Frau K. bei einem Aufenthalt im Krankenhaus immer dieses ungute Gefühl ein? Die Antwort auf diese Frage lautet: Frau K. hat diese Empfindungen gelernt. Sie hat es gelernt nach einem Lernprinzip, das als **Klassisches Konditionieren** bzw. **Signallernen** bezeichnet wird.

Das klassische Konditionieren ist eng mit dem Namen des russischen Physiologen Pawlow verbunden, der dieses Lernprinzip am Beispiel der Speichelsekretion bei Hunden aufgezeigt hat: Ein hungriger Hund sondert, wenn er Futter wahrnimmt, Speichel ab. Der Anblick von Futter (natürlicher, unkonditionierter Reiz) bewirkt beim Hund die unkonditionierte Reaktion Speichelfluß. Das Wahrnehmen von Futter und die Absonderung von Speichel bilden einen angeborenen, automatischen Reiz – Reaktionsmechanismus. Wird nun gleichzeitig mit oder kurz vor dem Futter ein neutraler Reiz, wie z.B. ein Glockenton dargeboten, der normalerweise keinen Speichelfluß auslöst, so vermag nach einiger Zeit der Glockenton allein die Speichelsekretion zu bewirken. Der Glockenton signalisiert dem Hund Futter, der Hund hat durch die mehrfache Koppelung von Glockenton und Futter gelernt, daß der Glockenton Futter bedeutet, und zeigt die im Organismus angelegte Reaktion auf Futter. Der Glockenton ist zu einem konditionierten Reiz geworden, gleichsam zu einem Signal, der die konditionierte Reaktion auslösen kann.

Klassisches Konditionieren bezeichnet einen Lernvorgang, in dem ein ursprünglich neutraler Reiz (Glockenton) durch wiederholtes Koppeln mit einem unkonditionierten Reiz (Futter) eine ähnliche Reaktion wie der unkonditionierte Reiz hervorrufen kann.

Schematische Darstellung der Klassischen Konditionierung:

Futter (unkonditionierter Reiz)	→	Speichelfluß (unkonditionierte Reaktion)
Glockenton (neutraler Reiz)	→	Orientierungsreaktion, kein Speichelfluß (z.B. Aufstellen der Ohren)
Glockenton + Futter (neutraler Reiz + unkonditionierter Reiz)	→	Speichelfluß (unkonditionierte Reaktion)
Glockenton (konditionierter Reiz)	→	Speichelfluß (konditionierte Reaktion)

In ähnlicher Weise wie der Hund in den Untersuchungen Pawlows (Glockenton ist ein Signal für Futter) hat Frau K. gelernt (weiße Schürze der Krankenschwester ist ein Signal für die Spritze und damit für Schmerz und Unwohlsein). Der ursprüngliche Reiz-Reaktionsmechanismus bei Frau K. läßt sich folgendermaßen beschreiben:

Das Einstechen der Spritze bewirkt die unkonditionierte Reaktion Schmerz und Unwohlsein. Dieser unkonditionierte Reiz (Spritze) ist immer mit der Krankenschwester, die die Spritze verabreicht, und ihrer weißen Berufsschürze verbunden. Nach einiger Zeit vermag die weiße Berufsschürze allein in abgeschwächter Form ein Gefühl von Schmerz und Unwohlsein hervorzurufen.

Schematisch läßt sich dieser Vorgang folgendermaßen abbilden:

Einstechen der Spritze (unkonditionierter Reiz)	→	Schmerz, Unwohlsein (undkonditionierte Reaktion)
Weiße Berufsschürze der Krankenschwester (neutraler Reiz)	→	Kein Schmerz
Weiße Berufsschürze und Einstechen der Spritze (neutraler Reiz und unkonditionierter Reiz)	→	Schmerz, Unwohlsein (unkonditionierte Reaktion)

Weiße Berufsschürze der Krankenschwester (konditionierter Reiz)	——→	Schmerz, Unwohlsein (konditionierte Reaktion)

Eine *Reizgeneralisierung* liegt vor, wenn nicht nur auf den Reiz reagiert wird, der eine konditionierte Reaktion bewirkt hat, sondern auch auf Reize, die dem ursprünglichen ähnlich sind. So mag sich in unserem Beispiel bei Frau K. das Gefühl von Unwohlsein nicht nur beim Anblick der Berufsschürze der Krankenschwester, sondern auch beim Anblick der weißen Berufskleidung der Ärzte einstellen.

5.2 Instrumentelles Konditionieren: Lernen an den Konsequenzen

Das klassische Konditionieren ist in seinen Anwendungsmöglichkeiten begrenzt, da es die Existenz einer eigenständigen Reiz-Reaktionsverbindung (Einstechen der Spritze bewirkt Schmerz) voraussetzt. Ein Mensch lernt auch an den Konsequenzen, die seinem Verhalten folgen. So lernt Sonja, wie sie einen bestimmten Patienten lagern soll, indem sie für sorgfältige, korrekte Lagerung gelobt und für unkorrekte zurechtgewiesen wird. Diese Konsequenzen bestimmen, ob ein einmal gezeigtes Verhalten beibehalten wird oder nicht. Dieses Lernen an den Konsequenzen bezeichnet man als **instrumentelles Konditionieren.**

Verhaltensweisen, die angenehme, belohnende Konsequenzen haben (z.B. Lob, Anerkennung, materieller Gewinn) werden häufiger auftreten, Verhaltensweisen, die unangenehme, bestrafende Konsequenzen haben (z.B. Tadel, materieller Verlust) werden eher vermieden. Eltern wenden dieses Lernprinzip an, wenn sie durch Lob und Tadel das Verhalten ihrer Kinder zu beeinflussen versuchen. Es lassen sich vier Formen der Konsequenzgestaltung unterscheiden: Sowohl belohnende als auch bestrafende Konsequenzen können entweder gegeben oder auch entzogen werden.

a) *Belohnung durch angenehme Konsequenzen:* ein Verhalten wird durch eine angenehme Konsequenz bzw. Belohnung verstärkt und wird in Zukunft häufiger auftreten. Belohnende Konsequenzen werden in der Psychologie als *positive Verstärker* bezeichnet. Beispiel: Ein Patient hat zum ersten Mal sein Essen ohne Mithilfe einer Pflegeperson eingenommen. Die Krankenschwester reagiert auf dieses Verhalten des Patienten mit Lob, verstärkt es also und erhöht damit die Wahrscheinlichkeit, daß der Patient auch in Zukunft seine Mahlzeiten ohne die Hilfe anderer einnehmen wird.
b) *Belohnung durch den Fortfall von Bestrafung:* durch das Verhalten entfällt eine unangenehme Konsequenz, es wird deshalb in Zukunft häufiger auftreten. Beispiel: Ein Patient erlebt, daß durch die Einnahme von Medikamenten seine Schmerzen verringert bzw. beseitigt werden können. Die Einnahme der Medikamente wird gefördert (verstärkt) durch den Fortfall der Schmerzen.

c) *Bestrafung durch unangenehme Konsequenzen:* durch die einem Verhalten folgenden unangenehmen Konsequenzen wird die Auftrittswahrscheinlichkeit dieses Verhaltens herabgesetzt. Beispiel: Die Stationsschwester tadelt eine Schwesternschülerin, weil sie eine Pflegeverrichtung nachlässig ausgeführt hat. Es ist anzunehmen, daß die Schülerin künftig diese Pflegeverrichtung sorgfältig ausführen wird, um einen Tadel durch die Stationsschwester zu vermeiden.
d) *Bestrafung durch den Entzug von Belohnung:* das Verhalten bewirkt den Entzug früher erhaltener Belohnungen und tritt deshalb in Zukunft seltener auf. Beispiel: Eine Schwesternschülerin erhält wegen ihres häufigen Zuspätkommens am Wochenende nicht dienstfrei. Die Bestrafung erfolgt in diesem Fall durch den Entzug des gewohnten positiven Verstärkers „am Wochenende dienstfrei“.

Aus den Beispielen wird ersichtlich, daß die einzelnen Verhaltenskonsequenzen recht unterschiedlicher Art sein können. Es wird zwischen *primären* und *sekundären Verstärkern* unterschieden. Bei den primären Verstärkern führt das Verhalten zur Befriedigung eines primären Bedürfnisses, wie Hunger, Durst, Bedürfnis nach Schlaf. Beispiele für sekundäre Verstärker sind Lob, Tadel, Anerkennung, materielle Güter.

Was von den einzelnen Menschen als Verstärker erlebt wird, kann sehr verschieden sein; ein Teil der Menschen mag stärker durch das Urteil seiner Mitmenschen beeinflußt werden, während ein anderer Teil eher durch die Aussicht auf einen materiellen Gewinn in einem Verhalten verstärkt wird. Auch innerhalb eines einzelnen Individuums kann die Wirksamkeit von Verstärkern beträchtlich variieren. So wird man eine gesättigte Person wohl kaum mit Nahrungsmitteln verstärken können. Möchte beispielsweise eine Pflegeperson einen Patienten zur regelmäßigen Einnahme seiner Medikamente veranlassen, so ist es wichtig für sie zu wissen, welche Verstärker für diesen Patienten besonders wirksam sind, etwa der Hinweis auf baldige Genesung oder persönliches Lob.

Das Verhalten eines Menschen hängt nicht nur davon ab, welche positiven und/oder negativen Konsequenzen eintreten, sondern auch in starkem Maße von der zeitlichen *Abfolge dieser Konsequenzen.* Folgen einem bestimmten Verhalten positive und negative Konsequenzen, dann werden die kurzfristigen Konsequenzen bedeutsamer sein als die langfristigen. Grundsätzlich läßt sich sagen, daß unmittelbare Verstärkung oder Bestrafung wirksamer ist als zeitlich verzögerte. Beispiel: Das Verzehren eines hochkalorischen Nahrungsmittels, etwa eines Stücks Torte, hat zwei unterschiedliche Konsequenzen: Unmittelbar bei und kurz nach dem Essen stellt sich ein positives Gefühl von Wohlgeschmack und Sättigung ein. Langfristig wird diese Verhaltensweise jedoch zu der unerwünschten Konsequenz Übergewicht führen.

Damit ist eine für gesundheitsschädigende Verhaltensweisen charakteristische Situation beschrieben. Die meisten gesundheitsschädigenden Verhaltensweisen, wie Rauchen, übermäßiges Trinken, werden durch unmittelbare positive Konsequenzen verstärkt, während die negativen Konsequenzen oft erst nach Jahren oder Jahrzehnten in Form von gesundheitlichen Schäden eintreten. Dies ist einer der Gründe, die gesundheitserzieherische Bemühungen so schwierig machen: Menschen sollen dazu gebracht werden, auf ein Verhalten mit unmittelbaren positiven Konsequenzen zu verzichten, um dadurch erst viel später eintretende negative Konsequenzen zu vermeiden.

5.3 Lernen am Modell (Modellernen): Lernen durch Beobachtung und Nachahmung

Ein großer Teil der menschlichen Verhaltensweisen kann mit den Prinzipien des klassischen und instrumentellen Konditionierens allein nicht erklärt werden. So gibt es komplexe Lernvorgänge, wie etwa das Erlernen einer Sprache oder Verhaltensweisen, die bei fehlerhafter Ausführung gefährliche oder kostspielige Konsequenzen nach sich ziehen. In solchen Fällen erfolgt Lernen dadurch, daß ein Individuum das Verhalten anderer sogenannter Modelle beobachtet und anschließend imstande ist, die beobachtete Verhaltensweise durch Nachahmung bzw. Imitation (Lernen am Modell) zu zeigen: Eine Schwesternschülerin wird nicht sofort zu Beginn ihrer Ausbildung einem Patienten eine Spritze verabreichen können. Sie wird zunächst im Unterricht Gelegenheit haben, sich die theoretischen Grundlagen anzueignen und die Technik an der Lehrerin zu beobachten und dann selbst zu üben. Zusätzlich wird sie in mehreren Fällen die Möglichkeit haben, eine ausgebildete Pflegeperson bei dieser Tätigkeit zu beobachten und sich durch die in der Vorstellung nachvollzogenen Handlungsabläufe in die Verhaltensweise einüben. Danach ist sie in der Lage, dem Patienten selbst eine Spritze zu verabreichen.

An diesem Beispiel werden zwei Phasen beim Lernen am Modell erkennbar: Die Phase der *Verhaltensaneignung,* in der die Schwesternschülerin das Verabreichen der Spritze beobachtet und gedanklich nachvollzieht, und die Phase der *Verhaltensausführung,* in der sie das beobachtete Verhalten selbst ausführt (Spritze geben).

Ob ein beobachtetes Modell dann auch vom Beobachter imitiert wird, hängt von den Konsequenzen des beobachteten Verhaltens ab. Man spricht in diesem Fall von *stellvertretender Verstärkung:* Ein Beobachter nimmt die Konsequenzen des Verhaltens einer Person wahr, und diese Konsequenzen wiederum beeinflussen sein eigenes Verhalten. Beispiel: Eine Krankenschwester beobachtet, wie eine Kollegin den Verband eines Patienten entfernt. Sie nimmt an der Reaktion des Patienten wahr, daß das Entfernen des Verbandes für ihn sehr schmerzhaft sein muß. Die beobachtende Krankenschwester lernt jetzt an den Konsequenzen des Verhaltens ihrer Kollegin, daß sie selbst, um unnötige Schmerzen des Patienten zu vermeiden, den Verband in einer anderen Art und Weise entfernen sollte.

Das Ausmaß des Beobachtungslernens hängt nicht unwesentlich von bestimmten Eigenschaften des Vorbildes ab, das heißt bestimmte Menschen werden eher als Modell gewählt als andere. So werden beispielsweise eher Personen imitiert, die hohes soziales Prestige oder Kompetenz besitzen. Das heißt, daß eine

Schwesternschülerin wohl eher eine diplomierte Krankenschwester als Vorbild (Modell) wählen wird als eine andere Schülerin.

6 Der Konflikt: Wenn die Entscheidung schwer fällt

Als Sonja vor ihrer Berufswahl stand, waren in ihr verschiedene Wünsche und Bedürfnisse vorhanden. Diese Situation ist keineswegs ungewöhnlich. Oft sind in einem Menschen mehrere Strebungen oder Motive vorhanden, die nicht gleichzeitig verfolgt werden können. Die Situation, daß zwei oder mehrere unverträgliche, d. h. nicht gleichzeitig zu befriedigende Motive gegeben sind, führt zu einem **innerpsychischen oder seelischen Konflikt.**

Lewin (1935) hat versucht, menschliche Konfliktsituationen auf drei grundlegende Konfliktarten zurückzuführen:

1. Der Appetenz – Appetenz-Konflikt (Annäherungskonflikt)
2. Der Aversions – Aversions-Konflikt (Vermeidungskonflikt)
3. Der Appetenz – Aversions-Konflikt (Ambivalenzkonflikt)

6.1 Die Qual der Wahl: Der Appetenz-Appetenz-Konflikt

In dieser Konfliktsituation wirken zwei gleichstarke positive Handlungsziele. Es können jedoch nicht beide erreicht werden. Das Ja zum einen bedeutet das Nein zum anderen.

Beispiele: Ein Mensch hat am Abend die Möglichkeit, entweder ein Konzert oder eine Theateraufführung zu besuchen. Die Schwesternschülerin Sonja in unserem anfänglichen Fallbeispiel stand bei ihrer Berufswahl vor zwei für sie gleichermaßen attraktiven Berufen: Sozialarbeiterin und Krankenschwester.

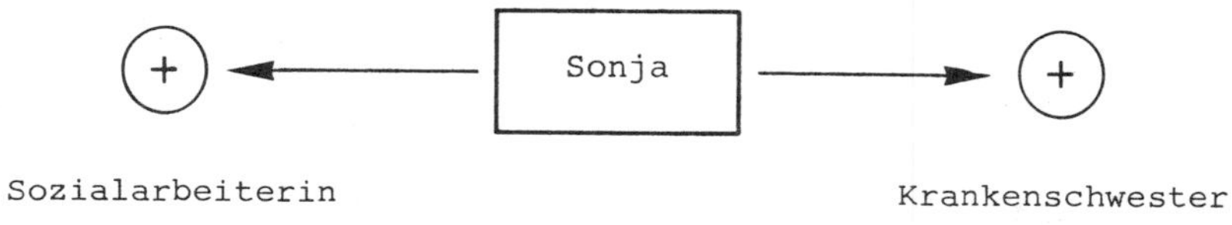

6.2 Die Wahl des kleineren Übels: Der Aversions-Aversions-Konflikt

Hier muß sich das Individuum zwischen zwei gleichermaßen unangenehmen Zielen entscheiden.

Beispiel: Ein Mensch mit starken Zahnschmerzen steht vor der Entscheidung, weiterhin die Schmerzen zu ertragen oder den gefürchteten Gang zum Zahnarzt anzutreten.

Die Schwesternschülerin steht vor der Entscheidung, eine von zwei ungeliebten Prüfungsarbeiten schreiben zu müssen.

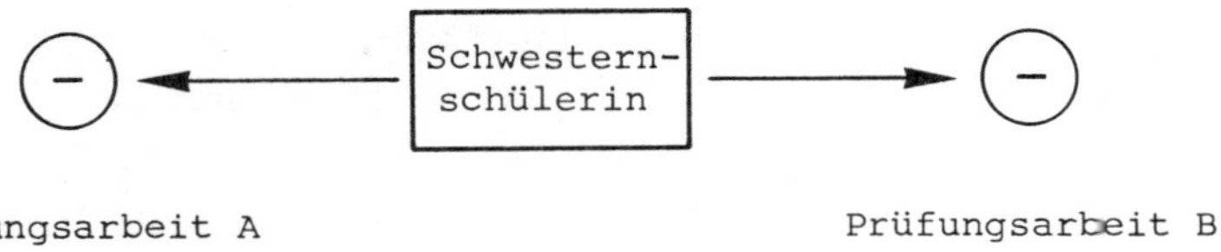

6.3 *„Ich möchte, aber ...“: Der Appetenz-Aversions-Konflikt*

Ein Ziel bzw. eine Verhaltensweise hat gleichzeitig positive und negative Aspekte und ruft daher gleichzeitig Annäherungs- und Vermeidungsreaktionen hervor. In diesem Fall wirken positive und negative Einflüsse gleich stark auf das Individuum. Beispiel: Ein 17jähriges Mädchen möchte gerne einen Pflegeberuf ergreifen, ist aber gleichzeitig unsicher, ob sie der beruflichen Belastung gewachsen sein wird.

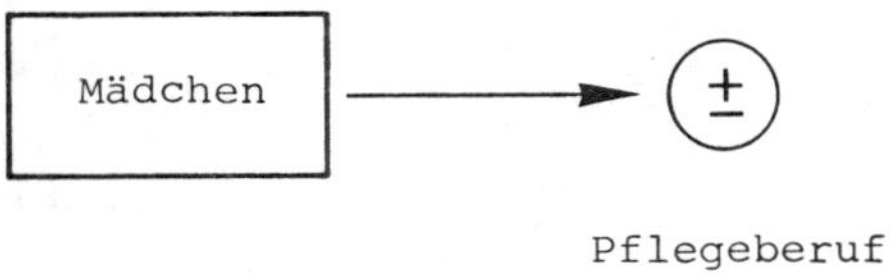

Oft sind in Appetenz – Aversions – bzw. Ambivalenzkonflikten mehr als nur ein positives und ein negatives Element enthalten. Diese Variante der dritten Konfliktart läßt sich als *mehrfacher oder multipler Ambivalenzkonflikt* bezeichnen.

Beispiel: Eine Krankenschwester freut sich auf die neue Stelle als Stationsschwester (+), gleichzeitig ist sie aber unsicher, ob sie zu ihren künftigen Mitarbeitern eine gute Arbeitsbeziehung herstellen kann (−). Sie will sich in ihrer neuen Stelle bewähren (+) und sie zweifelt gleichzeitig an ihrem beruflichen Leistungsvermögen (−).

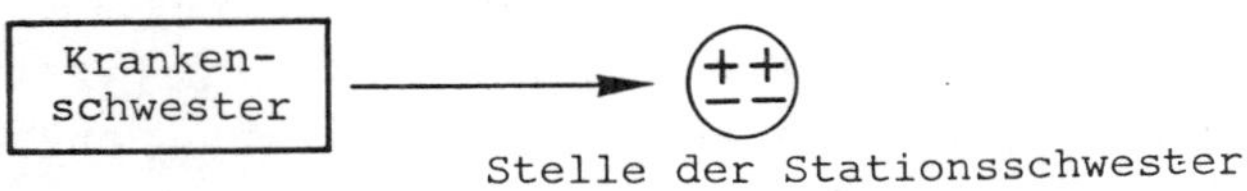

6.4 *Nach der Entscheidung*

Was geschieht, nachdem eine Entscheidung getroffen wurde? Die Schwesternschülerin Sonja hat sich für einen Krankenpflegeberuf entschieden, obwohl der Beruf der Sozialarbeiterin für sie gleichermaßen attraktiv gewesen wäre. Die Situation, ein gleich attraktives Ziel nicht gewählt zu haben, bewirkt einen Zustand der inneren Spannung oder Widersprüchlichkeit **(kognitive Dissonanz).** Die Tatsache, eine Alternative (Pflegeberuf) gewählt zu haben, ist widersprüchlich (dissonant) zum Wissen, eine andere gleich attraktive Alternative (Sozialarbeiterin) nicht gewählt zu haben. Ich habe zwar ein positives Ziel gewählt, habe dafür aber auf die positiven Eigenschaften eines anderen Ziels verzichten müssen. Kognitive Dissonanz läßt sich umschreiben mit Unvereinbarkeit, Widerspruch, Unstimmigkeit oder Ungleichgewicht (Dissonanz) zwischen zwei oder mehreren Erkenntnisinhalten (Kognitionen).

Die **Theorie der kognitiven Dissonanz** (Festinger 1957) geht wie eine Reihe anderer psychologischer Theorien (z. B. Balancetheorien, Konsistenztheorien) davon aus, daß Menschen Widersprüche und Dissonanzen nicht ertragen können und deshalb versuchen werden, diesen für sie psychisch unangenehmen Zustand aufzulösen. Nach dieser Theorie entsteht ein Zustand der Dissonanz, sobald eine Person gleichzeitig zwei kognitive Vorstellungen (Wissen, Wahrnehmungen, Meinungen, Einstellungen) hat, die nicht miteinander vereinbar sind. Dieser Zustand bewirkt eine psychische Spannung, die das Individuum zu reduzieren versucht, um wieder einen widerspruchsfreien, konsonanten Zustand herzustellen. Kognitive Dissonanz kann auf drei Arten aufgelöst werden: Durch Eliminierung von kognitiven Elementen, durch Hinzufügen und durch Veränderung.

Der amerikanische Sozialpsychologe Festinger, der selbst starker Raucher war, hat die Theorie der kognitiven Dissonanz am Beispiel des Rauchers entwickelt. Der Zustand der kognitiven Dissonanz beim Raucher entsteht dadurch, daß jemand über die gesundheitsschädigenden Folgen des Rauchens informiert ist und trotzdem weiterraucht. Der Widerspruch resultiert aus dem Wunsch zu rauchen und dem Wunsch gesund zu bleiben. Die beiden Kognitionen „Ich rauche“ und „Rauchen ist gesundheitsschädigend“ stehen zueinander in einer dissonanten Beziehung. Dieser vom Individuum als unangenehm empfundene Widerspruch besitzt eine motivierende Kraft, das heißt, er strebt nach Auflösung, um wieder einen widerspruchsfreien, konsonanten Zustand herzustellen. Der Raucher kann hierbei die erwähnten Strategien benutzen.

Er kann beispielsweise die Beziehung zwischen Rauchen und Lungenkrebs verneinen (Eliminierung von kognitiven Elementen). Er kann sich auf Personen, etwa Bekannte und Freunde, berufen, die trotz des Rauchens gesund geblieben sind und ein hohes Alter erreicht haben. (Hinzufügen von kognitiven Elementen), oder er kann annehmen, daß die gesundheitsschädigende Wirkung nur unter der Bedingung extrem starken Rauchens zutrifft (Veränderung von kognitiven Elementen). Die von der Gesundheitserziehung angestrebte Form der Dissonanzreduktion besteht darin, daß der Raucher sein Verhalten ändert und das Rauchen aufgibt.

All diese Strategien sollen dem Raucher helfen, den Zustand der kognitiven Dissonanz aufzulösen. In ähnlicher Weise kann die Schwesternschülerin Sonja versuchen, die durch die Berufswahl entstandene Dissonanz zu reduzieren. Sie kann annehmen, daß der Pflegeberuf für sie später eher eine flexible Arbeitszeitgestaltung erlauben wird als der Beruf der Sozialarbeiterin (hinzufügen neuer Elemente), oder sie wird im Verlauf ihrer Pflegeausbildung die positiven Aspekte des Sozialarbeiterberufes als weniger wichtig bewerten (Veränderung von kognitiven Elementen).

Fragen zur Wissensprüfung

- Worin unterscheiden sich primäre und sekundäre Motive?
- Beschreiben Sie die Maslowsche Bedürfnishierarchie.
- Was sind unbewußte Motive? In welcher Form können sich unbewußte Motive äußern?
- Was versteht man unter dem Begriff Sozialisation?
  Wie unterscheidet er sich vom Begriff Erziehung?
- Es wurden zwei Theorien der sozialen Schichtung vorgestellt: Die Klassentheorie von Karl Marx und die funktionalistische Schichtungstheorie. Wie erklären die beiden Theorien das Phänomen der sozialen Ungleichheit?
- Wie unterscheidet sich die umgangssprachliche Verwendung des Begriffes Persönlichkeit von der Verwendung in der Psychologie?
- Worin liegt das Charakteristische der Persönlichkeitstypologien? Geben Sie ein Beispiel. Welche Einwände lassen sich gegen Persönlichkeitstypologien anführen?
- Beschreiben Sie die Persönlichkeitstheorie Sigmund Freuds.
- Welche Abwehrmechanismen kann das Ich einsetzen, um zwischen den Ansprüchen des Es und den Geboten des Überichs auszugleichen?
  Geben Sie jeweils Beispiele.
- Es wurden drei Prinzipien, nach denen Lernvorgänge ablaufen können, dargestellt: Das klassische Konditionieren, das instrumentelle Konditionieren und das Lernen am Modell. Erläutern Sie die drei Prinzipien jeweils an einem Beispiel.
- Beschreiben Sie die Lewinschen Konfliktarten.
- Erklären Sie die Theorie der kognitiven Dissonanz an einem Beispiel.

Fragen zur Selbstaktualisierung

- Welche Motive und Erwartungen haben meine Entscheidung für einen Pflegeberuf beeinflußt? Welche anderen Berufe wären für mich noch in Frage gekommen?
- Welche Dinge in meiner Ausbildung gefallen mir besonders und welche überhaupt nicht?
- Wie wichtig sind für mich die folgenden Bedürfnisse: Anerkennung und Wertschätzung, Zuwendung und Liebe, Sicherheit?

- Was bedeutet für mich Selbstverwirklichung?
- Wie haben sich meine Eltern verhalten, wenn sie mich bestrafen oder belohnen wollten?
- Wie habe ich die Ablösung von meinen Eltern erlebt? War sie mit Konflikten verbunden?
- Wie belohne und bestrafe ich andere Menschen? Wie belohne und bestrafe ich Patienten?
- Worin sehe ich persönlich die Ursache(n) für die Ungleichheit der Menschen?
- Wie versuche ich andere Menschen (Patienten) zu klassifizieren und kategorisieren?
- Wie würde ich selbst meine eigene Persönlichkeit beschreiben?
- Welche Menschen betrachte ich als Vorbilder?

Ergänzende und weiterführende Literatur

Buser, K., Kaul, U. (Hrsg.): Medizinische Psychologie. Medizinische Soziologie. Stuttgart, New York: Fischer 1978, 88–138, 175–202, 221–238

Greitenmeyer, M., Schmitz, B.: Medizinische Psychologie. Medizinische Soziologie. Stuttgart-Bad Cannstatt: Frommann-Holzboog 1980, 86–135, 187–223, 242–261

Payk, T. R.: Einführung in die Medizinische Psychologie. Stuttgart: Hippokrates 1980, 59–100

Schneller, T.: Soziale Lernprozesse in der Auseinandersetzung mit der Umwelt. In: Tewes, U. u. a.: Medizinische Psychologie I. Psychologische Konzepte für die Medizin. Stuttgart, Berlin, Köln, Mainz: Kohlhammer 1978, 81–109

Zimbardo, P. G.: Lehrbuch der Psychologie. Eine Einführung für Studenten der Psychologie, Medizin und Pädagogik. Berlin, Heidelberg, New York: Springer 1978, 241–274, 295–338

Teil III
Die Rolle des Pflegers

1 Die Krankenpflege im Wandel

Die Auseinandersetzung mit der Berufsrolle der Krankenpflege legt einen geschichtlichen Rückblick nahe, da die berufliche und gesellschaftliche Situation der heutigen Krankenpflege erst aus ihrer historischen Entwicklung heraus verständlich wird. Wir skizzieren im folgenden einige uns wesentlich scheinende geschichtliche Etappen aus dem Bereich des abendländlichen Kulturkreises und ihre Bedeutung für die Krankenpflege.

Die Einstellung zu Gesundheit und Krankheit war bei den sogenannten *primitiven Kulturen* stark geprägt durch magisch religiöse Vorstellungen. In erster Linie half der Mensch sich und seinen nächsten Mitmenschen selbst. Die Art der Heil- und Pflegebehandlungen waren vorwiegend Instinkthandlungen, wie Aussaugen von Wunden, Herausziehen von Fremdkörpern usw.

Wo die natürlichen Erklärungen für Krankheitsgeschehen nicht ausreichten, traten die magisch religiösen in den Vordergrund: Krankheit wird von Dämonen, bösen Geistern und Zauberern geschickt. Zur Diagnose wurden magische Handlungen entwickelt, wie wir sie von Medizinmännern heute noch kennen. Die Behandlung der Krankheit bestand vorwiegend im Fernhalten oder Vertreiben der bösen Geister.

Auch in unserer Zeit beeinflussen magische Vorstellungen über Entstehung und Heilung von Krankheiten Kranke und ihre nächsten Betroffenen. Von einer Krankenschwester wird Verständnis und Achtung für Einstellungen und Gefühle dieser Menschen erwartet, wenn es beispielsweise darum geht, einem Sterbenden ein Amulett in der Nähe einer Wunde aufzukleben oder unter das Kopfkissen zu heften.

Von großer Bedeutung für die Heilkunde war der Einfluß der *griechischen Naturphilosophie.* Es wurde versucht, das Wesen von Natur und Welt auf einer natürlichen Grundlage zu verstehen. Die Frage nach dem einheitlichen Grund, der Ursache aller natürlichen Vorgänge, stellte sich auch für Gesundheit und Krankheit. Gesundheit wurde als Norm betrachtet, Krankheit als Abweichung von der Norm, und es galt bei ihrer Behandlung, die stabile Harmonie, die Gesundheit wieder herzustellen. Mit dieser Einstellung nahm es der Mensch zu einem großen Teil selbst in die Hand, Gesundheit und Krankheit zu steuern. Auswirkungen dieser Philosophie waren Vorschriften für eine vernünftige

Lebensweise. Sie enthielten Anweisungen für vorbeugende und heilende Lebensweise wie: Ernährungsformen, Regelungen für körperliche Betätigung und Erholung, Hinweise zur geistigen Lebensführung.

Das Gedankengut der griechischen Philosophie mit seinen Konsequenzen bezüglich des ärztlichen und pflegerischen Handelns prägt noch heute das Verhalten von Arzt und Krankenschwester. Auch heute wird Gesundheit als normal und Krankheit als abnormal betrachtet. Die Erhaltung und Wiederherstellung der Gesundheit ist das wichtigste Ziel der ärztlichen und pflegerischen Maßnahmen. Die Frage nach dem Erleben einer Krankheit und der Bedeutung des Krankseins wird im Zusammenhang mit Pflege oder ärztlichem Tun kaum gestellt: Weshalb ist ein Mensch gerade zu diesem Zeitpunkt krank geworden? Was bedeutet dieses Kranksein für seine Lebensgestaltung?

Das Christentum beeinflußte die Entwicklung der Krankenpflege entscheidend. Der Dienst am hilflosen Nächsten, dem Kranken, wird mit dem Dienst an Gott gleichgesetzt: „Was ihr getan habt an einem dieser meiner geringsten Brüdern, das habt ihr mir getan", oder „Ich war krank, und ihr habt mich besucht". Mit dem Christentum wurden die pflegerische Tätigkeit und andere „niedere" Pflichten des Dienens zu einem Ausdruck christlicher Glaubenshaltung und Barmherzigkeit, die von Gott belohnt wurden. Das Umsetzen der Haltung in die Tat ließ eigens für das Dienen (diakonein) zuständige Rollen entstehen, sog. Diakone und Diakonissen. Die Fürsorge für Kranke und Hilfsbedürftige galt als natürliche Aufgabe der Frau, der Diakonisse. So schrieb eine Kirchenordnung des 4. Jahrhunderts vor: „Denn in die Häuser der Heiden, in denen es gläubige Frauen gibt, soll eine Diakonisse gehen; sie soll da die Kranken aufsuchen und ihnen mit allem dienen, was für sie erforderlich sein könnte." (Seidler 1966, S. 54) Der karitative Gedanke des Dienens im Zusammenhang mit der Ausübung der Pflege blieb bis in unsere heutige Zeit erhalten.

Im Mittelalter begannen sich die Wege der Medizin und Pflege zu trennen. Nach dem Zerfall des römischen Reiches und der antiken Bildungsstätten wurden die Wissenschaften in die christliche Bildung eingebaut, so auch die Medizin. Ihre Träger waren die Klöster. Aus den Beziehungen der abendländischen Gelehrten zu orientalischen Kulturen entwickelte sich in Europa allmählich eine neue Bildungsstätte, die Universität, eine zunehmend autonomer werdende Gemeinschaft der Lehrenden und Lernenden.

Die Pflege galt nach wie vor durch das Gebot der Barmherzigkeit als ureigendstes Anliegen des Christentums und war nur bis zur Zeit der Klostermedizin mit der Heilkunde verknüpft. Die entwickelten Organisationsformen, in denen Pflege ausgeübt wurde, wie Ordensbewegungen, sogenannte christliche Hospitale und andere religiöse Pflegegemeinschaften, standen unter der Leitung der Kirche und beeinflußten die Tätigkeit der Pflegenden. Ihre Hilfe richtete sich an Bedürftige verschiedener Art: Arme, Waisen, Greise und Kranke.

Diese Trennung von Pflege und Heilkunst, die Bewertung der Medizin als Wissenschaft einerseits und der Pflege als dienende Tätigkeit für Hilfsbedürftige, Arme, Schwache und Kranke andererseits wirkt sich noch heute auf die Rolle der Pflegenden aus. Von ihnen wird primär Handeln, Dienen, Ausführen, nicht kritisches Denken und Analysieren erwartet – auch dann, wenn letzteres angezeigt wäre, etwa beim Aufnehmen einer Pflegeanamnese.

Der Humanismus und die Aufklärung und der daraus folgende Fortschritt der Naturwissenschaften brachten für die Medizin im letzten Jahrhundert eine endgültige Abkehr von der bisherigen Tradition, neue wichtige Erkenntnisse und Heilungsmöglichkeiten aber auch eine ausschließliche Orientierung an der Körpermedizin.

Gleichzeitig erlebte die Krankenpflege eine organisatorische Reform. Der medizinische Aufschwung und der zum Teil niedrige Ausbildungsstand der Pflegenden gaben Anlaß zu dieser Veränderung. Die Krankenpflege wurde zu einem eigenständigen Beruf, der erlernt werden mußte. Der Pflegeberuf war jedoch noch stark mit dem karitativen Gedankengut verknüpft. Zu den Pionieren zählten Theodor Fliedner, der Gründer der Diakonissen-Bewegung und Florence Nightingale, die die Krankenpflege zu einem öffentlich anerkannten Beruf machen wollte.

Gegen Ende des 19. Jahrhunderts entwickelten sich Bestrebungen, die Krankenpflege von christlichen Organisationen zu lösen und als Aufgabe der bürgerlichen Wohlfahrt zu betrachten. Frauenvereine und Berufsverbände versuchten in diesem Sinne zu wirken. Diese Entwicklung ist zum Teil noch heute im Gange. Ziel war eine freiberufliche Krankenpflege, ein Frauenberuf, der von der Gesellschaft geachtet und dessen Ausbildung staatlich geregelt ist, mit persönlicher Freiheit und Arbeitsplatzwahl.

Erst in den letzten hundert Jahren wurden Versuche unternommen, die Tätigkeit des Pflegens und damit die Rolle der Pflegenden vom 2000jährigen karitativen Verständnis des Pflegens als „Dienen um Gotteslohn“ zu lösen und zu einer öffentlichen, bezahlten Aufgabe zu machen. Es wird von da her auch verständlich, daß die Erwartungen an die Rolle der Pflegenden heute ein sehr breites Spektrum aufweisen, die die übliche pflegerische Aufgabe des Berufes überschreiten, etwa Erwartungen an einen, dem Beruf entsprechenden Lebensstil und Tugenden wie Anpassung, Selbstlosigkeit, Aufopferungsbereitschaft, Freundlichkeit.

Diese vielfältigen, dem heutigen Pflegeverständnis nur noch teilweise entsprechenden Erwartungen bringen Pflegepersonen zwangsläufig in Rollenkonflikte. Diese Konflikte sind eine permanente Herausforderung an Berufspersonen und Ausbildungsinstitutionen, die Berufsrolle zu überdenken und sie gegebenenfalls neu zu definieren.

2 *Was ist eine soziale Rolle?*

Der Begriff der **sozialen Rolle** oder verkürzt „Rolle" ist einer der in der Soziologie und Sozialpsychologie am häufigsten, allerdings nicht immer einheitlich verwendeten Begriffe.

Aus der Alltagssprache ist der Begriff der Rolle im Zusammenhang mit dem Theater und mit als theatralisch empfundenen Situationen bekannt („Er spielt die Rolle des Spaßmachers"; „sie spielt sich wieder einmal auf".) Der Begriff Rolle hat für viele Menschen etwas Maskenhaftes, Fassadenhaftes, Unechtes. Diese Assoziationen führen oft zu Widerständen gegenüber dem Rollenbegriff. Man möchte „keine Rolle spielen", sondern „sich selbst sein". Dahinter steht das menschliche Bedürfnis, ein einzigartiges, authentisches Wesen zu sein, das nicht ohne weiteres ersetzbar und austauschbar ist. Aber ob wir uns mit dem Spielen von Rollen anfreunden können oder nicht, ändert nichts an der Tatsache, daß wir während unseres Lebens fortwährend Rollen übernehmen und spielen: Die Rolle der Mutter, der Hausfrau, der Krankenschwester, des Arztes, des Hobbysportlers. An die Rolle der Mutter zum Beispiel stellt die Geselltschaft bestimmte Erwartungen, wie sich eine Mutter zu verhalten hat. Diese Erwartungen sind unabhängig von der jeweiligen Person, die diese Rolle einnimmt. Das von einer Mutter erwartete Verhalten kann man als Rolle der Mutter bezeichnen.

Der Soziologe Dahrendorf (1967, S. 143) hat die Rolle des Schauspielers auf der Bühne mit der Rolle in Verbindung gebracht, die der einzelne Mensch in der Gesellschaft spielt:

> „Zu jeder Stellung, die ein Mensch einnimmt, gehören gewissen Verhaltensweisen, die man von dem Träger dieser Position erwartet; zu allem was er ist, gehören Dinge, die er tut und hat; zu jeder sozialen Position gehört eine soziale Rolle. Indem er einzelne soziale Positionen einnimmt, wird er zur Person des Dramas, das die Gesellschaft, in der er lebt, geschrieben hat. Mit jeder Position gibt die Gesellschaft ihm eine Rolle in die Hand, die er zu spielen hat. Durch Positionen und Rollen werden die beiden Tatsachen des Einzelnen und der Gesellschaft".

Ein Gesellschaftssystem kann somit als eine Ansammlung verschiedener Positionen verstanden werden, die in einer bestimmten Beziehung zueinander stehen und die Struktur einer Gesellschaft ausmachen. Mit dem Begriff **Position** bezeichnet man den Ort oder Platz, den eine Person in einem Gesellschaftssystem einnimmt.

Positionen in der Krankenhausabteilung B

Die neun Personen, die auf der Abteilung B arbeiten, nehmen sechs verschiedene Positionen ein: Die Position der Abteilungsschwester bzw. der Stationsschwester, der pflegenden Schwester, der Schülerin (und des Schülers), der Schwesternhilfe, des Abteilungsarztes und des Unterassistenten.

Die Inhaber der verschiedenen Positionen sind austauschbar und nicht an die im Augenblick auf der Abteilung arbeitenden Personen gebunden.

Abbildung 4 zeigt, wer auf der Abteilung zur Zeit welche Positionen einnimmt.

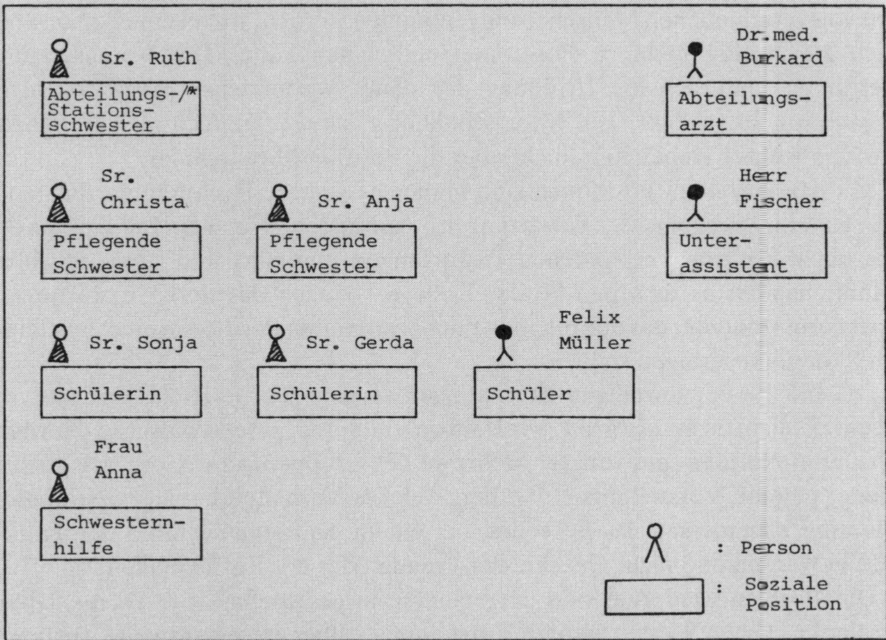

Abbildung 4: Positionen in der Abteilung* B

Während der Ferienzeit sieht die Situation auf der Abteilung jedoch etwas anders aus:

Sr. Christa übernimmt vorübergehend die Position der Abteilungsschwester. Sr. Susi, eine verheiratete Krankenschwester, übernimmt ablösungsweise die Position einer pflegenden Schwester und Dr. Baumann von der Abteilung A die des Abteilungsarztes.

Vor den Ferien erklärt Sr. Ruth Sr. Christa genau, welche Rechte und Pflichten mit der Position Abteilungsschwester verbunden sind. Zu den Rechten und Pflichten der Abteilungsschwester gehören, daß sie an den wöchentlichen Abteilungsrapporten teilnimmt, daß sie die Verantwortung für den angemessenen Einsatz des Pflegepersonals übernimmt, daß sie die Austrittsabrechnungen der Privatpatienten erstellt und daß sie jeweils am Wochenende frei nehmen kann.

* Abteilung und Station werden als gleichwertige, austauschbare Begriffe betrachtet.

Mit einer sozialen Position ist immer auch eine Aufgabe innerhalb einer Gesellschaft verbunden, die für das Funktionieren des Gesellschaftssystems wichtig ist. Im gesellschaftlichen Teilsystem Schule ist mit der Position des Lehrers die Aufgabe des Unterrichtens verbunden, mit der Position Schüler die Aufgabe des Lernens.

Wie in einem Theaterstück können innerhalb einer Gesellschaft diese Positionen von verschiedenen Menschen eingenommen werden, wobei eine Person aber auch gleichzeitig mehrere Positionen einnehmen kann. Die Voraussetzung hierfür ist, daß sich die Erfüllung der damit verbundenen Aufgaben nicht gegenseitig ausschließt. Ein Mittelschullehrer kann z.B. auch gleichzeitig die Position Rektor einnehmen, nicht aber die Position Mittelschüler.

Mit den einzelnen Positionen sind immer bestimmte Rechte und Pflichten – also Handlungsregeln oder Erwartungen – verbunden. Wenn ein Individuum die mit einer Position verbundenen Erwartungen annimmt und seine Pflichten erfüllt, handelt es in seiner Rolle. Rolle ist danach das durch Erwartungen gesteuerte Handeln, das der Inhaber einer bestimmten Position in einer bestimmten Situation erbringen sollte.

Die Inhalte der jeweiligen Erwartungen an eine soziale Rolle (das was von einem Rollenträger erwartet wird), werden durch gesellschaftliche **Normen** bestimmt. Normen sind von der Mehrzahl der Gruppen- bzw. Gesellschaftsmitglieder geteilte Vorstellungen darüber, welches Verhalten in einer bestimmten Situation angemessen ist. So sollen bei einem Todesfall Gefühle der Trauer gezeigt werden und nicht Gefühle der Freude oder der Zufriedenheit.

Die Normen wiederum sind eingebunden in gesellschaftliche **Werte**. Unter gesellschaftlichen Werten werden Vorstellungen über erstrebenswerte Zustände einer Gesellschaft verstanden, wie wirtschaftlicher Fortschritt, Freiheit des Denkens und Handelns oder Gesundheit. Bringt man diese Werte in eine Rangfolge, spricht man von **Werthierarchie.** Menschliche Gesundheit und Freiheit des Denkens und Handelns sind Werte, die in unserer Gesellschaft in der Regel an der Spitze der Hierarchie stehen.

Die Verknüpfung von gesellschaftlichen Werten, Normen und Rollenerwartungen läßt sich folgendermaßen erklären: Um den gesellschaftlichen Wert „Gesundheit“ zu erhalten, wurden verschiedene hygienische Vorschriften und Gesetze entwickelt. Diese Vorschriften können als Normen bezeichnet werden. In einem Krankenhaus (oder einer Lebensmittelabteilung eines Warenhauses) sind diese Normen weitaus strenger als zum Beispiel in einem Architekturbüro. Die im Krankenhaus geltenden hygienischen Normen könnte man benennen mit „der Fußboden muß keimarm sein“ oder „erkältetes Personal darf Patienten nicht anstecken“ oder „die Betten der Patienten sollten immer frisch und fleckenlos sein“. Solche hygienische Normen werden dann in Rollenerwartungen umgesetzt. Erwartungen an die Rolle einer Krankenschwester könnten sein:

„Die Schwester hat die Betten der Patienten täglich und bei Verunreinigung neu zu beziehen“ oder „wenn die Schwester erkältet ist, darf sie nicht ohne Mundschutz in ein Patientenzimmer“.

Für das Putzpersonal kann dann eine Rollenerwartung sein: „Morgens um sechs Uhr und nachmittags um 16.00 Uhr muß der Fußboden der Patientenzimmer mit einer desinfizierenden Lösung aufgewischt werden".

Ansprüche und Erwartungen an eine Rolle können in zweifacher Hinsicht gestellt werden; zum einen an das Verhalten des Rolleninhabers *(Rollenverhalten)*, zum anderen an die Erscheinung eines Rollenträgers, sein Aussehen, seine Kleidung *(Rollenattribute)*.

Erwartungen an das Verhalten und an die Erscheinung eines Rollenträgers

Sr. Ruth erwartet von Sr. Christa, wenn diese sie vertritt und die Position der stellvertretenden Abteilungsschwester einnimmt, daß Sr. Christa die Abteilung korrekt führt und so wenig als möglich verändert.

Der Abteilungsarzt, die Patienten und die anderen Mitarbeiter erwarten, daß Sr. Christa die Abteilung in ähnlicher Weise wie die abwesende Abteilungsschwester Ruth führt. Die Kolleginnen erwarten, daß Sr. Christa auch in der Rolle der stellvertretenden Stationsschwester kollegial und freundlich ist.

An das Verhalten von Sr. Christa in ihrer Rolle als stellvertretende Abteilungsschwester werden also von verschiedenen Personen zum Teil unterschiedliche und zum Teil gleiche Erwartungen gestellt. Alle Personen nehmen an, daß Sr. Christa diese Erwartungen erfüllen wird, ohne daß sie ihr diese mitteilen müssen.

Auch hinsichtlich der äußeren Erscheinung werden auf der Abteilung B Erwartungen an die Rolle der Schwester gestellt. So wird erwartet, daß eine Schwester in weißer Schürze und gepflegter Frisur zur Arbeit erscheint. Schmuck oder eine Armbanduhr darf sie nicht tragen. Ebenfalls nicht erlaubt sind Strickjacken.

Als Sr. Anja neu auf die Abteilung kam, waren ihr diese Erwartungen an ihre Erscheinung in der Rolle als Krankenschwester auf der Abteilung B nicht bekannt. Sie hatte schulterlanges, offenes Haar. An Stelle der Schürze trug sie einen Hosenanzug.

Am Ende des ersten Arbeitstages rief Sr. Ruth Sr. Anja in ihr Büro und teilte ihr mit, wie sie auf der Abteilung B zu erscheinen habe. Sr. Anja las aus dem Gesichtsausdruck von Sr. Ruth, daß sie, wenn sie nicht diesen Erwartungen entsprechen würde, mit Schwierigkeiten zu rechnen hätte.

Wie der Inhaber einer bestimmten Position den Erwartungen, die an ihn gerichtet werden, entspricht und handelt, hängt also auch davon ab, welche Bedeutung er der aktuellen Situation beimißt und welche Erwartungen er als zutreffend und gültig erachtet.

An eine Rolle richten verschiedene Personen und Gruppen unterschiedliche, oft widersprüchliche Erwartungen. Daneben besitzt der Rolleninhaber ein **Rollenselbstbild,** das nicht immer mit den Erwartungen an diese Rolle übereinstimmt. Eine Krankenschwester im Krankenhaus ist Mittelpunkt einer Reihe von Wünschen, Forderungen und Erwartungen. Diese werden von Ärzten, Patienten, Kollegen, Angehörigen der Kranken an sie gerichtet. Daneben hat sie selbst ein Bild davon, wie eine Krankenschwester sein sollte, ihr Rollenselbstbild.

Diese Vielzahl von Rollen(selbst- und -fremd)bildern bezeichnet man als **Rollenset.** Rollenset bezieht sich also auf alle Erwartungen, die an den Träger einer Rolle gestellt werden.

Ein Rollenset setzt sich aus einer Menge von einzelnen **Rollensegmenten** zusammen. Die Rolle Krankenschwester besteht z. B. aus den Rollensegmenten „Krankenschwester-Arzt“, „Krankenschwester-Patient“, „Krankenschwester-Kollegin“. Durch jede der genannten Beziehungen wird ein Teil aus dem gesamten Beziehungsgefüge (dem Rollenset) der Rolle Krankenschwester beschrieben (Abb. 5).

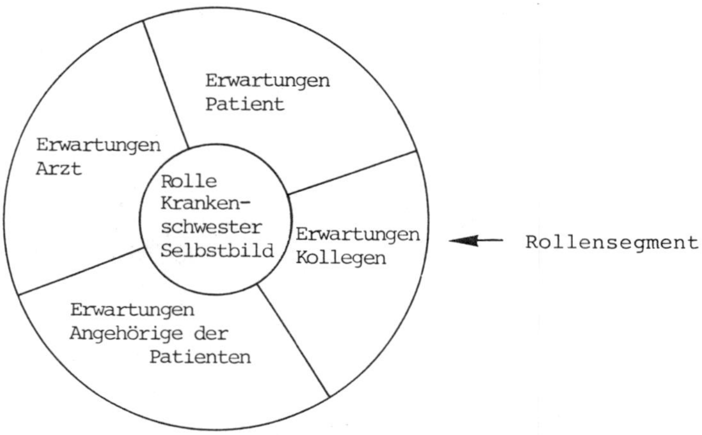

Abbildung 5: Rollenset – Rollenselbstbild/-Fremdbild

Die Art des Rollenselbstbildes hat langfristig einen nicht zu unterschätzenden Einfluß auf die Art, wie die Rolle von anderen aufgenommen wird bzw. wie sich diese Wahrnehmung verändert: So wie die Krankenpflegepersonen sich selbst sehen, beeinflußt stark wie sie von anderen gesehen werden.

Ob Krankenschwestern sich als Berufsgruppe sehen, die die Pflege als eigenständige Aufgabe definieren oder ob sie sich als ausführende Gehilfinnen der Ärzte verstehen, bestimmt langfristig, welches Bild sich andere von einer Krankenschwester machen. Allgemeiner gesagt: Der Inhaber einer Position bestimmt die mit dieser Position verbundenen Rollenerwartungen und damit die Rolle zu einem Teil sebst mit. Dieses „emanzipatorische Moment“ gibt dem Rollenträger also die Möglichkeit, seine Rolle selbst zu definieren, umso mehr als auch der Rollenträger die Praxis, in der die Rolle ausgeübt wird, in der Regel am besten kennt.

Rollen können auch zu sozialen Verhaltensgewohnheiten, sogenannten *Ritualen* führen, wenn die damit verbundenen Regeln immer wieder befolgt werden. Ein Beispiel dafür ist die morgendliche Begrüßung am Krankenbett: „Guten Morgen Herr Meier, haben Sie gut geschlafen? Wir möchten gerne das Bett machen, würden Sie sich bitte zur Seite drehen!" Die Begrüßung wird dann zum Ritual, wenn die Pflegeperson automatisch fragt und gar nicht bereit ist, auf die Antwort des Patienten einzugehen oder nur eine ritualisierte Gegenantwort gibt, wie: „Dann geben wir Ihnen heute eine stärkere Schlaftablette". Rituale können dem Rollenträger Sicherheit vermitteln, sie bergen aber auch die Gefahr eines ausschließlich routinehaften, nicht mehr auf den Patienten als Individuum ausgerichteten Handelns in sich.

Es gibt Situationen, in denen ein Mensch seine Rolle spielen muß obwohl ihm überhaupt nicht danach zumute ist und er es eigentlich nicht möchte. In solchen Situationen hat der Rolleninhaber die Möglichkeit, sein Unbehagen und seine geringe Verbundenheit mit seinem eigenen Verhalten durch **Rollendistanz** zum Ausdruck zu bringen. Der Rolleninhaber spielt dann zwar seine Rolle, macht aber gleichzeitig durch Signale deutlich, daß er sich von seinem eigenen Rollenverhalten innerlich distanziert. Rollendistanz kann ausgedrückt werden durch Humor, Selbstironie, Sarkasmus.

Ein Beispiel: Eine Krankenschwester ist bei einer Untersuchung behilflich, bei der sie sich recht unwohl fühlt und eigentlich überflüssig vorkommt. Die Krankenschwester kann, während sie äußerlich das vom Arzt erwartete Verhalten zeigt, durch Gähnen oder eine ironische Bemerkung ihre innere Distanz zu ihrem augenblicklichen Verhalten ausdrücken. Durch diese demonstrative Geste macht sie deutlich, daß sie sich mit ihrem Rollenverhalten innerlich nicht identifiziert, sie zeigt Rollendistanz.

Die Verhaltensweisen, die zur Ausübung einer bestimmten Rolle geeignet sind, können für eine andere Rolle unpassend sein. Da aber ein Mensch zumeist verschiedene Rollen trägt (zum Beispiel im Beruf, in der Familie, im Sportclub) kommt es nicht selten vor, daß er ungewollt die Handlungsweisen, die sich in der Ausübung einer Rolle bewährt haben, auch in einer anderen Rolle einsetzt **(interner Rollentransfer)**. Dies geschieht, wenn eine Krankenschwester, die im beruflichen Alltag den Patienten helfen und dienen soll, dieses Verhalten auf die Beziehung zu ihrem Partner überträgt.

Nicht selten ist es aber auch so, daß andere von einer Rolle, die ein Mensch einnimmt, darauf schließen, wie sich derselbe Mensch in einer anderen Rolle zu verhalten hat **(externer Rollentransfer).** Dies geschieht z.B. dann, wenn eine Krankenschwester von der Hausmutter des Schwesternwohnheims als Begründung für das nächtliche Besuchsverbot in den Zimmern zu hören bekommt: „Das Privatleben einer Krankenschwester hat ihrem Beruf zur Ehre zu gereichen, ein Schwesternwohnheim ist kein Freudenhaus".

Ein Mensch erfüllt in seinem Leben verschiedene Rollen, die zueinander in einer zeitlichen Beziehung stehen. Die Abfolge gewisser Rollen innerhalb einer Entwicklungsreihe nennt man **Rollensequenz.** Im Laufe seines Lebens hat ein Mensch verschiedene Auftritte auf der „Weltbühne". Er erscheint zunächst als Kind, dann als Jugendlicher und Erwachsener, um zum Schluß als alter Mensch aufzutreten. Diese Phasen, die ein Mensch in seinem Leben durchläuft, bezeichnet man als Altersrollensequenz.

Altersrollensequenz

Eine Abfolge verschiedener Rollen zeigt sich beispielsweise auch im Verlauf einer beruflichen Entwicklung. Im Rahmen eines beruflichen Ausbildungs- und Karriereprozesses durchläuft ein Mensch verschiedene Rollen, die mit einer Zunahme des Prestiges und Ranges innerhalb einer beruflichen Hierarchie verbunden sind. Für den Pflegeberuf läßt sich eine berufliche Rangrollensequenz feststellen, die von der Lernschwester, der diplomierten Schwester und der Stationsschwester zur Oberschwester führen kann.

Rangrollensequenz

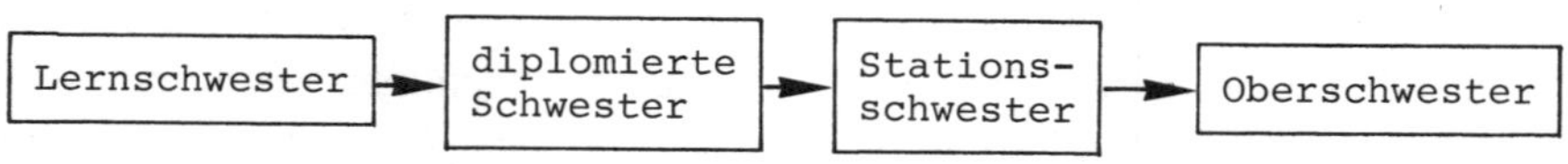

3 Wie wird eine Rolle in Verhalten umgesetzt?

Das Verhalten eines Rollenträgers (Inhaber einer bestimmten Rolle) ist nicht immer identisch mit den Erwartungen, die an ihn gerichtet werden. Um die Erwartungen in Verhalten umsetzen zu können, muß er sie verstehen und richtig deuten.

Zwischen den Sendern der Rollenerwartungen *(Rollensender)* und dem Rollenträger entwickelt sich ein Verständigungsprozeß über den Inhalt und die Ausführungsregeln der jeweiligen Rolle. Man spricht in diesem Zusammenhang von *Rollenkommunikation.* Sie dient der Klärung einer Rolle. Das Umsetzen der Erwartungen in Verhalten und die dabei stattfindende Kommunikation kann in verschiedenen Phasen dargestellt werden. Ein einfaches Beispiel einer einzelnen Rollenerwartung an das Verhalten von Sr. Sonja soll das deutlich machen (Abb. S. 71).

So direkt wie in diesem Beispiel werden Rollenerwartungen selten geäußert. Oft bestehen aus einem traditionellen oder kulturellen Verständnis heraus unausgesprochene Erwartungen an eine Rolle. Die Entschlüsselung dieser unausgesprochenen Erwartungen geschieht mit Hilfe der eigenen Vorstellungen und durch Beobachtungen der Reaktionen der Rollensender, wie das im Beispiel Sr. Sonja getan hat. Damit kann vermieden werden, daß ein Rollenträger unangenehme und unzumutbare Erwartungen meint erfüllen zu müssen.

Die Entscheidung, ob und wie ein Rollenträger den realen oder vorgestellten Erwartungen an seine Rolle entsprechen will, wird bestimmt durch Vergleich und Wertung der gedanklich vorweggenommenen Reaktionen der Umwelt auf sein mögliches Verhalten mit der Situation und dem Rollenselbstbild:

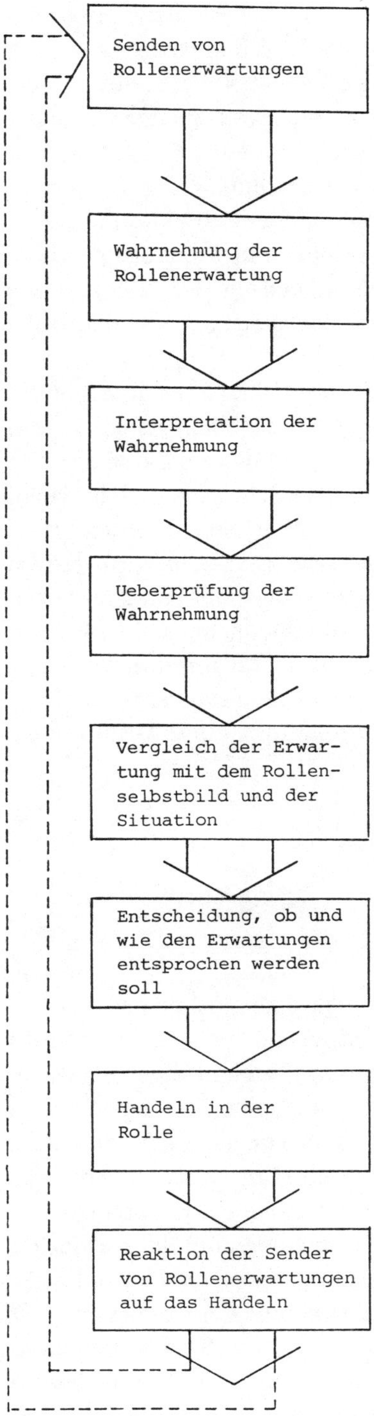

Sr. Sonja hat Nachtwache. Sie hat einen Patienten mit Magenblutungen zu überwachen. Bevor der dienst-tuende Arzt, Dr. Müller, schlafen geht, gibt er ihr genaue Anweisungen, wie häufig sie die Kontrollen durchführen soll und was sie in welcher Situation zu tun hat.

Aus der Art, wie der Arzt Sr. Sonja Anweisungen gibt, schliesst sie, daß er ganz bestimmte Erwartungen an sie hat:

Sie vermutet, daß er nur in einem ausgesprochenen Notfall gestört werden will und daß sie selbst die Verantwortung für den Patienten zu übernehmen hat.

Sr. Sonja fragt Dr. Müller, ob ihre Vermutung stimmt, daß er nur in einem Notfall geweckt werden möchte. Dr. Müller bejaht ihre Frage.

Sr. Sonja glaubt, der Arzt könne von einer Schülerin nicht erwarten, daß sie diesen Patienten selbständig überwacht. Sie betrachtet dies als ein unnötiges Risiko für den Patienten.

Sie entschliesst sich, dem Arzt mitzuteilen, dass sie selbst Schülerin ist und daß sie noch nicht in jeder Situation in eigener Verantwortung entscheiden kann

und teilt ihm das mit.

Dr. Müller ist überrascht. Er wusste nicht, dass Sonja Schülerin ist. Er bedankt sich für die klare Mitteilung.
Dieses Erlebnis gibt Sr. Sonja Mut, auch in Zukunft bei Vermutungen nachzufragen und zu ihren eigenen Meinungen und Grenzen zu stehen.

In unserem Beispiel stellte sich Sonja vor, daß es für den Patienten schwerwiegende Konsequenzen haben würde, wenn sie als Schülerin den Arzt erst in einer Notfallsituation ruft, die sie nicht frühzeitig genug erkennen konnte (Beurteilung der Situation). Sie weiß, daß sie als Schülerin noch nicht in der Lage ist, sicher abzuschätzen, wie gefährlich eine Situation ist. Auch hat sie die Erwartung, daß sie das noch nicht können muß (Rollenselbstbild). Sie nahm an, daß Dr. Müller dies sicher verstehen würde (gedanklich vorweggenommene Reaktion).

Entscheidet ein Rollenträger, den Rollenerwartungen nicht zu entsprechen, kann er diesen Entschluß und seine eigenen Vorstellungen von der Rolle anderen mitteilen oder nicht. In beiden Fällen prägt er die Erwartungen an seine Rolle und hat so die Möglichkeit, seine Rolle zu verändern:

Sonja hätte aber auch ohne mit Dr. Müller über ihre Fähigkeiten als Schülerin zu sprechen, ihn häufig bei weniger schwerwiegenden Problemen rufen können. Bei Wiederholung ähnlicher Situationen hätte sich Dr. Müller im Laufe der Zeit darauf eingestellt, daß Sr. Sonja ihn häufiger als andere Schwestern nachts rufen wird und seine Erwartung an das selbständige Handeln Sr. Sonjas verändert.

Wir haben den Prozeß des Umsetzens von Rollenerwartungen in Verhalten am Beispiel einer einzelnen Rollenerwartung an das Verhalten einer Krankenschwesternschülerin beschrieben. Je vielfältiger und unterschiedlicher die Erwartungen an eine gesamte Rolle sind, umso schwerer wird es für den Inhaber einer Rolle, diese wahrzunehmen, zu deuten und sich entsprechend zu verhalten. Eine offene Kommunikation kann diesen Prozeß betreffend Inhalt und Ausführungsregeln einer Rolle erleichtern.

4 Wenn jemand aus der Rolle fällt

Die Einhaltung der Rollenerwartungen, also der mit einer Rolle verbundenen Handlungsregeln, wird durch Sanktionen zu gewährleisten versucht. Eine **Sanktion** kann in einer *positiven Form* (Lob, Belohnung) oder in einer *negativen* (Mißbilligung, Strafe) erfolgen. Sie kann intern, das heißt vom Handelnden selbst ausgelöst werden *(interne Sanktionen)* oder aber von außen durch andere erfolgen *(externe Sanktionen)*. Eine positive interne Sanktion ist zum Beispiel das Gefühl von Zufriedenheit und Stolz, wenn man seine Rolle gut gespielt hat; ein Beispiel für eine negative interne Sanktion ist das Schuldgefühl oder schlechte Gewissen, das man hat, wenn man den Erwartungen der sozialen Umwelt nicht nachgekommen ist. Ein schlechtes Gewissen oder Stolz sind keineswegs von den Erwartungen der sozialen Umwelt unabhängige Reaktionen. Zumeist sind diese Empfindungen Widerspiegelungen der Normen und Werte, die einem Individuum im Laufe seiner Sozialisation vermittelt wurden. Das Spielen der Rolle nach vorgegebenem Drehbuch **(Rollenkonformität)** wird belohnt, zumindest aber nicht bestraft. Abweichungen vom vorgeschriebenen Rollenverhalten **(Rollenabweichung)** werden bestraft.

Bestrafung von abweichendem Rollenverhalten und abweichender Rollenerscheinung

Sr. Anja wollte nicht allen Erwartungen an ihre Erscheinung als Krankenschwester entsprechen. Daß man auf dieser Abteilung eine weiße Schürze trug, konnte sie akzeptieren. Daß man ihr aber ihre Haartracht vorschreiben wollte, ging ihr zu weit. Sie trug ihre Haare weiterhin schulterlang offen. Sr. Ruth, der das nicht gefiel – sie fand es unhygienisch und unordentlich – wies Sr. Anja vergeblich an, ihre Haare hochzustecken. Sr. Ruth ärgerte sich über diese eigenwillige „Ausländerschwester".

Auch in ihrem Verhalten entsprach Sr. Anja nicht den Vorstellungen der Abteilungsschwester. Sr. Anja verhielt sich schon zu Beginn sehr selbstsicher. Gegenüber ihren Mitarbeitern und den Patienten zeigte sich Sr. Anja sehr kollegial. Durch ihre spontane und aufgeschlossene Art war sie sowohl bei den Schülerinnen als auch bei Patienten sehr beliebt. Das direkte und selbstsichere Auftreten Sr. Anjas mißfiel der Abteilungsschwester. Nach ihren Vorstellungen sollte eine Krankenschwester zurückhaltender sein. Sie versuchte ihr Mißfallen Sr. Anja auf eine indirekte Weise mitzuteilen. Sr. Anja verstand dies jedoch nicht.

Sr. Ruth könnte dieses Abweichen von den Rollenerwartungen bestrafen, indem sie Sr. Anjas Wünsche nach ihr passenden Freitagen nur ganz selten berücksichtigt und ihr abweisend begegnet.

Die Stärke der Sanktion richtet sich nach dem Grad der Verbindlichkeit der Handlungsregeln, die an eine soziale Rolle gerichtet werden. Das Verhalten des Rollenträgers wird erst dann sanktioniert, wenn es außerhalb bestimmter, häufig unklar definierter Toleranzgrenzen liegt. Wir sprechen hier von **Rollentoleranz.** Rollentoleranz umschreibt also den Verhaltensspielraum eines Rollenträgers, den seine Umwelt sanktionslos akzeptiert.

Die Ansprüche an eine Rolle lassen sich unterscheiden in Verhaltensweisen, die ein Rolleninhaber erbringen *muß,* die er erbringen *soll* und solche, die er erbringen *kann.* Auf die Nichteinhaltung von **Muß- und Sollerwartungen** folgen in der Regel negative Sanktionen. Die Einhaltung von *Kannerwartungen* wird nicht durch negative Sanktionen bewirkt; wer ihnen nachkommt, darf mit Wertschätzung und Sympathie rechnen.

Das korrekte Verabreichen der Medikamente an die Patienten gehört zu den Mußerwartungen an die Rolle der Krankenschwester. Ein Nichtbefolgen dieser Erwartungen kann in extremen Fällen einen Verlust der Stelle und strafrechtliche Konsequenzen nach sich ziehen.

Kollegialität gegenüber den Mitarbeitern kann als eine Sollerwartung bezeichnet werden. Wer dieser Erwartung nicht nachkommt, muß möglicherweise mit einer Ablehnung durch die Kollegen/-innen rechnen.

Das Gespräch mit den Angehörigen von Patienten über persönliche Probleme wird der Schwester Wertschätzung und Sympathie der Angehörigen verschaffen.

Negative Sanktionen sind an das Nichteinhalten dieser Kannerwartung kaum geheftet (Abb. 6).

Art der Erwartung	Art der Sanktion positiv	negativ	Rollenverhalten (Beispiel Krankenschwester)
Mußerwartungen		Tadel, Stellenverlust, strafrechtliche Konsequenzen	korrektes Verabreichen der Medikamente an die Patienten
Sollerwartungen	(Sympathie)	soziale Ablehnung	Kollegialität gegenüber Mitarbeitern
Kannerwartungen	Wertschätzung, Sympathie	(Antipathie)	Gespräch mit den Angehörigen von Patienten über persönliche Probleme

Abbildung 6: Rollenerwartung und Sanktion

5 *Wenn's nicht mehr rund rollt*

Verhalten in sozialen Rollen verläuft nicht immer konfliktfrei. Schwierig wird es für den Inhaber einer Rolle, wenn keine deutlich formulierten Erwartungen an sein Verhalten vorhanden sind, wenn Zuständigkeitsbereiche und Verantwortlichkeiten nicht klar definiert sind und es zu keiner klaren Abgrenzung gegenüber ähnlichen Rollen kommt (Rollenabgrenzung). Man spricht in einem solchen Fall von **Rollenambiguität.** Rollenambiguität läßt sich zumeist relativ leicht dadurch lösen, daß genaue Regeln festgelegt werden, die das Verhalten des jeweiligen Rolleninhabers beschreiben. So sollte in der Stellenbeschreibung der stellvertretenden Abteilungsschwester deutlich formuliert sein, was zu ihren Aufgaben, Rechten und Pflichten bei Anwesenheit und bei Abwesenheit der Abteilungsschwester gehört.

Ein Mensch hat eine Reihe verschiedener Rollen zu spielen: die Rolle Mutter, Krankenschwester, Freundin, Vereinsmitglied. Diese verschiedenen Rollen sind zumeist räumlich und zeitlich getrennt, so daß das Verhalten in einer Situation jeweils von der dort gültigen Rolle (im Beruf die Rolle Krankenschwester, zu Hause mit den Kindern die Rolle Mutter, im Verein die Rolle Vereinsmitglied) bestimmt wird. In einigen Situationen kann es jedoch zu einer Überschneidung bzw. einem Konflikt zwischen verschiedenen Rollen kommen.

Von einem **Rollenkonflikt** spricht man dann, wenn eine Person widersprüchlichen und unvereinbaren Erwartungen ausgesetzt ist. Rollenkonflikte lassen sich unterscheiden in **Inter-** und **Intrarollenkonflikte**. Im obigen Beispiel handelte es sich jeweils um Interrollenkonflikte, die dann gegeben sind, wenn bestimmte Erwartungen an zwei oder mehrere Rollen, die ein Mensch innehat, miteinander konkurrieren bzw. unvereinbar sind. Ein Konflikt, der durch unterschiedliche

Erwartungen an ein und dieselbe Rolle entsteht, wird als Intrarollenkonflikt bezeichnet.

Innerhalb dieser allgemeinen Differenzierung lassen sich eine Reihe verschiedener Konfliktarten unterscheiden (Israel 1976, S. 101ff.).

5.1 Interrollenkonflikte

5.1.1 Zwei oder mehrere verschiedene Rollen konkurrieren miteinander, bzw. sind unvereinbar

Konflikt zwischen Berufs- und Privatrolle

Es ist kurz nach 19 Uhr. Sr. Christa schickte sich gerade an, die Abteilung zu verlassen und nach Hause zu gehen. Da wird sie von Dr. Burkard, dem Abteilungsarzt angesprochen, der bei dem gestern aufgenommenen Patienten B. noch eine aufwendige diagnostische Abklärung vornehmen möchte. Er bittet Sr. Christa, ihm dabei behilflich zu sein. Sr. Christa weiß, daß dies für sie zumindest eine Stunde zusätzliche Arbeitszeit bedeuten würde und daß sie dann die Verabredung mit ihrem Freund nicht würde einhalten können. Dies ist für sie besonders wichtig, als sie bereits letzte Woche einmal eine Verabredung nicht einhalten konnte. Andererseits weiß sie aber, wie wichtig es für Dr. Burkard ist, noch heute abend die Abklärung vorzunehmen.

Im obigen Beispiel konkurrieren die Erwartungen, die an die Berufsrolle gestellt werden, mit den Erwartungen an die Privatrolle. In ihrer Rolle als Krankenschwester sollte Sr. Christa auf die Erwartungen des Abteilungsarztes eingehen, in ihrer Privatrolle sollte sie sich an den Erwartungen ihres Freundes orientieren.

Dieser Konflikt zwischen Beruf und Privatleben ist in besonderem Maße charakteristisch für die Situation der berufstätigen verheirateten Frau (Abb. 7).

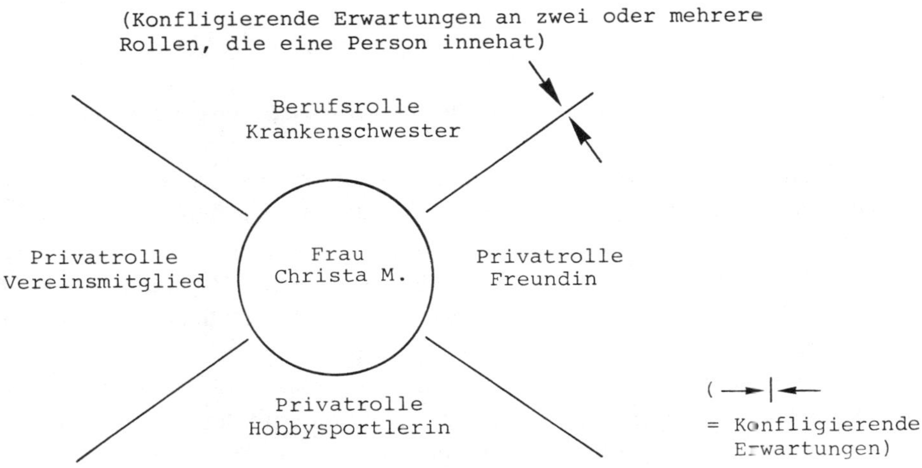

Abbildung 7: Interrollenkonflikt
(Widersprüchliche Erwartungen an ein und dieselbe Rolle, die ein Mensch innehat)

5.2 Intrarollenkonflikte

5.2.1 Zwei oder mehrere Erwartungen an eine Rolle sind unvereinbar

An die Rollenträgerin Krankenschwester werden von verschiedenen Personen und Gruppen Erwartungen gerichtet, die miteinander konfligieren können. So kann die Krankenhausverwaltung von der Krankenschwester erwarten, daß sie mit dem benötigten Pflegematerial äußerst sparsam umgeht, während die Patienten einen durchaus großzügigen Umgang wünschen, wenn es um ihre Gesundheit und ihr Wohlbefinden geht (Abb. 8).

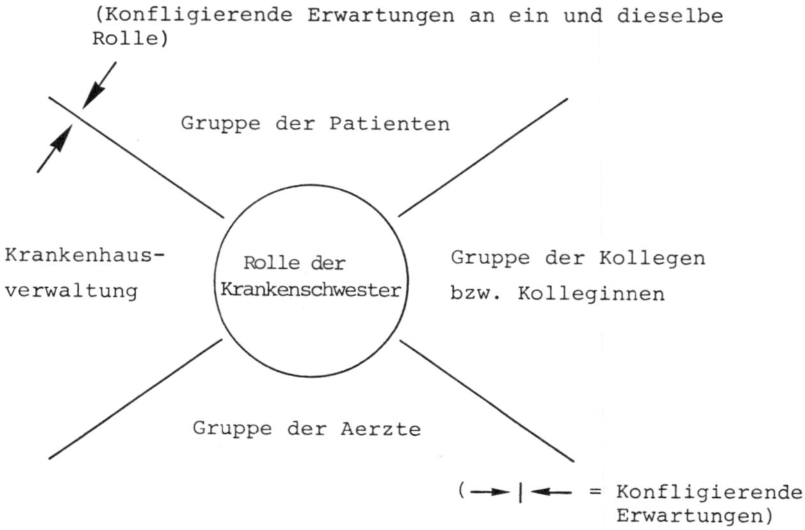

Abbildung 8: Intrarollenkonflikt
(Konfligierende Erwartungen an ein und diesselbe Rolle)

5.2.2 Ein Rollensender stellt widersprüchliche Erwartungen an einen Rollenträger

Diese Form des Intrarollenkonfliktes entsteht dann, wenn von einem *Rollensender* (Person, die in einer Rollenbeziehung zum Rollenträger steht, z. B. Krankenschwester – Arzt) widersprüchliche Erwartungen ausgehen, bzw. er zu einem Zeitpunkt erwartet, daß sich der Rolleninhaber in einer bestimmten Weise verhält, während zu einem anderen Zeitpunkt ein gänzlich anderes Verhalten erwartet wird.

Ein Patient kann von einer Krankenschwester erwarten, daß sie möglichst intensiv auf seine persönlichen Probleme eingeht und mit ihm darüber spricht, während er an einem anderen Tag recht unwillig und gereizt auf das Ansprechen seiner persönlichen Situation reagiert. Die Krankenschwester wird durch dieses widersprüchliche Verhalten in ihrem Umgang mit diesem Patienten verunsichert.

5.2.3 *Die Erwartungen des Rollensenders sind nicht vereinbar mit den Erwartungen, die der Rolleninhaber von sich selbst hat, seinem Rollenselbstbild*

Jeder Rolleninhaber hat im Normalfall eine Vorstellung, wie er seine Rolle ausführen soll, was zu seinen Rollenpflichten und seinen Rechten gehört. Diese Vorstellungen des Rolleninhabers selbst müssen nicht immer mit den Erwartungen der Umwelt übereinstimmen, so daß er gezwungen sein kann, nach seiner Meinung unberechtigte Rollenansprüche zurückzuweisen.

Ein Konflikt dieser Art liegt vor, wenn der Arzt von einer Krankenschwester erwartet, daß seine Anweisungen unbedingt ausgeführt werden, während die Krankenschwester meint, daß es ihre Rolle erlaubt, auch Eigeninitiative zu entwickeln und sich in bestimmten Situationen über die Anordnung des Arztes hinwegzusetzen. In diesem Fall sind Konflikte unvermeidlich.

5.2.4 *Der Rolleninhaber stellt an sich selbst und seine Rolle unvereinbare Erwartungen*

Ein Rolleninhaber kann von sich selbst ein Verhalten erwarten, das er aus Gründen seiner persönlichen Arbeitszeitkapazität realistischerweise gar nicht erbringen kann. Es ist ein wünschenswerter Anspruch, wenn eine Krankenschwester von sich selbst erwartet, daß sie mit allen Patienten eingehend über ihr Befinden und ihre persönliche Situation sprechen kann. In der Praxis wird der Anspruch in dieser Form nicht einlösbar sein, so daß die Krankenschwester vor der Alternative stehen wird, entweder mit allen Patienten nur relativ oberflächlich zu sprechen oder mit nur wenigen Patienten einen intensiven Kontakt zu suchen.

Ein anderes Beispiel ist die Krankenschwester, die glaubt, daß sie sich in ihrer Berufsrolle den Forderungen des Arztes unterwerfen sollte. Zugleich sieht sie aber im Arzt die Autorität des Vaters, gegen die sie rebelliert. Hier handelt es sich um einen Konflikt, der seine Wurzeln in der persönlichen Lebensproblematik des Rolleninhabers hat.

6 *Damit es wieder rollt*

Konflikte sind nicht immer auflösbar oder aufhebbar, so daß es für den einzelnen Menschen neben der Suche nach Konfliktlösungen auch darum gehen muß zu lernen, wie er am besten vorhandene Konflikte aushalten und mit ihnen umgehen kann.

Wir teilen die *Lösungsverfahren für Rollenkonflikte* nach dem Grad an Eigenaktivität des Einzelnen und dem Mitwirken anderer ein sowie nach der Zielrichtung (Veränderung am einzelnen Menschen oder Veränderung der sozialen Struktur). Es lassen sich somit unterscheiden: Konfliktbewältigung durch

- Kommunikation
- innerpsychische Veränderung
- soziale Veränderung
- Inanspruchnahme von Fremdhilfe

6.1 Konfliktberarbeitung durch Kommunikation

Oft sind Konflikte bereits durch ein einfaches Gespräch der am Konflikt Beteiligten zu lösen oder zumindest zu vermindern.

Nach Sr. Anjas erstem Tag auf der Abteilung B

Wir erinnern uns, daß Sr. Anja am Abend ihres ersten Arbeitstages zur Abteilungsschwester gerufen wurde.

Während des Tages spürte Sr. Anja bereits, daß sie von verschiedenen Kolleginnen kritisch gemustert wurde. Man teilte ihr aber nichts Näheres mit.

Im Gespräch erfuhr sie von Sr. Ruth, daß ihre äußere Erscheinung, vor allem ihre offenen Haare und der weiße Hosenanzug mit den in diesem Krankenhaus geltenden Erwartungen an das Erscheinungsbild einer Krankenschwester nicht übereinstimmen. Sr. Anja nimmt diese Rüge an, erzählt aber auch, daß sie an ihrem vorherigen Arbeitsplatz so arbeiten konnte und heute von Patienten auf der Abteilung B mehrmals bezüglich ihrer Kleidung Komplimente erhielt: Die Patienten freuten sich über diese Abwechslung.

Bereits nach einem kurzen zweiten Gespräch ist Sr. Ruth bereit, dieses Thema bald einmal in der Abteilungsschwesternkonferenz zur Diskussion vorzuschlagen, da sie Sr. Anjas Argumente gut verstehen und eigentlich auch selbst befürworten würde.

Dies ist ein Beispiel, wie durch Kommunikation mehr Information über das Rollenbild erhalten werden kann. Sr. Anja hat durch das *Erklären ihres Rollenselbstbildes* – das einschließt, modisch und nett gekleidet zu sein – bewirkt, daß aus dem Konflikt zwischen Rollenselbstbild und Rollenfremdbild ein neues Rollenverständnis durch die geplante Diskussion des Themas in der Abteilungsschwesternkonferenz möglich wird.

Ein direkter Versuch der Konfliktbearbeitung wäre es gewesen, wenn Sr. Anja schon während des Tages **Feedback** (Rückmeldung) eingeholt hätte, weshalb sie so kritisch gemustert wird.

Oft ergibt sich im Gespräch auch die Möglichkeit zu einem *Kompromiss zwischen verschiedenen Rollenerwartungen,* der eine allseitige befriedigende Lösung ermöglichen kann.

6.2 Konfliktbearbeitung durch innerpsychische Veränderungen

Unter innerpsychischen Veränderungen verstehen wir diejenigen Konfliktlösungswege, die keine Veränderung der äußeren Situation anstreben. Die Veränderung findet vielmehr ausschließlich im einzelnen Menschen selbst statt, in seinen Einstellungen seinen Werthaltungen und seinem Verhalten. So kann z. B. eine Krankenschwester ihren Arbeitstag *ritualisieren,* das heißt jeden Tag wie den vorangehenden gestalten, um möglichst wenig emotional beteiligt ihre Berufsrolle auszuüben. Durch das geringe initiative und aktive Ausüben ihrer Berufsrolle, das geringe Berufsengagement vermindert sie auch gleichzeitig die Belastung und den Druck, dem sie durch Rollenkonflikte ausgesetzt ist.

Sehr häufig ist ein Rolleninhaber einerseits emotional stark mit der Rolle verbunden und andererseits so sehr von der Macht der Vorgesetzten gelähmt, daß er sich von der eigenen Rolle gar nicht so weit distanzieren kann, um sie wie ein Unbeteiligter – sozusagen von außen – betrachten zu können. Dies ist aber eine wichtige Voraussetzung, um die eingenommene Rolle zu verändern und damit einen Konflikt beenden zu können.

Ein Individuum, das einem Rollenkonflikt ausgesetzt ist, wird zunächst einmal versuchen, einen *Kompromiß* zwischen verschiedenen Rollenanforderungen (im Intrarollenkonflikt) oder zwischen verschiedenen Rollen (im Interrollenkonflikt) herzustellen. Wenn dies nicht möglich ist, wird es den Konflikt wahrscheinlich dadurch zu lösen versuchen, daß es einer Rollenerwartung bzw. einer Rolle den Vorrang einräumt. In diesem Fall wird der Konflikt durch eine *Prioritätensetzung* des Rolleninhabers aufgehoben.

Die verheiratete Krankenschwester – die berufstätige Hausfrau

Christa M., die stellvertretende Abteilungsschwester, beabsichtigt im kommenden Frühjahr zu heiraten.

Bereits mehrfach hat sie von verheirateten Kolleginnen gehört, wieviele Schwierigkeiten für eine Krankenschwester entstehen, wenn sie nach ihrer Heirat teil- oder vollzeitig berufstätig bleiben will.

Weil Christa M. auch nach ihrer Heirat Nacht- und Sonntagsdienste übernehmen muß, will sie während einer zweimonatigen Probezeit wie bisher weiterarbeiten und darauf achten, wieviel der mit ihrem Mann gemeinsamen Freizeit durch die Berufsausübung verloren geht. Falls die Belastung für beide zu groß würde, will sich Christa M. eine Stelle suchen, an der sie nur Tagesdienste zu leisten hat, oder – falls dies nicht möglich ist – eher einen Berufswechsel vornehmen, als die Patienten (und den Ehemann) unter ihrem Rollenkonflikt leiden zu lassen.

Christa M. wird also nach ihrer Heirat versuchen, eine beobachtende Haltung zu ihrer Berufsrolle einzunehmen, um kritisch entscheiden zu können, ob diese mit ihrer künftigen Rolle als Ehepartnerin vereinbar ist – einer Rolle, die sich gerade heute in ständigem Wandel befindet. Sollten sich die beiden Rollen nicht verbinden lassen, wird Christa M. ihrer Familienrolle den Vorzug geben, also eine eindeutige Priorität zugunsten ihrer privaten Familienrolle setzen.

Menschen haben ihre eigene persönliche Rangfolge der Werte, nach denen sie zwischen verschiedenen Rollenerwartungen entscheiden. Diese Werthierarchien hängen von den Bedürfnissen und Einstellungen des jeweiligen Menschen ab. In unserem Beispiel hatte die private Rolle eine höhere Wertigkeit als die Berufsrolle, in einem anderen Beispiel mag dies umgekehrt sein.

6.3 Konfliktbearbeitung durch soziale Veränderungen

Häufig wird erst nach dem Scheitern von individuellen Konfliktlösungsversuchen eine Lösung des Konfliktes durch Veränderungen der sozialen Struktur angestrebt. Konfliktlösung durch soziale Veränderung bedeutet, daß durch Änderung der äußeren Umstände Bedingungen des Rollenkonfliktes aufgehoben werden.

Eine Möglichkeit besteht darin, Aufgaben die mit einem Rollenkonflikt verbunden sind, zu *delegieren,* so daß der Rollenträger nichts mehr damit zu tun hat. Beispiel:

Bei vielen Patienten wird vor der Arztvisite eine Blutdruckmessung durchgeführt. Durch den Kontakt angeregt, möchten einige der Patienten ein Gespräch mit der Pflegeperson beginnen, was aber wegen der Arbeitsbelastung der Pflegepersonen zu diesem Zeitpunkt nicht möglich ist. Um dieser Konfliktsituation auszuweichen, wird diese Tätigkeit an eine Schwesternschülerin delegiert. Oder: Eine Krankenschwester erhält von einem Arzt die Anweisung, einem schlafmittelabhängigen Patienten keine weiteren Schlaftabletten zu geben. Sie kann dann eine andere Schwester (oder eine Hilfsschwester) bitten, sich um den Patienten zu kümmern.

Eine andere Lösung von Rollenkonflikten besteht darin, daß man durch *Rollentrennung* verhindert, daß Menschen in Situationen gelangen, in denen es zu einem Rollenkonflikt kommen kann. Ein Rollenkonflikt kann bei einem Arzt entstehen, der an seinen eigenen Patienten wissenschaftliche Forschung betreibt. Hier können die Rolle des Forschers und die Rolle des Therapeuten miteinander konfligieren. Diese Situation kann man ausschließen, indem man die Rolle Therapeut und die Rolle Forscher jeweils einer anderen Person überträgt, so daß ein Patient entweder als Kranker oder als wissenschaftlich interessanter „Fall" behandelt wird, aber nicht als Kranker und als „Fall". Innerhalb einer Abteilung kann ein Arzt einen Kranken medizinisch betreuen, während ein anderer Arzt ihn im Rahmen des Forschungsprojektes untersucht.

Eine weitere Möglichkeit ist das temporäre *Verlassen der Konfliktsituation,* das sogenannte „aus-dem-Felde-gehen", etwa durch Krankheitstage oder durch eine längere Reise. Oder es wird als letzte Konsequenz ein Berufs- und damit Rollenwechsel aus der Frustration heraus vollzogen, keine Veränderung erreichen zu können. Hier handelt es sich um keine Veränderung der konfliktauslösenden Bedingungen, sondern der einzelne Mensch schafft lediglich für sich selbst durch das Ausscheiden aus dieser Situation neue Umweltbedingungen bzw. im konkreten Fall neue Arbeitsbedingungen.

6.4 Konfliktbearbeitung durch die Inanspruchnahme von Fremdhilfe

Die Möglichkeit, bei Schwierigkeiten in der Berufsausübung die Hilfe anderer zu beanspruchen, wurde gerade in helfenden Berufen nicht immer in ausreichendem Maße wahrgenommen.
Wir denken dabei an:

– *Supervision* (auch als Praxisberatung bezeichnet) der Abteilungsarbeit ist durch eine mit Struktur und Prozessen des sozialen Systems (des Abteilungsteams und der Patienten der Abteilung) vertrauten, neutralen Person mit entsprechender Zusatzausbildung möglich. Der Supervisor erarbeitet mit dem Abteilungsteam (Teamsupervision), in welcher Form die Persönlichkeit des Einzelnen auf seine Arbeit Einfluß nimmt und welche Beziehungen innerhalb des sozialen Systems vorhanden sind. Ziel der Supervision ist es, Beziehungen zu klären und die Arbeit so zu organisieren, daß befriedigendes und effizientes Arbeiten auf der Abteilung möglich wird.
– *Balint-Gruppen* wurden von dem ungarischen Psychoanalytiker Michael Balint in die ärztliche Aus- und Weiterbildung eingeführt. Sie werden seit einiger Zeit auch vermehrt für Krankenpflegepersonen angeboten. In Balint-Gruppen werden das Wahrnehmen und Überdenken der eigenen Einstellungen, Gefühle und Werte, die in der Beziehung zu Patienten bedeutsam sind, angestrebt. In der Gruppe werden diejenigen Beziehungen zu Patienten mitgeteilt und diskutiert, die vom berichtenden Gruppenmitglied als unbefriedigend und schwierig erlebt werden.
– *Selbsthilfegruppen,* in denen sich einzelne Personen mit ähnlichen Problemen, z.B. mit dem Rollenkonflikt der verheirateten, berufstätigen Krankenschwester zusammenfinden, um ihre Erfahrungen auszutauschen und gemeinsam nach Lösungen zu suchen.
– *Einzel- oder Gruppentherapie* außerhalb des Abteilungsteams, um sich mit den eigenen Konflikten auseinanderzusetzen und Konfliktstrategien zu erlernen, die schließlich eigene Aktivitäten im Hinblick auf eine Veränderung ermöglichen.

Supervision, Selbsthilfegruppen und Therapie werden in Kapitel VI „Zur Psychohygiene des Pflegers“ eingehender behandelt.

Fragen zur Wissensprüfung

- Was hat der Begriff der sozialen Rolle mit dem Begriff der Rolle im Theater gemeinsam?
- Welche Beziehung besteht zwischen den Begriffen soziale Position und soziale Rolle?
- Was versteht man unter einem Rollenset?
- Erklären Sie den Begriff Rollensequenz an einem Beispiel.
- Nennen Sie ein Beispiel für eine Muß-, Soll- und Kannerwartung an eine soziale Rolle.
- Definieren Sie die Begriffe Normen, Werte und Werthierarchie.
- In welcher Form können Sanktionen auftreten? Geben Sie ein Beispiel.
- Was versteht man unter Rollentoleranz?
- Worin unterscheidet sich der Intrarollenkonflilkt vom Interrollenkonflikt? Erklären Sie den Unterschied an einem Beispiel.
- Nennen Sie Möglichkeiten der Bewältigung von Rollenkonflikten (Inter- und Intrarollenkonflikte)?

Fragen zur Selbstaktualisierung

- Welches Bild habe ich selbst von der Rolle der Krankenschwester/des Krankenpflegers? Wo stimmt mein Bild mit der allgemeinen Vorstellung überein, und wo stimmt es nicht überein?
- Was verstehe ich unter einer „guten“ Pflegeperson und was unter einer „schlechten“?
- Welches Gefühl bewirkt bei mir die Vorstellung, „die Rolle Krankenschwester/Krankenpfleger zu *spielen“?*
- Fühle ich mich in meiner Berufskleidung wohl? Gibt es Vorschriften an die Erscheinung und Kleidung einer Pflegeperson, die mich stören?
- Ist es für mich wichtig, daß ich den Erwartungen anderer Menschen an mein Verhalten entspreche? Warum ist das so, bzw. warum ist es nicht so?
- Welche Gefühle habe ich, wenn ich vom vorgeschriebenen Rollenverhalten abweiche?
- Ist es mir unangenehm, wenn die Personen, mit denen ich in meiner Freizeit zu tun habe, wissen, welchen Beruf ich ausübe, bzw. erlerne? Warum ist das so, oder warum ist es nicht so?

- An welchen persönlichen Konflikt (Rollenkonflikt) kann ich mich noch gut erinnern? Was habe ich dabei empfunden?
- Wie reagiere ich auf Konflikte? Wie gehe ich in der Regel mit Konflikten um?

Ergänzende und weiterführende Literatur

Dahrendorf, R.: Homo Sociologicus. In R. Dahrendorf: Pfade aus Utopia. München: Piper 1967, 128–194

Israel, J.: Sozialpsychologie. Theorie-Probleme-Versuche. Stuttgart: Hippokrates 1976, 87–115

Reimann, H., Mühlefeld, C.: Soziale Rolle. In H. Reimann u.a.: Basale Soziologie: Hauptprobleme. Opladen: Westdeutscher 1979, 165–189

Secord, P. F., Backmann, C. W.: Sozialpsychologie. Frankfurt a.M.: Fachbuchhandlung für Psychologie 1976, 502–573

Seidler, E.: Geschichte der Pflege des kranken Menschen, Stuttgart, Berlin, Köln, Mainz: Kohlhammer 1966

Teil IV
Die Pfleger–Patient-Beziehung

Der vierte Teil setzt sich mit Fragen auseinander, die aus der unmittelbaren Beziehung von Pflegeperson und Patient hervorgehen. Es werden zunächst einige grundlegende Begriffe wie Kommunikation, Interaktion geklärt und die verschiedenen Formen der Kommunikation vorgestellt. Das an einem Fallbeispiel erläuterte Modell der Kommunikation soll uns helfen, Störungen in der Pfleger-Patient-Beziehung besser zu erkennen und zu vermeiden. Wie beeinflußt unsere Wahrnehmung den Umgang mit anderen Menschen, welche Konsequenzen haben Vorurteile für menschliche Beziehungen? Diese Fragen werden am Schluß dieses Kapitels diskutiert.

1 Kommunikation und Interaktion

Die beiden Begriffe **Kommunikation** und **Interaktion** lassen sich nur schwer voneinander abgrenzen. Wir werden – wie dies sehr oft getan wird – sie als zwei Begriffe mit einer gleichartigen Bedeutung betrachten.

Im Handbuch der Psychologie (Graumann, 1972, S. 1109) werden sie folgendermaßen umschrieben:

„Wo immer zwei oder mehrere Individuen sich zueinander verhalten, sei es im Gespräch, in Verhandlungen, in Spiel oder Streit, in Liebe oder Haß, sei es um einer Sache oder um ihrer selbst wlllen, sprechen wir von sozialen Interaktionen oder zwischenmenschlicher Kommunikation. Doch auch die Beziehungen zwischen sozialen Gebilden, wie Gruppen, Organisationen, Institutionen, Nationen, werden zumindest sofern sie als beobachtbare und/oder messbare Wechselwirkung definiert werden als Interaktion bezeichnet, der Kommunikationsanalyse unterworfen."

An dieser Umschreibung läßt sich ablesen, daß die beiden Begriffe so weit gefaßt sind, daß kaum ein Vorgang zwischen Menschen nicht als Kommunikation oder Interaktion bezeichnet werden kann. Von den beiden Begriffen ist Kommunikation sicherlich der verbreitetere, was vor allem auf seine Verwendung im Zusammenhang mit den Medien der Massenkommunikation, wie Zeitungen, Rundfunk, Fernsehen, zurückzuführen ist.

Für die Beziehung zwischen zwei Personen *(dyadische Interaktion)* wurden vier Grundtypen der Interaktion unterschieden (Graumann, 1972; Tewes, 1978):

a) Eine *Pseudointeraktion* liegt dann vor, wenn sich die beiden Interaktionspartner in ihrem Verhalten nur durch ihre eigenen Verhaltensabsichten bzw. durch vorbestimmte Verhaltensschritte leiten lassen. Die beiden Partner reagieren zwar in einer festgelegten zeitlichen Abfolge, aber es findet keine gegenseitige Beeinflussung statt. Bei nahezu allen rituellen Handlungsabläufen handelt es sich um Pseudointeraktionen. Beispiele hierfür sind Rituale wie Vereidigungen, religiöse Rituale und die eingeübten Rollen, die von Schauspielern ausgeführt werden. Im Krankenhaus sind als Beispiele oberflächliche Grußrituale und Höflichkeitsfloskeln im Umgang mit Patienten festzustellen.

b) Eine *asymmetrische Interaktion* ist dann gegeben, wenn lediglich einer der beiden Interaktionspartner sein Verhalten nach einem festen Plan ablaufen läßt und der andere darauf zu reagieren hat. Ein Beispiel für diese Art der Interaktion sind etwa die Befehle und Verhaltensanweisungen einer Mutter an ihr Kind („Komm her!"; „Sitz still!"; „Leg die Hände auf den Tisch!"). Asymmetrische Interaktionen sind alle durch einseitige Machtverteilungen gekennzeichnet, das heißt ein Interaktionspartner kann das Verhalten des anderen bestimmen und kontrollieren. Die Anweisungen der Ärzte und Pflegepersonen an den Patienten im Spital lassen sich in dieser Kategorie einordnen

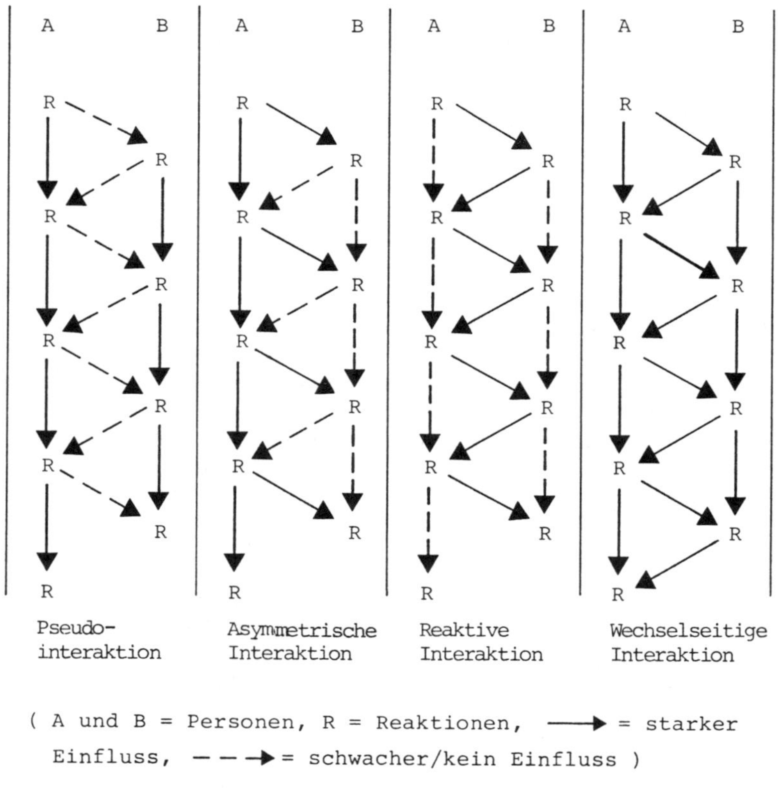

Abbildung 9: Grundtypen sozialer Interaktion

c) Bei der *reaktiven Interaktion* reagieren die beiden Interaktionspartner zwar aufeinander, aber sie verfolgen keine eigenen Verhaltensziele. Die beiden Interaktionspartner handeln spontan aus den Gegebenheiten der Situation heraus. Dieses Verhalten dürfte beispielsweise in Panik- und Streßsituationen wie einem heftigen Streit auftreten, aber auch in Situationen, in denen lediglich eine belanglose, unwichtige Plauderei zwischen zwei Personen stattfindet. Ein Beispiel aus dem Bereich des Krankenhauses ist die durch starke Gefühle bestimmte Interaktion eines schwerkranken Patienten mit einem nahen Angehörigen.

d) *Wechselseitige Interaktion* ist dann gegeben, wenn beide Interaktionspartner nach einem bestimmten Plan handeln und trotzdem noch aufeinander eingehen. Hier kann von einem echten Austausch in der Beziehung gesprochen werden. Jedes sachliche und zielorientierte Gespräch setzt eine wechselseitige Interaktion voraus (Abb. 9).

2 Wege der Kommunikation

Das wichtigste Mittel menschlicher Kommunikation ist die Sprache in ihrer gesprochenen oder geschriebenen Form.

Neben der **sprachlichen Kommunikation** gibt es den Bereich der *nichtsprachlichen* oder **nonverbalen Kommunikation**. Die nichtsprachliche Kommunikation kann die Aussage der sprachlichen Kommunikation unterstützen und bestärken, sie kann ihr aber auch widersprechen.

Beispiel: Eine Person sagt: „Ich habe keine Angst." Aber gleichzeitig zittert sie am ganzen Leib, und Schweißtropfen stehen auf ihrer Stirn.

Die Art wie eine Nachricht vermittelt wird, bezeichnet man als **paralinguistische Kommunikation.** Geschieht dies mit einer klaren, deutlichen Stimme oder mit einer unsicheren, leisen, zögernden Stimme, schaltet der Sprecher viele Pausen ein? Diese Begleitumstände vermitteln neben dem Inhalt des Gesprochenen zusätzliche Information.

Die nichtverbale Kommunikation geschieht durch Bereiche, die neben der Sprache eine kommunikative Bedeutung und Funktion übernehmen können. Solche Bereiche sind der *menschliche Körper, Objekte* und der *Raum.* Wir können durch die Haltung unseres Körpers bzw. eine Geste kommunizieren – wir können durch Objekte, etwa durch Kleidung oder Schmuckstücke eine Mitteilung machen, und wir können durch die räumliche Distanz, die wir zu einem anderen Menschen einnehmen, etwas über unsere Beziehung zu diesem Menschen aussagen (Abb. 10).

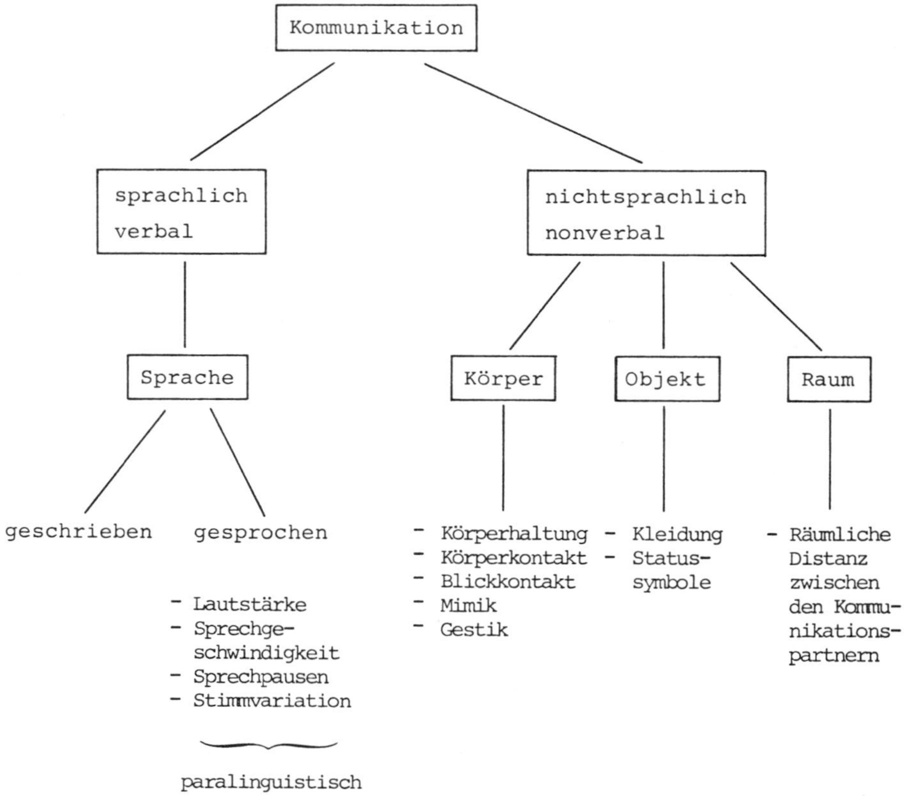

Abbildung 10: Sprachliche und nichtsprachliche Kommunikationswege

2.1 Kommunikation mit dem menschlichen Körper

2.1.1 Körperkontakt

Körperlicher Kontakt ist eine der ersten und ursprünglichsten Formen sozialer Kommunikation, wenn wir an die Beziehung des Säuglings zu seiner Mutter und zu anderen Menschen denken. Mit zunehmendem Alter wird der Kontakt über optisch wahrnehmbare Reize wie Mimik, Gestik und später durch die Sprache gesteuert.

Verschiedene Kulturen und Gesellschaften unterscheiden sich deutlich in dem Ausmaße, in dem der Körper als Kommunikationsmittel, z.B. durch Berühren, Umarmen, Küssen usw. eingesetzt wird. In Untersuchungen hat es sich gezeigt, daß Menschen (Paare) in Cafés verschiedener Städte ihren Gesprächspartner mit sehr unterschiedlichen Häufigkeiten berührten. Es wurden pro Stunde folgende Berührungshäufigkeiten gezählt: San Juan (Puerto Rico) 180; Paris 110; Gainesville (Florida) 2; London 0 (Argyle 1972, S. 92). Aber auch innerhalb ein und derselben Gesellschaft variiert das Ausmaß körperlichen Kontaktes zwischen Menschen beträchtlich. Intensiver körperlicher Kontakt zwischen Menschen bedeutet zumeist eine enge, vertraute Beziehung (z. B. zwischen Mutter und Kind oder zwei verliebten Personen).

2.1.2 *Körperhaltung*

Die Körperhaltung gibt uns oft Hinweise darauf, wie zwei Personen zueinander stehen, wer etwa die höhere und wer die untergeordnete Position innehat. Sie kann uns weiter Aufschlüsse darüber geben, in welcher emotionalen Situation sich ein Mensch befindet, ob er niedergeschlagen und traurig ist, ob er angespannt oder ängstlich ist.

Die Abbildung 11 ist ein Versuch, vier Körperhaltungen bestimmten emotionalen Zuständen zuzuordnen.

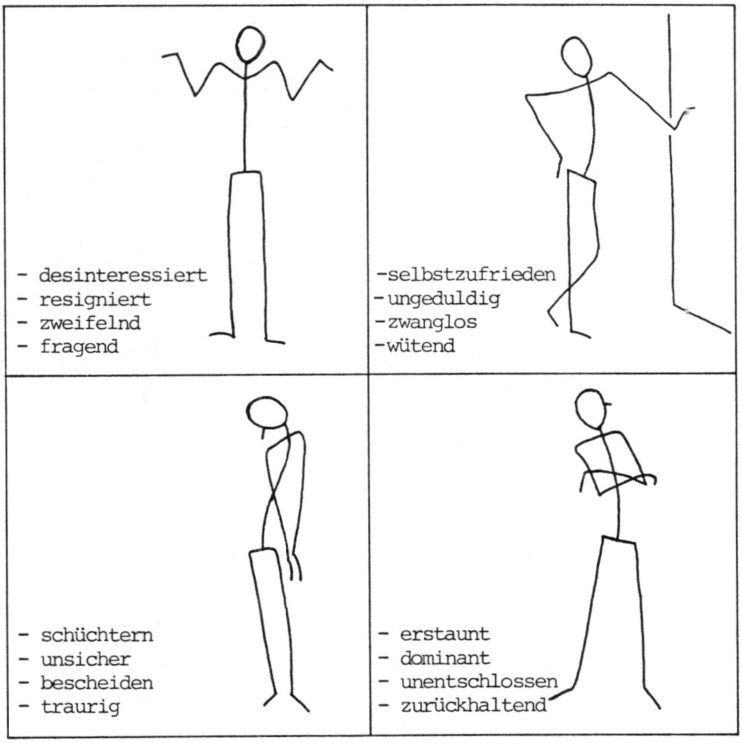

(Nach Sarbin und Hardyck, 1953 in Argyle 1972, S. 137)

Abbildung 11: Ausdruck emotionaler Zustände durch die Körperhaltung

2.1.3 *Mimik und Gestik*

Der Gesichtsausdruck spielt bei der Kommunikation eine zentrale Rolle. Oft werden sprachliche Aussagen erst in Verbindung mit dem Gesichtsausdruck des Sprechenden eindeutig interpretierbar. Das Schmunzeln etwa bei einer Aussage, das deutlich macht, daß es sich um eine scherzhaft gemeinte Aussage handelt. Häufig vermittelt uns der Gesichtsausdruck allein und zwar deutlicher als die Körperhaltung, welche Empfindungen ein Mensch hat.

2.1.4 Blickrichtung

Durch den aufgenommenen Blickkontakt kann eine Kommunikation in Gang gebracht werden. Er kann Hinweise auf die Art einer Beziehung geben (die dominante Person versucht den Partner zu fixieren; der niedergeschlagene Blick signalisiert Unterwürfigkeit oder Schuldbewußtsein). Durch die Blickrichtung und den Blickkontakt kann der Gesprächsablauf begleitet und reguliert werden.

2.2. Kommunikation durch Objekte

Objekte bzw. bestimmte Symbole können eine kommunikative Bedeutung haben, indem sie beispielsweise etwas über die Stellung eines Menschen innerhalb einer Institution oder Gruppe aussagen. So signalisiert etwa die weiße Berufskleidung der diplomierten Krankenschwester, daß sie innerhalb der Institution Krankenhaus eine andere Stellung einnimmt als die Trägerin der hellblauen Pflegerinnenkleidung. Und das Namensschild, das die Ärzte mit der jeweiligen Position versehen tragen (z.B. Chefarzt, Oberarzt, Assistenzarzt) macht deutlich, welche Stellung sie innerhalb der ärztlichen Krankenhaushierarchie einnehmen.

Kleidung, äußere Aufmachung usw. können Kommunikation erleichtern, indem sie Zugehörigkeit zu bestimmen Gruppen signalisieren. Sie können Kommunikation erschweren, indem sie Abgrenzung und Distanz zu anderen Gruppen aussagen.

2.3 Kommunikation durch räumliche Distanz

Das Ausmaß der räumlichen Distanz zwischen Menschen hängt von der jeweiligen Situation ab und läßt Rückschlüsse auf die Art einer Beziehung zu.

Es werden vier Distanzzonen unterschieden (Graumann 1977, S. 1221): eine Intimdistanz, eine persönliche, soziale und öffentliche Distanz.

a) *Intimdistanz:* die nähere Intimdistanz charakterisiert Beziehungen des physischen Kontaktes beim Körperkontakt, in der Sexualität, beim körperlichen Kampf.

b) Die *persönliche Distanz* ist die Schutzsphäre, die Menschen normalerweise um sich aufrichten und entspricht in seiner räumlichen Ausdehnung etwa einer Armlänge.

c) Die *soziale Distanz* schließt körperliche Berührung bereits aus. Diese Zone ist charakteristisch für die Erledigung unpersönlicher Angelegenheiten und Geschäfte.

d) Die *öffentliche Distanz,* die bei etwa 4 m beginnt, ist noch formeller und kennzeichnet beispielsweise die Entfernung eines Vortragenden zu seinen Zuhörern.

3 Widersprüchliche Kommunikation: Wenn Kommunikation nicht mehr eindeutig ist

Herr M. hat ein ungutes Gefühl

Herr M., ein Patient der Station B. fühlt sich medizinisch gut betreut, die Schwestern gehen auch auf seine Bedürfnisse und Wünsche ein. Aber irgendwie hat er ein ungutes Gefühl. Gerade gestern, als er Sr. Christa von seinen Kopfschmerzen erzählte, hatte er wieder dieses unangenehme Gefühl. Zwar hat ihm Sr. Christa aufmerksam zugehört und ihm auch freundlich versprochen, daß er eine Kopfschmerztablette erhalten werde. Aber irgend etwas an ihrem Verhalten hat nicht zu ihrer Freundlichkeit gepaßt. War es ihre Körperhaltung, ihr Gesichtsausdruck, der Tonfall ihrer Stimme, der nicht zum freundlichen Inhalt der Sprache passen wollte? Herr M. ist unsicher und leicht verwirrt.

Das obige Fallbeispiel, die Unsicherheit von Herrn M., wird für uns verständlicher auf dem Hintergrund der folgenden Ausführungen.

3.1 Die Beziehungsfalle oder die Theorie der Doppelbindung

Watzlawick und seine Mitarbeiter (1969) haben fünf Axiome bzw. Grundannahmen der zwischenmenschlichen Kommunikation postuliert. Insbesondere die ersten beiden Grundannahmen sind für das Verständnis der widersprüchlichen und paradoxen Kommunikation von wesentlicher Bedeutung.

1. Axiom: „Man kann nicht nicht kommunizieren"

Jedes Verhalten in einer zwischenmenschlichen Situation (Handeln oder Nichthandeln, Reden oder Schweigen) hat Mitteilungscharakter. Der Mann im überfüllten Wartesaal beispielsweise, der auf den Boden schaut oder mit geschlossenen Augen dasitzt, teilt den anderen mit, daß er nicht angesprochen werden möchte und gewöhnlich wird diese Verhaltensweise auch von den anderen so verstanden. Hier handelt es sich genauso um eine Kommunikation wie bei einem Gespräch.

2. Axiom: „Jede Kommunikation hat einen Inhalts- und einen Beziehungsaspekt“

Der Inhaltsaspekt einer Kommunikation bezieht sich auf die Informationen, die ausgetauscht werden; der Beziehungsaspekt definiert wie ein Kommunikationspartner seine Beziehung zu dem anderen Kommunikationspartner sieht. Durch die Art und Weise einer Aussage (Gestik, Mimik, Tonfall usw.) bringt ein Kommunikationspartner zum Ausdruck, wie der mitgeteilte Sachverhalt für den anderen zu verstehen ist.

Die Situation der Doppelbindung („double-bind“, Zwickmühle) ist dadurch gekennzeichnet, daß zwischen zwei oder mehreren Personen paradoxe bzw. widersprüchliche Handlungserwartungen bestehen. Diese Paradoxie besteht zumeist zwischen dem Inhaltsaspekt und dem Beziehungsaspekt. Das „Opfer“ kann in einer solchen Situation nur verlieren, es sitzt gleichsam in einer Beziehungsfalle.

Die Handlungsaufforderung „Sei doch spontan“ ist ein Beispiel für eine paradoxe Aufforderung. Durch Befolgung zeigt sich der Empfänger dieser Aufforderung als gehorsam und gerade eben nicht spontan. Der Empfänger befindet sich durch die Aufforderung in einer nicht lösbaren Situation.

Ein weiteres Beispiel einer Doppelbindungssituation wird von Bateson u.a. (Wolff/Hartung, 1972, S. 34) gegeben:

> „Ein junger Mann, der sich von einem akuten schizophrenen Schub ziemlich gut erholt hatte, erhielt im Hospital Besuch von seiner Mutter. Er freute sich, sie zu sehen, und legte ihr impulsiv seinen Arm um die Schulter, worauf sie erstarrte. Er zog seinen Arm zurück, und sie fragte: Liebst Du mich nicht mehr? Er wurde rot, und sie sagt: Lieber, du mußt nicht so leicht verlegen werden und Angst vor deinen Gefühlen haben. Der Patient war danach nicht in der Lage, länger als ein paar Minuten mit ihr zu verbringen, und nachdem sie weggegangen war, griff er einen Assistenten an und wurde ins Bad gesteckt.“

Der Sohn erhielt von der Mutter zwei unterschiedliche, widersprüchliche Mitteilungen. Als er seine Mutter umarmen wollte, erstarrte die Mutter, zeigte körperliche Zurückhaltung bzw. Zurückweisung. Sie gibt ihm nichtverbal auf der Beziehungsebene zu verstehen, daß sie dieses Verhalten nicht mag. Als der Sohn nun seinen Arm zurückzieht, sagt die Mutter: „Liebst Du mich nicht mehr?“ und „Du darfst keine Angst vor Deinen Gefühlen haben.“

Die verbale Mitteilung und die nichtverbale Mitteilung bzw. Inhalts- und Beziehungsaspekt der Beziehung zwischen Mutter und Sohn sind also paradox. Das „Opfer“ kann diesen Widerspruch nicht auflösen, kann also nicht entscheiden, welche Mitteilung richtig und welche falsch ist.

Die kommunikationstheoretische und soziologische Schizophrenieforschung hat versucht, die Schizophrenie als das Ergebnis einer jahrelangen, zumeist in der Kindheit erlebten, Doppelbindungssituation zu erklären. Es konnten auch in Familien von Schizophrenen Kommunikationsmuster festgestellt werden, die der Situation der Doppelbindung entsprechen. Eine eindeutige Erklärung für die Entstehung schizophrener Erkrankungen konnte damit allerdings nicht gegeben werden.

Betrachten wir nach dem bisher Gesagten nochmals das angeführte Fallbeispiel („Herr M. hat ein ungutes Gefühl“). Herrn M. wird auf der sprachlichen Ebene mitgeteilt, daß man an seinem Wohlergehen interessiert ist und daß man gern auf seine Wünsche eingeht. Soweit die Botschaft auf der Inhaltsebene. Auf der nichtsprachlichen Ebene, der Beziehungsebene, etwa im Gesichtsausdruck von Sr. Christa, glaubt Herr M. etwas zu lesen, das dem Inhaltsaspekt widerspricht. Er ist jedoch nicht sicher, ob er sich möglicherweise getäuscht hat. Er ist unsicher und leicht verwirrt.

Eine Möglichkeit diese Situation zu klären besteht in **Metakommunikation,** also darüber zu reden, wie man miteinander kommuniziert. Herr M könnte Sr. Christa das nächste Mal etwa folgendermaßen ansprechen: „Schwester Christa, Sie sind zwar immer korrekt und freundlich zu mir. Aber irgendwie habe ich das Gefühl, daß Sie etwas an mir stört, daß Sie mich nicht mögen. Stimmt das?“

Sr. Christa hätte jetzt eine Gelegenheit, negative Gefühle, die sie bislang unterdrückt hatte und die auf der nichtsprachlichen Ebene unbewußt sichtbar geworden sind, offen gegenüber Herrn M. zu äußern. Die Verbalisierung der negativen Gefühle schafft die Voraussetzung, um sich mit Herrn M. darüber auseinandersetzen zu können und gegebenenfalls eine Erklärung oder Lösung zu finden.

4 Modell der Kommunikation

Ein Modell, das den Vorgang der Kommunikation beschreiben will, muß in seiner einfachsten Form zumindest drei Elemente enthalten (Schulz von Thun, 1977):

- Einen **Sender,** der übermittelt,
- eine **Nachricht (Botschaft)**, die übermittelt wird,
- und einen **Empfänger,** der die Nachricht erhalten soll.

An der Nachricht unterscheidet Fittkau (1977) vier bedeutsame Aspekte: Sachinhalt, Selbstoffenbarung, Beziehung und Appell. Die Bezeichnung Sachinhalt entspricht dem Inhaltsaspekt bei Watzlawick u. a. (1969). Der Beziehungsaspekt ist bei ihm weiter gefaßt und umfaßt im Grunde die übrigen drei (Selbstoffenbarung, Beziehung, Appell).

Der *Sachinhalt* bezieht sich auf die Darstellung der zu übermittelnden Sachinformationen.

Selbstoffenbarung: Bei jeder Kommunikation wird nicht nur eine Information über einen Sachverhalt ausgetauscht, immer gibt der Sender auch etwas über seine Person preis. Diese Information über den Sender kann gewollt in Form einer beabsichtigten Selbstdarstellung erfolgen, sie kann unbeabsichtigt und unfreiwillig als eine Art Selbstenthüllung geschehen. Die Angst vor Selbstoffenbarung kann dazu führen, daß vom Sender verschleiernde und beschönigende

Kommunikationstechniken eingesetzt werden (Fassaden- und Imponiertechniken).

Beziehung: Auf der Beziehungsseite wird zum Ausdruck gebracht, wie der Sender zum Empfänger steht. Hier wird mitgeteilt, oft auf subtilen nichtsprachlichen Kanälen wie Mimik, Tonfall, was der Sender vom Empfänger hält, ob er ihn mag oder ihn ablehnt.

Appell: Nachrichten beabsichtigen zumindest beim Empfänger irgendeine Reaktion bzw. Wirkung hervorzurufen. Die Appellfunktion der Nachricht bezieht sich auf den Umstand, daß durch die Kommunikation der Empfänger häufig beeinflußt werden soll, irgendetwas zu tun bzw. zu unterlassen.

Es sind stets alle vier Aspekte bei einer Kommunikation im Spiel, d.h. daß wir auch fähig sein sollten, mit diesen unterschiedlichen Aspekten einer Nachricht umzugehen. Wir sollten uns zumindest bewußt sein, auf welchen Aspekt einer Kommunikation wir jeweils orientiert sind. Sind wir vorwiegend auf den Sachinhaltsaspekt orientiert, stellen wir uns die Frage, was uns an neuen Informationen übermittelt werden soll. Die Selbstoffenbarungsseite läßt uns fragen, was für eine Person wohl der andere ist, in welcher Situation er sich im Augenblick befindet usw. Die Beziehungsseite sagt uns etwas über die Beziehung der Kommunikationspartner: „Wie steht er zu mir? Findet er mich sympathisch? Lehnt er mich eher ab? Glaubt er mir Anweisungen geben zu können?“ Der Appellaspekt wirft die Frage auf, was der andere wohl mit uns beabsichtigt, was er erreichen möchte (Abb. 12).

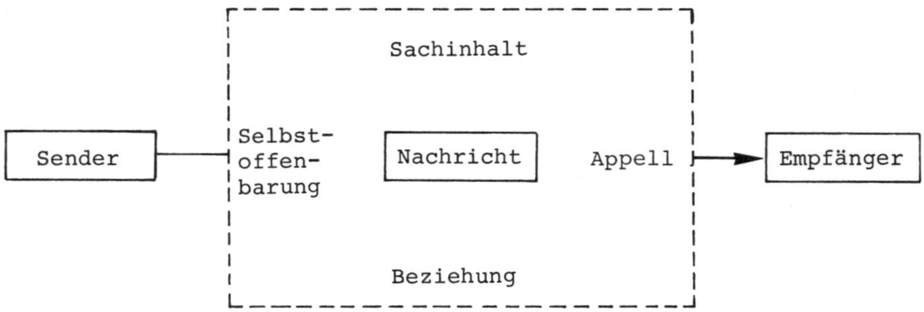

Abbildung 12: Modell der Kommunikation (nach Schulz von Thun, 1977)

Mißglückte Kommunikation („Wer ist hier die Krankenschwester?“)

Frau B., seit 14 Tagen Patientin auf der Station B, sagt zu Sr. Anja bei ihrem letzten Besuch während des Tagesdienstes: „Schwester, Sie haben mir heute meine Tabletten noch nicht gegeben!“ Gereizt antwortet Sr. Anja: „Sind Sie oder bin ich hier die Krankenschwester?“ und verläßt das Zimmer von Frau B.

Was ist hier passiert? Offensichtlich hat eine nicht geglückte Kommunikation stattgefunden. Wir wollen versuchen mit Hilfe der eingeführten Unterscheidungskriterien zu analysieren, was kommuniziert wurde und auf welchen Aspekt der Nachricht Sr. Anja eingetreten ist.

Frau B. kann in ihrer Feststellung folgende vier Nachrichtenaspekte vermittelt haben:

- „Ich habe heute meine Tabletten noch nicht bekommen." (Sachinhalt)
- „Ich weiß nicht, warum das so ist." (Selbstoffenbarung)
- „Sagen Sie mir, warum das so ist." (Appell)
- „Sie als Schwester müssen dafür eine Erklärung haben." (Beziehung)

Schwester Anja hätte in ihrer Antwort auf die verschiedenen Aspekte eingehen können:

- „Der Oberarzt hat angeordnet, daß wir Ihre Tabletten vorübergehend absetzen." (Sachinhalt)
- „Ich spüre, daß Sie das beunruhigt. Ich habe auch selbst ein schlechtes Gewissen, daß Sie Ihre Tabletten noch nicht erhalten haben." (Selbstoffenbarung)
- „Seien Sie nicht beunruhigt, die Nachtschwester wird Ihnen die Tabletten bringen." (Appell)
- „Ich weiß, daß ich für ihre Tabletten verantwortlich bin, ich werde sie Ihnen gleich bringen." (Beziehung)

Schwester Anja hat keine dieser möglichen Reaktionen gezeigt. Sie hat zwar auf der Beziehungsebene reagiert, indem sie in Frageform deutlich machte, daß sie von den beiden wohl die Person sei, die Bescheid wisse und die Feststellung der Patientin so als ungehöriges Ansinnen abgetan. Frau B. ihrerseits hatte keineswegs die Kompetenz von Sr. Anja in Frage stellen wollen. Sie war lediglich beunruhigt, daß sie ihre Tabletten noch nicht erhalten hatte.

An diesem Beispiel sehen wir zunächst, daß es schwierig ist, jeweils auf den Aspekt der Nachricht einzugehen, der vom Sender auch in erster Linie angezielt worden war. Und offensichtlich ist hier die Nachricht insgesamt, also auf allen vier Seiten, nicht so angekommen, wie es vom Sender beabsichtigt war.

Kommunikationsmißverständnisse dieser Art kommen dadurch zustande, daß der Empfänger die Nachricht nicht mit dem gleichen „Schlüssel" „aufschließt" mit dem sie vom Sender „verschlossen" wurde. Das Umsetzen, Verschlüsseln einer Nachricht in Sprache, oder sprachliche Symbole nennt man *kodieren.* Der Sender setzt also seine Nachricht in Zeichen z.B. Sprache um. Aufgabe des Empfängers ist es, diese Nachricht wieder richtig zu *dekodieren,* zu entschlüsseln und ihre Bedeutung im Sinne des Empfängers zu erfassen. Gesendete und empfangene Nachrichten müssen also nicht immer übereinstimmen.

4.1 Feedback: Wie ist die Nachricht angekommen?

Um sicherzustellen, daß eine Nachricht beim Empfänger auch so angekommen ist wie es vom Sender beabsichtigt war, kann der Empfänger eine **Rückmeldung (Feedback)** geben. Er sagt dem Sender mit seinen eigenen Worten wie er seine Nachricht verstanden hat. Der Sender, der jetzt zum Empfänger eines Feedbacks, bzw. einer Rückmeldung geworden ist, kann jetzt die Wahrnehmung und Interpretation bestätigen oder aber auch präzisieren oder korrigieren. Rückmeldung ist in der zwischenmenschlichen Beziehung wichtig, weil sie uns hilft Kommunikationsmißverständnisse zu vermeiden und unser Kommunikationsverhalten zu verbessern. Es ist vor allem wichtig, daß auch negative Verhaltensweisen rückgemeldet werden, und somit der jeweiligen Person eine Chance gegeben wird, sich zu verändern.

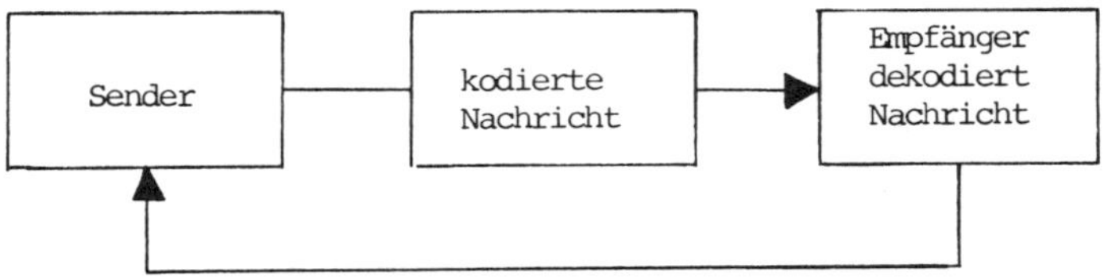

Feedback (Rückmeldung): Wie ist die Nachricht angekommen?

Abbildung 13: Feedback geben

Fittkau (1977, S. 345) unterscheidet drei Möglichkeiten der Rückmeldung:

- Eigenrückmeldung
  Ich teile den anderen mit, wie ich mich selbst wahrnehme und fühle.
- Rückmeldung für andere
  Ich teile dem anderen mit, wie ich ihn sehe.
- Gegenseitige Rückmeldung
  Gruppenmitglieder teilen sich gegenseitig mit, was sie über sich selbst und über die anderen denken und fühlen.

Wir wollen am letzten Fallbeispiel („Mißglückte Kommunikation“) aufzeigen, in welcher Form eine Rückmeldung erfolgen kann. Sr. Anja hätte auf die Aussage von Frau B. „Schwester, Sie haben mir heute meine Tabletten noch nicht gegeben!“ ihre eigenen Gefühle mitteilen (Eigenrückmeldung) und ihr beispielsweise folgende Antwort geben können: „Ich fühle mich durch ihre Aussage angegriffen.“ Sie hätte damit ihr eigenes Gefühl des Angegriffenseins und Verletztseins sprachlich ausgedrückt und Frau B. rückgemeldet. Diese Rückmeldung gibt Frau B. die Möglichkeit, die Wirkung ihres Kommunikationsverhaltens auf andere kennenzulernen und es gegebenenfalls zu ändern.

Sr. Anja hätte aber auch Frau B. rückmelden können, wie sie Frau B. aufgrund ihrer Aussage wahrnimmt (Rückmeldung für andere) bzw. was nach ihrer Meinung hinter der Aussage von Frau B. steht. Beispiel: „Ich sehe, daß Sie deshalb sehr besorgt sind. Haben Sie sonst noch irgendeinen Grund, beunruhigt zu sein?"

Feedback bzw. Rückmeldung soll uns helfen, Kommunikationsmißverständnisse und Kommunikationsprobleme in menschlichen Beziehungen zu vermeiden. Diese Aufgabe kann Rückmeldung am ehesten erfüllen, wenn sie möglichst konkret, nicht bewertend („Ich finde Ihr Verhalten unangebracht') und nicht interpretierend ist („Das sagen Sie nur, weil Sie schlecht gelaunt sind").

4.2 Interpunktion: Wer hat angefangen?

Oft entstehen Schwierigkeiten in einer Beziehung dadurch, daß jeder dem anderen die Schuld für die Entstehung eines Problems zuschiebt. In solchen Fällen ist die Problemlösung sehr schwierig, da sie voraussetzt, daß eine Person bereit ist, auf ihre eigene Wahrnehmung und Interpretation der Situation zu verzichten und auf den anderen einzugehen. Man sollte dann zu vereinbaren versuchen, die unfruchtbare Diskussion nach dem „Wer hat angefangen" bzw. „Wer ist schuld" auszusetzen und ausschließlich von der augenblicklichen Problemsituation ausgehen.

Wer hat angefangen?

Sr. Anja versucht wann immer es möglich ist, nicht in das Zimmer von Herrn C. zu gehen. Sie glaubt auch zu wissen warum. Herr C. hat immer etwas zu kritisieren und zu nörgeln. Herr C. hat bemerkt, daß Sr. Anja nur selten in sein Zimmer kommt. Er ist nach seiner Meinung deshalb unzufrieden und nörgelt, weil er sich durch die seltenen Besuche der Schwester vernachlässigt glaubt.

Hier interpretiert bzw. interpunktiert jeder das Interaktionsgeschehen aus seiner Sicht und glaubt, sein eigenes Verhalten wäre nur die Reaktion auf das Verhalten des anderen.

Patient C.: „Ich nörgle nur, weil Sie so selten in mein Zimmer kommen und sich nicht um mich kümmern."

Schwester Anja: „Nein umgekehrt, ich komme deshalb so wenig und so ungern zu Ihnen, weil Sie immer so mürrisch sind und an allem herumnörgeln."

Graphisch läßt sich dieser Vorgang folgendermaßen darstellen:

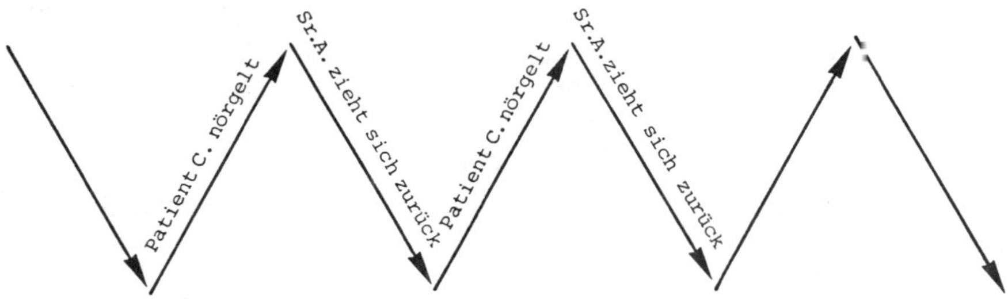

Hinter dem Konflikt von Sr. Anja und Herrn C. steht eine allgemeine Beziehungsproblematik der Pfleger-Patient-Beziehung im Krankenhaus. Der Patient entwickelt in seiner eingeschränkten Lebenssituation eine gesteigerte Erwartungshaltung und Aufmerksamkeit gegenüber Dingen, die um ihn herum geschehen. Er sieht diese Vorgänge vorwiegend unter dem Gesichtspunkt des Einzigartigen, nur ihn Betreffenden. Diese Situation wurde mit dem Begriff der *egozentrischen (ichbezogenen) Wahrnehmung des Patienten* zu charakterisieren versucht.

Die Pflegeperson auf der anderen Seite, die mehrere Patienten zu betreuen hat, kann nicht immer auf diese Erwartungen des Patienten in der gewünschten Form eingehen. Die Vielzahl der sich oft in einer ähnlichen Situation befindenden Patienten und der ausgefüllte Arbeisplan lassen beim Pflegepersonal eine gewisse Routinehaftigkeit in ihrer Arbeit entstehen. Die exklusiven Pflegeansprüche auf der Seite des Patienten und die Routinehaftigkeit im Pflegeverhalten des Pflegepersonals bilden ein konflikthaftes Strukturelement in der Pfleger-Patient-Beziehung.

5 Wahrnehmung als sozialer Vorgang

Beziehungen zwischen Menschen werden in starkem Maße durch die gegenseitigen Wahrnehmungen der jeweiligen Interaktionspartner beeinflußt. Jeder nimmt den anderen in einer bestimmten Art und Weise wahr und versucht sich ein Bild von seinem Gegenüber zu machen. Dieses Bild wiederum beeinflußt, wie man mit diesem Menschen Kontakt aufnimmt und die Beziehung zu ihm zu gestalten sucht.

Dieser Vorgang der Wahrnehmung anderer Personen, die **Personenwahrnehmung,** gehört in den Bereich der **sozialen Wahrnehmung.** Der Begriff der sozialen Wahrnehmung ist allgemeiner als der Begriff der Personenwahrnehmung und umfaßt die Wahrnehmung von sozialen Prozessen, Gruppen und Institutionen.

Er beschreibt zweierlei:

Zunächst bedeutet er die *Wahrnehmung von Sozialem,* etwa die Wahrnehmung von einzelnen Personen und Gruppen im Gegensatz zur allgemeinen Wahrnehmung, wie zum Beispiel die Erfassung von Farb- oder Helligkeitsunterschieden. In diesem Fall setzt sich die soziale Wahrnehmung mit Fragen auseinander, wie: Was ist wichtig, wenn wir uns einen Eindruck von einem Menschen verschaffen? Wie beeinflußt die äußere Erscheinung eines Menschen unsere Eindrucksbildung? Wie bilden sich Urteile über andere Menschen?

Zum zweiten meint der Begriff soziale Wahrnehmung, daß unsere *Wahrnehmungen durch psychische und soziale Faktoren mitbedingt* sind. So wird die Wahrnehmung entscheidend mitbestimmt durch die vorangegangenen Erfahrungen des Beobachters, seine Bedürfnisse und Wertvorstellungen, seine Motive und seine augenblicklichen Gefühle.

Wie Wahrnehmung durch soziale und individuelle Faktoren mitbestimmt wird, zeigt folgendes Beispiel (Bruner/Goodmann, 1947): Kinder hatten die Aufgabe (mit Hilfe variabler Lichtkreise), die Größe von vorgelegten Münzen zu schätzen. Eine Gruppe bestand aus armen Kindern, die Kinder der zweiten Gruppe kamen aus wohlhabenden Elternhäusern. Die Ergebnisse zeigten, daß die Größe der Geldstücke von den armen Kindern weit mehr überschätzt wurde als von den reichen Kindern. Die Forscher geben hierfür folgende Erklärung: der besondere Wert von Objekten und das starke Bedürfnis danach beeinflußt die Wahrnehmung im Sinne einer Überschätzung. Für arme Kinder besitzen Geldstücke einen höheren Wert als für reiche. Der Wert der Münzen steht in einem Zusammenhang mit dem Bedürfnis, Geld zu haben. Der Wert der Geldstücke und das Bedürfnis nach ihnen haben in diesem Fall die Wahrnehmung in Richtung einer Überschätzung beeinflußt.

5.1 Die Problematik des ersten Eindrucks

Wenn eine Pflegeperson einem Patienten zum ersten Mal begegnet, erhält sie in den meisten Fällen einen ersten unmittelbaren Eindruck von ihm. Es sind einzelne, von der Pflegeperson wahrgenommene Eigenschaften des Patienten, die den ersten Eindruck bewirken. Solche Eigenschaften werden vom Pfleger oft unbewußt und beiläufig während des Umgangs mit dem Patienten wahrgenommen. Seine äußere Erscheinung, die Stimme, Körperhaltung und Gestik geben Hinweise auf persönliche Eigenarten des Patienten. Die Art und Weise, wie der Patient auf körperliche Untersuchungen reagiert, wie er über frühere Krankheiten und seine jetzige Lebenssituation spricht, tragen zum Gesamtbild bei, das sich die Pflegeperson von ihm macht. Die Problematik des ersten Eindrucks liegt darin, daß er, obwohl er durch ganz spezifische und zufällige Umstände zustandegekommen und stark verfälscht sein kann, sehr bestimmend für die weitere Wahrnehmung und Beziehung zu einem Menschen ist. Der erste Eindruck läßt sich oft nur schwer korrigieren, da wir dazu neigen, einmal gemachte Bilder von anderen Menschen beizubehalten. Der Wahrnehmende bildet sich mit dem ersten Eindruck einen Bezugsrahmen, in den er alle späteren Informationen, auch auf die Gefahr einer Verfälschung hin, einpaßt.

5.2 Was bestimmt und verzerrt unsere Wahrnehmung?

Die Wahrnehmung anderer Menschen, Wahrnehmung ganz allgemein, ist eng mit der Person des Wahrnehmenden verknüpft und unterliegt immer verzerrenden und verfälschenden Einflüssen. Wie eine Pflegeperson einen Patienten wahrnimmt und beurteilt, hängt wesentlich von den Bedingungen in der jeweiligen Situation ab. Diese situativen Einflüsse lassen sich in intraindividuelle Einflüsse und äußere Umstände aufgliedern. (Payk, 1980, S. 110):

Intraindividuelle Einflüsse entstehen durch Faktoren, die im Wahrnehmenden selbst liegen. Ein Mensch kann beispielsweise ausgeruht, zufrieden, er kann überarbeitet, gereizt oder verärgert sein. Diese Schwankungen im Befinden und Fühlen eines Beobachters haben einen Einfluß auf seine Wahrnehmung. So wird die Wahrnehmung eines Patienten auch davon mitbestimmt werden, ob sich die Krankenschwester gerade über einen anderen Patienten geärgert hat, ob sie übermüdet oder in Eile ist.

Äußere Umstände beeinflussen Inhalt und Genauigkeit einer Wahrnehmung in nicht unerheblicher Weise. Sieht die Pflegeperson einen Patienten zum ersten Mal während einer Untersuchung, nach einer Operation oder beim Eintritt ins Krankenhaus? Diese äußeren Bedingungen werden das Bild, das sich eine Pflegeperson macht, wesentlich mitprägen.

5.2.1 Wie kommt eine Wahrnehmungsverzerrung zustande?

Bei nahezu allen Wahrnehmungsvorgängen lassen sich drei Prozesse feststellen (Payk, 1980, S. 178): Selektion, Ergänzen und Strukturieren.

Selektion: Der menschliche Organismus ist aufgrund seiner beschränkten Aufnahmekapazität nicht in der Lage, alle ihm zur Verfügung stehenden Informationen aufzunehmen und zu verarbeiten. Er ist deshalb gezwungen, aus der Fülle des Wahrnehmungsmaterials auszuwählen, zu selektionieren. Diese Auswahl erfolgt nicht zufällig. So neigen Menschen dazu, eher das wahrzunehmen, was sie gerne sehen möchten bzw. das was sie schon immer wahrgenommen haben.

Ergänzen bedeutet, daß der Beobachter über die tatsächlich vorhandenen Informationen hinausgeht und neue hinfügt. Er zieht Schlüsse und macht Annahmen, die allein aufgrund der zur Verfügung stehenden Information nicht möglich sind.

Strukturieren heißt, daß die wahrgenommenen Elemente zu einem Ganzen zusammengebracht werden. Der Wahrnehmende strebt ein einheitliches, zusammenhängendes Bild an. Er möchte seine Wahrnehmung als in sich stimmig und einheitlich erleben.

Dieser Prozeß des Auswählens, des Ergänzens und Strukturierens kann zu Beobachtungsverzerrungen und -verfälschungen führen. Als die bedeutendsten Wahrnehmungsfehler sollen angeführt werden:

a) Der **Halo-Effekt** ist eine der wichtigsten Fehlerquellen in der Wahrnehmung. Der Wahrnehmende hat die Tendenz, sich bei der Beurteilung einer Person von einem allgemeinen guten oder schlechten Eindruck (oder „Halo“) oder einer hervorstechenden Eigenschaft leiten zu lassen. Die Beurteilung einzelner Eigenschaften und Merkmale wird durch diese allgemeine Vorstellung von der einzuschätzenden Person beeinflußt.

Beispiel: Eine Krankenschwester legt Wert auf selbstdiszipliniertes, nicht klagendes Verhalten beim Patienten und stellt fest, daß ein Patient eine langwierige, schmerzhafte Untersuchung ohne Klagen über sich ergehen läßt. Sie ist dann geneigt, aufgrund dieses allgemeinen positiven Eindrucks dem Patienten auch andere positive Eigenschaften zuzuschreiben.

b) Dem Halo-Effekt ähnlich ist der sogenannte **logische Fehler**. Jeder Beobachter hat eine *„private Persönlichkeitstheorie"*, das heißt er hat genaue Vorstellungen darüber, welche Persönlichkeitseigenschaften zusammen gehören. Aufgrund seiner persönlichen Erfahrung nimmt er an, daß bestimmte Persönlichkeitsmerkmale immer in Verbindung auftreten.

Eine Pflegeperson kann annehmen, daß Aggressivität und Unzufriedenheit bei Patienten immer zusammen auftreten. Nimmt sie nun eine dieser beiden Eigenschaften bei einem Patienten wahr, wird sie daraus schließen, daß auch die andere vorhanden ist.

c) Der **Kontrastfehler:** Werden mehrere Personen nacheinander wahrgenommen und beurteilt, so sind die Urteile nicht unabhängig voneinander. Die ersten Beurteilungen bilden einen Vergleichsmaßstab für die folgenden Urteile.

Beispiel: Eine Krankenschwester hat nacheinander einige nicht sehr pflegebedürftige Patienten betreut. Sie wird den im Anschluß daran betreuten pflegeintensiven Patienten auf dem Hintergrund der ersten Patienten als noch pflegebedürftiger wahrnehmen und dazu neigen, das Pflegebedürfnis dieses Patienten übergenau wahrzunehmen und zu überschätzen.

Ein Vergleichsmaßstab kann auch in der Person des Beobachters selbst liegen. Ist er zum Beispiel eine passive, eher inaktive Person, wird er aktives Verhalten an anderen Menschen überdeutlich registrieren.

6 *Einstellungen, Stereotyp und soziale Vorurteile*

„Männer sind schlechte Pfleger"

Herr. L., ein 66jähriger Patient, seit fünf Tagen auf der Station B, möchte nicht von Felix, dem Pflegeschüler betreut werden. Hinter dieser ablehnenden Haltung von Herrn L. steht keine persönliche Abneigung oder Antipathie gegenüber Felix. Seine Vorbehalte sind eher grundsätzlicher Natur: Herr L. glaubt, daß Pflegen keine Männersache sei und männliche Pfleger deshalb auch schlechte Pfleger sein müssen.

Am obigen Beispiel sollen die Begriffe Einstellung, Stereotyp und Vorurteil erklärt werden (Davis 1969, Ostermann/Nicklas 1976).

Menschen haben gegenüber ihrer sozialen Umwelt bestimmte **Einstellungen** (Attitüden), die ihr Handeln beeinflussen und ihnen die Interpretation der Umwelt und die Orientierung erleichtern sollen. Ein verwandter Begriff ist der Begriff der Meinung. Eine Meinung kann betrachtet werden als eine sprachliche Stellungnahme zu einer konkreten Frage, ohne daß damit ein persönliches Engagement verbunden ist („Ich meine, wir sollten heute einen anderen Weg zum Personalrestaurant nehmen“). Eine Einstellung ist im Gegensatz zu einer Meinung tiefer in die Persönlichkeit eingebettet. Einstellungen lassen sich somit definieren als relativ stabile Verhaltensbereitschaften bestimmte Objekte (Menschen, Gruppen, Situationen usw.) in einer bestimmten Art und Weise wahrzunehmen und auf sie zu reagieren.

Es werden drei Aspekte der Einstellung unterschieden.

a) *der kognitive Aspekt:* Damit ist gemeint, daß eine Einstellung immer mit gewissen gedanklichen Vorstellungen über das jeweilige Objekt verbunden ist. Dieses Bild, das wir uns beispielsweise von einem anderen Menschen oder einer Gruppe von Menschen machen, kann unterschiedlich starr sein. Wenn das Bild übermäßig vereinfacht und starr ist, spricht man von einem **Stereotyp.** Umgangssprachlich ist dieser Sachverhalt gemeint, wenn von einem Menschen gesagt wird, er würde in Klischees oder Schablonen denken,
b) *der affektive Aspekt* bezieht sich auf die Gefühle, die mit der Einstellung zu einem Objekt verbunden sind, Gefühle etwa der Sympathie oder Ablehnung,
c) *der Verhaltensaspekt* beinhaltet, daß man dem Objekt gegenüber eine bestimmte Handlungsbereitschaft besitzt.

Diese drei Aspekte (Denken, Fühlen, Verhaltensbereitschaft) sind in der Wirklichkeit immer gleichzeitig vorhanden und stark miteinander verwoben, so daß eine Auftrennung im Einzelfall oft schwierig ist. Nach diesen definitorischen Vorklärungen soll der Begriff **Vorurteil** bestimmt werden. Bei einem Vorurteil handelt es sich um eine besondere Form der Einstellung:

„Vorurteile sind negative oder ablehnende Einstellungen einem Menschen oder einer Menschengruppe gegenüber, wobei dieser Gruppe infolge stereotyper Vorstellungen bestimmte Eigenschaften von vornherein zugeschrieben werden, die sich aufgrund von Starrheit und gefühlsmäßiger Ladung selbst bei widersprechender Erfahrung schwer korrigieren lassen“ (Davis 1969, S. 53).

Verkürzt gesagt sind demnach Vorurteile negative Einstellungen, die auch durch widersprechende Erfahrungen nur schwer korrigierbar sind. Es soll erwähnt werden, daß es ein Vorurteilsverständnis gibt, das sich nicht auf negativ besetzte Einstellungen beschränkt, sondern auch von positiven Vorurteilen spricht.

Vom Vorurteil abzugrenzen ist das sogenannte Vorausurteil bzw. vorläufige Urteil. Hier handelt es sich um ein Urteil, das gefällt wird, bevor man sich mit dem Menschen oder einer Gruppe von Menschen selber auseinandersetzen und eigene Erfahrungen sammeln konnte. Im Gegensatz zum Vorurteil ist das Vorausurteil leicht beeinflußbar und veränderbar durch die gemachten Erfahrungen. Vorurteile sind möglich gegenüber Personen, Personengruppen und Gegenständen. Es ist nicht üblich, den Begriff Vorurteil auch gegenüber Gegenständen, zum Beispiel Speisen zu benützen. Man sollte hier eher von Abneigung oder Aversion reden.

Wie läßt sich mit den angeführten Begriffen das Geschehen des letzten Fallbeispiels („Männer sind schlechte Pfleger“) erklären?

Herr L. hat eine Einstellung zum Pflegeschüler Felix. Diese Einstellung umfaßt die drei Aspekte Denken, Fühlen und Handeln.

Denken (der kognitive Aspekt):

Herr L. hat gewisse Vorstellungen darüber, was Angehörige der sozialen Kategorie „Mann“ oder „männliches Geschlecht“ tun sollten bzw. nicht tun sollten. Die Pflegetätigkeit am Krankenbett ist für Herrn L. mit der Tatsache ein Mann zu sein, nicht vereinbar. Er hat eine stark vereinfachende im Grund unrichtige Vorstellung darüber, was Personen männlichen Geschlechts tun können bzw. tun sollten. Diese Angehörigen des männlichen oder weiblichen Geschlechts zugeschriebene und angesonnene Eigenschaften und Verhaltensweisen machen das *Geschlechtsstereotyp* aus. Diese Vorstellungen darüber, was eher als „männlich“ und was als „weiblich“ zu bezeichnen ist, haben eine gesellschaftliche Basis; es gibt gesellschaftlich geprägte Vorstellungen darüber, was Aufgabe von Männern und was Aufgabe von Frauen in einer Gesellschaft ist. Die Tätigkeit des Pflegens wird als ausgesprochen weibliche Verhaltensweise betrachtet und deshalb in unserer Gesellschaft auch vorwiegend mit Personen weiblichen Geschlechts verbunden. Dieses Geschlechtsstereotyp erklärt zum großen Teil den hohen Anteil weiblicher Personen in Pflegeberufen.

Die Problematik des Stereotyps liegt darin, daß in einer übervereinfachenden und übergeneralisierenden Weise Angehörigen einer bestimmten sozialen Kategorie zum Beispiel Männer, Frauen, Fremdarbeiter, Ärzte gleichartige Eigenschaften zugeschrieben werden: „Männer sind dominant und aggressiv“; „Frauen sind hilfsbereit“; „Fremdarbeiter sind faul“; „Ärzte sind arrogant“.

In Wirklichkeit sind die Angehörigen jeder sozialen Kategorie recht verschieden. Bei der Stereotypisierung wird auf Grund der Zugehörigkeit zu einer bestimmten Personenkategorie (gleiches Geschlecht, gleicher Beruf usw.) auf bestimmte Merkmale und Eigenschaften geschlossen, die für diese Menschen typisch sind. Es wird unterschieden zwischen dem **Autostereotyp** (Selbstbild) und dem **Heterostereotyp** (Fremdbild). Der Begriff Autostereotyp bezieht sich auf das Bild, das eine Gruppe von sich selbst hat, und der Begriff Heterostereotyp auf das Bild, welches eine Gruppe von einer anderen hat.

Der affektive oder Gefühlsaspekt der Einstellung:

Die Einstellung von Herrn L. gegenüber Felix ist mit dem negativen Gefühl der Ablehnung verbunden. Dieses Gefühl ist an der Erregung ablesbar, in der sich Herr L's Körper befindet (Stimme, Gestik), wenn er der Stationsschwester mitteilt, daß er nicht vom Pflegeschüler gepflegt werden möchte.

Der Verhaltensaspekt:

Mit der Einstellung von Herrn L. ist eine Verhaltensbereitschaft verbunden, so hat er bereits seine Ablehnung der Stationsschwester mitgeteilt, und er würde sich bei einem Nichtbeachten seines Wunsches beschweren.

Zusammenfassend läßt sich sagen: Die Einstellung von Herrn L. gegenüber Felix trägt alle Merkmale eines Vorurteils. Herr L. macht sich

– eine übervereinfachende Vorstellung von einem Mitglied einer sozialen Kategorie („Männer sind schlechte Pfleger“),

- lehnt diesen Menschen deshalb ab und
- ist nicht bereit, sich durch persönliche Erfahrungen in seiner ablehnenden Haltung korrigieren zu lassen.

6.1 Welche Funktion haben Vorurteile?

Vorurteile sollen das Urteilen erleichtern. Sie sollen dem Menschen helfen, sich in seiner sozialen Umgebung besser orientieren zu können. Sie bilden gleichsam vorgegebene Schubladen, in die man andere Menschen einordnen kann, ohne sich immer fragen zu müssen, um was für einen Menschen es sich handelt. Vorurteile haben somit eine *Orientierungsfunktion.*

Daß Menschen versuchen, die Komplexität und Vielfalt ihrer sozialen Umgebung durch Einordnen und Kategorisieren durchschaubar und verständlich zu machen, ist naheliegend. Aber dieses Einordnen und Verallgemeinern ist nicht ohne weiteres gleichzusetzen mit der Vorurteilsbildung. Der entscheidende Unterschied zwischen einer Verallgemeinerung und einem Vorurteil liegt im Grad ihrer Starrheit. Wie flexibel und veränderungsfähig sind die vorgenommenen Kategorisierungen? Verallgemeinerungen lassen sich im Normalfall durch gegensätzliche Erfahrungen verändern. Nicht so die Vorurteile; sie werden beibehalten auch wenn die Erfahrung ihnen widerspricht, indem beispielsweise die widersprüchliche Erfahrung so uminterpretiert wird, daß sie in das vorhandene Vorurteil paßt (Beispiel: „Der X war eine Ausnahme“).

Die Starrheit von Vorurteilen deutet darauf hin, daß es starke psychische Kräfte im Menschen selbst geben muß, die sich einer Veränderung widersetzen. Das heißt die Beibehaltung eines Vorurteils muß dem Menschen irgendeinen psychischen Gewinn bringen, muß ihm etwas geben, was er ohne das Vorurteil nur schwer erreichen könnte. Ein solcher psychischer Gewinn durch das Vorurteil besteht darin, daß es *Unsicherheit und Angst bindet.* Herr L. hat möglicherweise während seiner Erziehung durch seine Eltern ein bestimmtes Bild von Männlichkeit vermittelt bekommen. Zu diesem Bild gehört vermutlich, daß ein „richtiger Mann“ keine Tätigkeit ausüben sollte, die mit „weiblichen Eigenschaften“ verbunden ist; jeder Mann, der solche Tätigkeiten, wie etwa das Pflegen, ausübt, muß eine Bedrohung dieses Männlichkeitsverständnisses sein. Wir können somit das Geschehen in unserem Fallbeispiel neu interpretieren: Herr L. fühlt sich in seinem eigenen Selbstverständnis von Männlichkeit (was ein „richtiger Mann“ tun und nicht tun sollte) durch den Pfleger Felix, der eine „weibliche Tätigkeit“ ausübt, verunsichert. Herr L. muß diese Bedrohung seines Selbstbildes, die mit Unsicherheit und Angst verbunden ist, abwehren. Er wehrt sie ab, indem er sich dieser seinem Bild von Männlichkeit widersprechenden Erfahrung nicht aussetzen möchte. Er möchte vom Pflegeschüler Felix nicht gepflegt werden. Eine weitere Funktion von Vorurteilen besteht in der *Erhöhung des eigenen Selbstwertes.* Dadurch, daß andere Gruppen abgewertet werden, steigt die Bedeutung der eigenen Gruppe und damit auch der eigenen Person. Man ist Angehöriger einer bestimmten Rasse, eines bestimmten Volkes oder einer bestimmten Berufsgruppe. Das allein reicht aus, um die eigene Höherwertigkeit begründen zu können.

6.2 Wenn das Vorurteil sich selbst bestätigt

Vorurteile können zu **sich selbsterfüllenden Prophezeiungen (selffulfilling prophecies)** werden. Dieser Begriff wurde von dem Soziologen Merton geprägt und bedeutet, daß die falsche Definition einer Situation diese so verändern kann, daß die Definition schließlich zutrifft. Um dies an einem Beispiel zu zeigen: Es wird in den USA von Schwarzen angenommen, daß sie weniger intelligent sind als Weiße. Und tatsächlich läßt sich auch in vergleichenden Intelligenzuntersuchungen nachweisen, daß amerikanische Schwarze im Durchschnitt einen niedrigeren Intelligenzquotienten (Punktwert für Intelligenz gemessen mittels eines Intelligenztests) besitzen als Weiße. Wie läßt sich dieses Ergebnis erklären? Weil man glaubt, daß Schwarze dümmer seien, gibt man ihnen schlechtere Schulen. Weil sie keine guten Schulen haben, besitzen sie schlechtere Entwicklungschancen und bleiben dümmer. Es ist hier zu einer sich selbsterfüllenden Prophezeiung gekommen.

Das Vorurteil einer Bevölkerungsgruppe beeinflußt das Verhalten gegenüber den Empfängern dieses Vorurteils, und dieses Verhalten wiederum (die Zuweisung von schlechten Schulen) bewirkt, daß das behauptete Vorurteil (Schwarze sind dümmer) auch tatsächlich eintritt.

Wie läßt sich dieser Mechanismus der sich selbst verwirklichenden Vorhersage auf unser Fallbeispiel „Männer sind schlechte Pfleger" übertragen?

Durch die Ablehnung von Herr L. wird der Pflegeschüler Felix keine Gelegenheit haben, mit Herrn L. in pflegerischen Kontakt zu kommen und Sicherheit im Umgang mit ihm zu erwerben. Sollte in einer dringenden Situation Felix doch einmal Herrn L. pflegen müssen, wird er nicht die nötige Sicherheit haben – bedingt durch die mangelnde Pflegepraxis mit dem Patienten und die Ablehnung durch ihn – und dann möglicherweise auch die Pflegeverrichtungen nicht so gut ausführen, wie er es eigentlich könnte. Das Vorurteil von Herrn L. hätte sich dann selbst bestätigt: er wird von einer männlichen Pflegeperson tatsächlich schlechter gepflegt.

Ein weiteres Beispiel: Das Pflegepersonal einer Station hält alle Patienten für unselbständig und hilflos. In den Augen der Pflegenden sind Patienten Personen, die im Bett gehalten und beaufsichtigt werden müssen. Dieses Vorurteil – auch gegenüber Patienten, bei denen keine medizinischen Notwendigkeit für eine solche Annahme besteht – führt dazu, daß den Patienten keine Gelegenheit gegeben wird, sich selbständig zu verhalten und damit wird das Vorurteil, auch objektiv bestätigt: Patienten sind unselbständig. Natürlich kann die Wirkung einer sich selbsterfüllenden Prophezeiung auch in eine positive Richtung gehen. So kann das Erwarten und das Vertrauen in die Fähigkeit eines Patienten dazu führen, daß er Möglichkeiten erhält, bestimmte Dinge selbständig zu erledigen und so auch selbständig wird.

Fragen zur Wissensprüfung

- Es wurden vier Grundtypen der dyadischen Interaktion vorgestellt. Nennen und beschreiben Sie diese Interaktionstypen.
- Was versteht man unter nichtsprachlicher Kommunikation? Geben Sie Beispiele.
- Erklären Sie die Situation der Doppelbindung („double-bind“, Beziehungsfalle) an einem Beispiel.
- Was versteht man unter Metakommunikation?
- Welche Elemente muß ein Kommunikationsmodell in seiner einfachsten Form enthalten?
- Es wurden vier Aspekte einer Nachricht unterschieden. Um welche Aspekte handelt es sich?
  Erläutern Sie sie an einem Beispiel.
- Was bedeutet Feedback geben? Weshalb ist dies für menschliche Beziehungen wichtig? Wie sollte Feedback erfolgen?
- Erläutern Sie den Begriff der sozialen Wahrnehmung.
- Bei der ersten Begegnung mit einem Menschen erhalten wir einen ersten unmittelbaren Eindruck. Weshalb ist dieser erste Eindruck problematisch für den weiteren Umgang mit diesem Menschen?
- Nennen Sie Einflüsse, die unsere Wahrnehmung verzerren und verfälschen. Was versteht man unter dem Halo-Effekt, dem logischen Fehler, dem Kontrastfehler?
- Was versteht man unter einem Vorurteil? Welche Funktion können Vorurteile haben?
- Erläutern Sie die Begriffe: Geschlechtsstereotyp, Autostereotyp, Heterostereotyp.
- Was ist eine sich selbsterfüllende Prophezeiung („selffulfilling prophecy“)? Geben Sie Beispiele.

Fragen zur Selbstaktualisierung

- Was bedeutet Kleidung ganz allgemein für mich persönlich? Möchte ich damit meiner Umgebung etwas über mich mitteilen? Und was bedeutet meine Berufskleidung für mich?
- Welche charakteristischen Körperhaltungen (Mimik, Gestik) habe ich bei Freude, Schmerz, Überraschung, Enttäuschung?
- Bei welcher räumlichen Distanz zu einem Kommunikationspartner fühle ich mich am wohlsten? Wie reagiere ich auf Menschen, die meine persönliche Distanz nicht respektieren und mir zu nahe kommen?
- Fällt mir Metakommunikation, also darüber zu reden wie ich mit anderen Menschen kommuniziere, leicht? Weshalb ist das so oder weshalb ist es nicht so?
- Wenn ich versuche, mich an das letzte Kommunikationsmißverständnis zu erinnern: wie war das damals?
- Gebe ich anderen Menschen in der Regel Feedback? Weshalb fällt es mir leicht oder schwer, bzw. was hindert mich daran?
- Was fällt mir an einem Patienten in der Regel zuerst auf?
  Worauf achte ich bei einem Patienten am meisten?
- Gibt es einen typischen Wahrnehmungsfehler, dem ich oft unterliege?
- Bin ich bestimmten Patienten gegenüber voreingenommen? Weshalb? Und bestätigen sich meine Annahmen in der Regel?
- Welches Bild habe ich von mir selbst? Als Pflegeperson, als Freund/Freundin, als Kollege/Kollegin? Und wie sehen mich wohl die anderen?
- Gibt es nach meiner Meinung Unterschiede zwischen männlichen und weiblichen Pflegepersonen? Welche?

Ergänzende und weiterführende Literatur

Argyle, M.: Soziale Interaktion. Köln: Kiepenheuer & Witsch 1972

Davis, E.: Zum gegenwärtigen Stand der Vorurteilsforschung. In: Vorurteile – ihre Erforschung und Bekämpfung. Politische Psychologie Bd. 3. 3. unveränd. Auflage. Frankfurt: Europäische Verlangsanstalt 1969, 51–71

Fittkau, B., Müller-Wolf, H.-M., Schulz von Thun, F.: Kommunzieren lernen (und umlernen). Braunschweig: Westermann 1977

Ostermann, A., Nicklas, H.: Vorurteile und Feindbilder. München: Urban & Schwarzenberg 1976

Payk, T. R.: Einführung in die Medizinische Psychologie. Stuttgart: Hippokrates 1980, 110–113, 177–182

Schulz von Thun, F.: Psychologische Vorgänge in der zwischenmenschlichen Kommunikation. In: Fittkau u. a. (1977), 9–100

Teil V
Pflegen in Gruppe und Institution

Pflegende in einem Krankenhaus arbeiten nie allein. Immer sind andere Personen an der Betreuung von Patienten mitbeteiligt, auch dann, wenn eine Krankenschwester für die pflegerische Betreuung von Patienten, die in verschiedenen Zimmern untergebracht sind, allein verantwortlich ist. So sorgt das Putzmädchen für eine saubere Umgebung des Patienten, die Schwesternhilfe verteilt das Essen und hilft beim Betten machen. Die Laborantin untersucht Blut und Ausscheidungen der Patienten und hilft mit, die Krankheit und deren Verlauf zu diagnostizieren, der Arzt trägt die Verantwortung für die medizinische Versorgung der Patienten.

Man spricht von Arbeitsteam, Zusammenarbeit und Gruppenpflege und weiß dabei, daß gerade das Miteinander in der Pflege von Kranken viele Probleme stellt.

Wir werden uns in diesem Teil mit Phänomenen und Gesetzmäßigkeiten des Miteinanders in einem Krankenhaus auseinandersetzen. Das Kennen und Verstehen dieser Vorgänge soll helfen, Schwierigkeiten in der Zusammenarbeit besser zu bewältigen bzw. ihre Entstehung verhindern zu können.

1 Was sind Gruppen?

Das Wort „Gruppe“ geht auf das althochdeutsche Wort „Kropf“ zurück und meint damit einen „Knoten“ (ital: Groppo). Somit können wir sagen: Wo sich die Lebens- oder Erlebenslinien mehrerer Wesen miteinander mehr oder weniger dauerhaft verknoten, haben wir eine Gruppe vor uns (Hofstätter, 1957).

Im alltäglichen Sprachgebrauch wird der Begriff „Gruppe“ sehr vielfältig verwendet. Wir sprechen von Berufsgruppen und meinen damit die Vertreter eines Berufes, von Pflegegruppen, Spielgruppen, Arbeitsgruppen, einer Gruppe von Zuschauern bei einem Unfall. Der Begriff Gruppe kann recht Unterschiedliches bedeuten. Doch versuchen wir unter den genannten Beispielen das Gemeinsame herauszufinden. Wir können zwei Merkmale feststellen: Unter Gruppe wird eine *Anzahl Personen* verstanden, die *eine Gemeinsamkeit* aufweisen. Eine Berufsgruppe sind mehrere Personen, die den gleichen Beruf ausüben; eine Gruppe von Zuschauern bei einem Unfall sind mehrere Personen, die einem

Unfallereignis zusehen; eine Arbeitsgruppe versteht sich als mehrere Personen, die eine gemeinsame Arbeit verrichten usw. Diese Merkmale genügen jedoch noch nicht, um das, was das Charakteristische einer Gruppe im soziologischen Sinne ausmacht, zu beschreiben.

Was unterscheidet eine Arbeitsgruppe oder Pflegegruppe von einer Gruppe von Zuschauern oder von Berufsgruppen, z. B. den Krankenschwestern? Welche Hauptmerkmale weist eine Gruppe auf, damit wir sie als **„soziale Gruppe"** bezeichnen können?

Der Soziologe Israel (1976) nennt drei Merkmale, die eine soziale Gruppe charakterisieren:

1. Die Mitglieder einer Gruppe haben für eine bestimmte Zeitdauer ein gemeinsames Ziel.
2. Die Mitglieder sind voneinander abhängig, um das Ziel zu erreichen.
3. Die Mitglieder wissen um diese gegenseitige Beziehung.

Nach diesen Merkmalen definiert er eine (soziale) Gruppe folgendermaßen:

„Wenn eine bestimmte Anzahl Personen mindestens ein Ziel gemeinsam haben, bilden sie eine Gruppe nur dann, wenn sie das Ziel für eine bestimmte Zeitdauer beibehalten – und wenn sie voneinander abhängig sind, um das Ziel zu erreichen, und wenn sie ihre gegenseitge Abhängigkeit wahrnehmen." (Israel 1976, S. 185)

Nach dieser Definition ist ein Pflegeteam eine Gruppe, denn:

- So hat beispielsweise die Pflegegruppe einer Dialysestation die Aufgabe, während ihrer Dienstzeit eine bestimmte Anzahl zugewiesener Patienten zu dialysieren (gemeinsames Ziel während einer bestimmten Zeitdauer).
- Je mehr Personen der Pflegegruppe ausfallen, umso schwieriger oder gar unmöglich wird es, die vorgesehene Anzahl Patienten zu dialysieren (die Mitglieder sind voneinander abhängig, um das Ziel zu erreichen).
- Die Krankenschwestern der Dialysestation wissen, daß sie bei der Betreuung ihrer Patienten voneinander abhängig sind und haben ihre Aufgaben und die Einsatzzeit entsprechend koordiniert (die Mitglieder wissen um die gegenseitige Beziehung).

Was charakterisiert aber eine Gruppe von Zuschauern bei einem Verkehrsunfall? Kann man hier nach unserer Definition von Gruppe sprechen?

- Alle Zuschauer haben zwar ein gemeinsames Ziel, sie wollen sehen, was sich ereignet hat. Das gemeinsame Ziel bezieht sich jedoch nur auf die aktuelle Situation, das erste der beiden erwähnten Merkmale trifft demnach nicht zu.
- Die Zuschauer sind für die Erreichung ihres Ziels, „schauen, was sich ereignet hat", nicht voneinander abhängig, denn auch eine Person allein kann einem Unfallereignis zuschauen.

Obwohl alle Personen ein gemeinsames Ziel haben, können wir hier nicht von einer sozialen Gruppe sprechen. In der Soziologie nennt man diese Art Gruppe eine **situative Gruppierung.**

Man versteht darunter ein räumliches oder zeitliches Zusammentreffen von Menschen, die in gegenseitiger Anonymität verbleiben. Weitere Beispiele situativer Gruppierungen sind: Leute, die auf eine Straßenbahn warten, Theaterbesucher, Zuschauer eines Fußballspieles.

Ebenfalls keine Gruppen sind: die Krankenschwestern, die Sozialarbeiter, die Ärzte oder die Polizisten. Diese Art „Gruppe" hat weder ein gemeinsames Ziel, noch sind die als Gruppe bezeichneten Personen voneinander abhängig. Wir sprechen hier von einer **sozialen Kategorie.** Unter einer sozialen Kategorie versteht man eine gedachte oder vorgestellte Zusammengehörigkeit von Menschen aufgrund bestimmter Merkmale. Beim Beispiel „Berufsgruppe" ist das gemeinsame Merkmal die gleiche Berufszugehörigkeit vieler Personen. Soziale Kategorien sind auch: die Radfahrer, die Bergsteiger, die Radiohörer, die Frauen, die Kinder.

2 *Was können Gruppen für das Individuum bedeuten?*

2.1 *Kleingruppen – Primärgruppen*

Die Gruppen, die einem Menschen in der Regel am meisten bedeuten, sind kleine Gruppen, Gruppen mit einer kleinen Mitgliederzahl, in denen sich die Gruppenmitglieder gegenseitig kennen. Die erste dieser kleinen Gruppen, die ein Mensch in seinem Leben kennenlernt, ist die Familie. Man nennt solche kleinen Gruppen **„Primärgruppen".** Eine primäre Gruppe ist charakterisiert durch das enge Zusammenleben und den unmittelbaren Kontakt der Mitglieder. Diese Beziehung der Mitglieder läßt ein starkes Gefühl der Zusammengehörigkeit aufkommen, ein „Wir – Gefühl", so daß sich Mitglieder einer Primärgruppe von anderen Gruppen scharf abgrenzen lassen.

Primärgruppen sind danach Gruppen mit einer kleinen Mitgliederzahl, in denen sich die Mitglieder persönlich kennen und durch regelmäßigen gegenseitigen Kontakt ein starkes Zusammengehörigkeitsgefühl entwickeln. Solche Primärgruppen können den Mitgliedern ein Gefühl der Geborgenheit vermitteln. Sie wirken prägend und nach ihnen orientieren sich die Mitglieder in ihren Interessen, Einstellungen, Normen und Wertvorstellungen. Dadurch können sie einen nachhaltigen Einfluß auf die Sozialisierung ihrer Mitglieder ausüben.

Primärgruppenbindungen ändern sich im Laufe eines Lebens häufig. Neben der Familie sind es Spielgruppen, Sportteams, Freundesgruppen, Interessengruppen, Clubs usw.

Schwester Anja und ihre Primärgruppe

Schwester Anja wohnt mit zwei Freundinnen, einer Lehrerin und einer Physiotherapeutin zusammen. Diese Wohngemeinschaft bedeutet ihr viel. Wenn sie berufliche Schwierigkeiten hat, holt sie sich dort Rat und Unterstützung. Anja hat das Gefühl, in ihrer Wohngemeinschaft könne sie sich so geben und zeigen, wie es ihr gerade zumute ist. Besonders in der Anfangszeit gab ihr diese Gruppe die Kraft, die Anpassungsschwierigkeiten besser zu bewältigen.

2.2 Größere, organisierte Gruppen – Sekundärgruppen

Größere Gruppen, deren Mitgliederzahl keinen engeren persönlichen Kontakt aller Mitglieder erlaubt, nennt man **Sekundärgruppen,** zum Beispiel Jugendorganisationen, Berufsinteressengruppen, Orchestervereine, Fußballmannschaften usw. Es sind Gruppen, die zur Erreichung eines bestimmten Ziels gebildet wurden. Die Gruppenmitglieder sind miteinander weniger gefühlshaft als durch festgelegte Regeln verbunden.

Die Beeinflussung der Mitglieder durch die Gruppe ist weniger stark und bedeutungsvoll als bei Primärgruppen, da die einzelnen Mitglieder einander weniger nahestehen. Trotzdem kann die Zugehörigkeit zu solchen Gruppen für einzelne Gruppenmitglieder wichtig und entscheidend sein, besonders auch für das Verhältnis zu anderen Gruppen.

2.3 Bezugsgruppen: Gruppen, an denen wir uns orientieren

Nicht alle Gruppen, denen man angehört, beeinflussen die eigenen Einstellungen und das eigene Verhalten. Andererseits aber können Gruppen, denen man nicht angehört oder denen man früher angehörte, einen starken Einfluß auf das Verhalten eines Menschen ausüben. Gruppen, an denen man sein Verhalten orientiert, unabhängig davon ob man ihnen angehört, nennt man **„Bezugsgruppen“** oder „Referenzgruppen“. Bezugsgruppen dienen einem Individuum als Vergleichsmaßstab und als Quelle von Normen. Hat eine Bezugsgruppe eine Vergleichsfunktion für ein Individuum, so heißt das: Es zieht Vergleiche mit der Bezugsgruppe, indem es versucht, sich selbst mit dieser Gruppe oder mit den Mitgliedern zu vergleichen. Das Resultat dieses Vergleichs beeinflußt das Selbstwertgefühl und die Zufriedenheit eines Individuums. Vergleicht Anja ihre wirtschaftliche Lage als Krankenschwester mit der Lage der Kolleginnen ihrer Freundin, den Lehrerinnen, so wird sie recht unzufrieden sein. Sie hat das Gefühl, sie müsse viel mehr leisten als diese, obwohl sie ein geringeres Gehalt bezieht. Vergleicht sie sich aber mit den Kolleginnen einer befreundeten Studentin, wird sie zufrieden sein.

In ihrer normativen Funktion ist die Bezugsgruppe Quelle der Wertvorstellungen und Einstellungen eines Menschen. Je nachdem wie stark sich ein Individuum mit einer Gruppe identifiziert, beeinflußt sie sein Verhalten und seine Erwartungen an andere.

Das Team der Lehrerinnen als Bezugsgruppe

Sonja und einige ihrer Klassenkameradinnen sind sehr beeindruckt von ihren Lehrerinnen. Die Art und Weise, wie diese auf die Schwesternschülerinnen eingehen, ihre Einstellung zum Beruf, zu den Patienten und zur Pflege scheinen ihnen nachahmenswert. Deshalb versucht Sonja, auf der Abteilung nach den vermittelten Grundsätzen zu arbeiten. Sie nimmt sich Zeit für Gespräche mit Patienten und geht auf ihre Bedürfnisse ein und riskiert gleichzeitig damit, mit ihrer Arbeit nicht fertig zu werden und auf der Abteilung als „langsame Schülerin“ zu gelten. Sonja fühlt sich unglücklich und unverstanden auf dieser Abteilung.

Sonja hat in diesem Beispiel die Wertvorstellungen und Verhaltensweisen ihrer Lehrerinnen übernommen und richtet sich danach, unabhängig von der konkreten Situation auf der Abteilung, die eine eingehende Auseinandersetzung mit den Patienten nicht zuläßt. Sie bringt sich damit in einen Konflikt und wird unzufrieden.

Oft werden von einzelnen Personen Normen aus einer Gruppe einfach in eine andere Gruppe übertragen, zum Beispiel Normen, die bestimmen, wie man sich kleidet, wie man miteinander spricht, ob man sich Du sagt oder nicht, ob man über Gefühle spricht oder nicht, ob man offen sagt was man denkt, oder ob man über eine andere Person hinter ihrem Rücken spricht. Die Übertragung solcher Normen wird für ein Gruppenmitglied zu einem Konflikt, wenn sie den Normen der neuen Gruppe widersprechen.

2.4 Die Wahrnehmung und Beurteilung eigener und fremder Gruppen

Ich will auf unserer Abteilung bleiben

Auf der Abteilung B gibt es zur Zeit wenig zu tun. Die während solcher Phasen üblichen Reinigungs- und Aufräumarbeiten sind ebenfalls schon erledigt. Sr. Ruth vernimmt beim Abteilungsschwesternrapport, daß auf der Abteilung A eine Schwester erkrankt ist und dringend ersetzt werden sollte. Nach dem Rapport ruft Sr. Ruth Sr. Christa zu sich und bittet sie, einige Tage auf der Abteilung A zu arbeiten und die kranke Schwester zu ersetzen. Sr. Christa ist mit diesem Vorschlag jedoch nicht einverstanden und wehrt sich heftig: „Weshalb soll ich auf diese Abteilung gehen? Ich kenne sie überhaupt nicht. Die Schwestern dort sind ohnehin sehr arrogant. Jetzt sollen sie auch selbst sehen, wie sie zurecht kommen. Sie sollen besser organisieren. Uns hilft auch niemand, wenn jemand krank ist. Ich will auf unserer Abteilung bleiben.“

Was ist hier geschehen? Sr. Ruth wollte Sr. Christa vorübergehend in eine für sie fremde Gruppe versetzen und stößt dabei auf erheblichen Widerstand und auf Vorurteile gegenüber der fremden Gruppe. Menschen haben die Tendenz, gegenüber Gruppen, deren Mitglied sie sind, ein sogenanntes „Wir-Gefühl" zu entwickeln, das heißt, sich ihnen zugehörig zu fühlen und die Gruppe als einen Lebensbereich wahrzunehmen und anzuerkennen. Man spricht in diesem Zusammenhang von **Eigengruppen** oder Wir-Gruppen. Im Gegensatz zu den Eigengruppen nennt man Gruppen, denen man nicht angehört, **Fremdgruppen.**

Gruppen, denen man selbst angehört, werden in der Regel anders beurteilt als Gruppen, denen man nicht angehört. Die Eigengruppe wird in den Mittelpunkt gestellt und gilt als Maßstab für andere Gruppen. Da das Bekannte Sicherheit und Geborgenheit vermittelt, werden die Eigenschaften der eigenen Gruppen vom Einzelnen überschätzt. Die Fremdgruppen hingegen sind unbekannt, fremd. Sie haben andere Werte, Normen und Lebensgewohnheiten. Dieses Fremdsein bedeutet Unsicherheit und Angst. Es schafft Distanz und ist häufig die Quelle von Vorurteilen und Stereotypen.

Welches Ausmaß die unterschiedliche Bewertung von Eigen- und Fremdgruppen annehmen kann, zeigte eine 1948–49 durchgeführte UNESCO-Untersuchung von Stereotypen gegenüber eigenen und fremden Nationen. Jeweils 1000 Personen von 8 Ländern wurden befragt, welche (auf einem Fragebogen vorgegebenen) Eigenschaften ihr eigenes Land und andere Länder am besten charakterisieren.

Tabelle 5 zeigt Unterschiede im Selbstbild von Deutschen und Amerikanern zum Fremdbild der Deutschen gegenüber Amerikanern, Russen und Franzosen. Sie zeigt damit auch Sympathien und Antipathien der Deutschen gegenüber diesen Ländern.

Tabelle 5: Nationale Autostereotype und Heterostereotype

Eigenschaft	Auto-Stereotyp		Deutsches Hetero-Stereotyp		
	Deutschland (DD)	USA (AA)	USA (DA)	Rußland (DR)	Frankreich (DF)
1 Sehr arbeitsam	90 %	68 %	19 %	12 %	4 %
2 Intelligent	64	72	34	4	22
3 Praktisch veranlagt	53	53	45	8	5
4 Eitel	15	22	15	3	20
5 Großzügig	11	76	46	2	5
6 Grausam	1	2	2	48	10
7 Rückständig	2	2	1	41	10
8 Tapfer	63	66	6	11	7
9 Selbstbeherrscht	12	37	11	3	5
10 Herrschsüchtig	10	9	10	12	12
11 Fortschrittlich	39	70	58	2	7
12 Friedlich	37	82	23	5	12

(Nach Buchanan und Cantril in Hofstätter 1957, S. 117)

Bei der Beurteilung dieser Resultate muß die damalige weltpolitische Lage mitberücksichtigt werden.

Die Zuordnung von positiven Eigenschaften zu Gruppen, denen man angehört, führt oft zu Gegensätzen und sogenannten Gegengruppen wie: Schweizer – Ausländer, Weiße – Schwarze, Frauen – Männer. Das Verhalten gegenüber Fremdgruppen kann von Anziehung, Nichtbeachtung bis zu Krieg reichen.

In Betrieben wird dem Phänomen des Feindbildes von Fremdgruppen entgegengewirkt, indem Kontakte zwischen den Gruppen bewußt gefördert werden durch betriebsinterne Veranstaltungen, zum Beispiel Betriebsfeste, Ausflüge, gemeinsame Pausen, Informationsveranstaltungen usw.

2.5 Gruppen in Betrieb und Organisation

Unterscheidet man Gruppen innerhalb eines Betriebes oder einer Organisation nach ihren offiziellen und inoffiziellen Zielsetzungen, so spricht man von formellen und informellen Gruppen.

Formelle (formale) Gruppen sind in der Regel aus der Betriebsorganisation entstanden und dienen einem bestimmten betrieblichen Ziel. In der Regel haben sie eher unpersönlichen Charakter, vorgegebene Regeln und Rollenverteilungen. Formelle Gruppen sind zum Beispiel Pflegegruppen einer Krankenhausabteilung, Arbeitsteams, Schulklassen usw.

Informelle (informale) Gruppen innerhalb einer formalen Organisation entstehen spontan aus zwei oder mehreren Personen aufgrund eines gemeinsamen Interesses. Sie haben persönlichen Charakter. Struktur und Ziele sind nicht formal festgelegt und können sich ändern. Beispiele sind Freundes- und Kameradschaftsgruppen.

Informale Gruppen können innerhalb von formalen Gruppen entstehen und in bestimmten Fällen den Zielen der formalen Gruppe entgegenwirken. Dies ist dann der Fall, wenn sich innerhalb einer Pflegegruppe eine Freundschaftsgruppe bildet, deren Ziel vorwiegend oder fast ausschließlich der gegenseitige Austausch oder Kontakt ist. Eine Abweichung vom ursprünglichen Ziel einer Pflegegruppe zeigt sich in der folgenden Situation:

Sr. Anja und Sr. Gerda betten die Patientin Frau L. Während der ganzen Zeit unterhalten sich die beiden über ihre bevorstehenden gemeinsamen Ferien. Mit Frau L. wird nur das Allernötigste gesprochen, z.B. „Drehen Sie sich bitte zur Seite“ oder „Liegen Sie gut?“ Bevor die beiden mit der Betreuung von Frau L. fertig sind, kommt Sr. Sonja: „Kommt Ihr endlich zum Kaffee oder kann ich Euch noch behilflich sein?“ Frau L. wagt nicht mehr zu sagen, wie sehr sie der Verband drückt und daß sie ihn gerne gewechselt haben möchte.

Die Ziele der Freundesgruppe widersprechen in diesem Fall denen einer den Bedürfnissen der Patientin entsprechenden Pflege. Dieselbe Freundschaftsgruppe könnte sich auch für eine offene, zwischenmenschliche Beziehung zwischen Patienten und Pflegepersonal einsetzen und so die Ziele der formalen Pflegegruppe unterstützen. Informale Gruppen können auch gleichzeitig formal sein, etwa wenn sich eine Arbeitsgruppe selbst bildet, sich eigene Ziele setzt und die Mitglieder selbst auswählt.

3 Die Entstehung und Entwicklung von Gruppen

3.1 Was bewegt Menschen, sich mit anderen zusammenzutun?

Was bewegt Menschen, sich in Gruppen zusammenzuschließen, ihre Ziele gemeinsam mit anderen zu erreichen und dafür diese und nicht andere Menschen auszuwählen?

Der Mensch wird in eine Gruppe – die Primärgruppe Familie – hineingeboren. Sie ist sein Lebensraum. Er lernt dort, seine Bedürfnisse zu befriedigen. Ebenfalls lernt er, wie man sich in Gruppen zu verhalten hat.

Will man die Zielsetzungen, die Menschen später zu Gruppenbildungen bewegen, einordnen, so kann man unterscheiden zwischen solchen im sozial-emotionalen und solchen im Bereich von Leistung und Effekt. Das Bedürfnis nach Kontakt, Abwechslung, Zuneigung, Anerkennung, Macht, Geltung und Führerschaft betrifft eher die sozial-emotionalen Ziele, das Bedürfnis nach Information, einer sachgerechten Lösung, Gewinn oder Arbeitserleichterung den Bereich des Effektes und der Leistung.

In der Realität sind die Ziele der beiden Kategorien miteinander verknüpft und werden in bestimmten Situationen von einzelnen Mitgliedern unterschiedlich vertreten. So kann das wirkliche Ziel von Mitgliedern eines Fremdsprachenkurses die Befriedigung des Kontaktbedürfnisses und nicht die Befriedigung des Bedürfnisses nach Information sein. Ein Mensch mit einem sozial-emotionalen Bedürfnis wird der gegenseitigen Beziehung zwischen den Gruppenmitgliedern große Bedeutung beimessen.

Das gemeinsame Ziel, das zur Gruppenbildung Anlaß gibt, kann kurzfristig durch ein äußeres Ereignis entstehen, etwa wenn sich Mieter zusammenschließen, um sich gegen die angekündigte Erhöhung der Wohnungsmieten zu wehren. Es kann sich aber auch langsam entwickeln wie das z. B. bei Elterngruppen der Fall sein kann, die sich in Erziehungsfragen gegenseitig unterstützen wollen. Das Gruppenziel kann auch von außen vorgegeben sein, wie dies bei Lerngruppen einer Schulklasse oder der Pflegegruppe eines Krankenhauses der Fall ist.

Wovon hängt es ab, mit welchen Menschen wir eine nähere Beziehung suchen, mit welchen Personen wir freiwillig eine Gruppe bilden? Was zieht uns an anderen Menschen an?

Anziehung durch körperliches Aussehen

Unsere Erfahrungen im alltäglichen Leben lassen uns vermuten, daß für die gegenseitige Anziehung das körperliche Aussehen eine wesentliche Rolle spielt. Diese Alltagsmeinung wurde durch ein Experiment von Walster, Aronson,

Abraham und Rottmann (1966) anläßlich eines Balles bei Studenten bestätigt. Es zeigte sich, daß gut aussehende Personen mehr geschätzt wurden, und daß man mit ihnen eher wieder in Kontakt treten wollte und sich auch eher wieder mit ihnen traf. Es zeigte sich auch, daß Männer stärker an körperlicher Attraktivität interessiert waren als Frauen. Frauen wünschten sich eher Partner, die einen hohen Status, die gleiche Hautfarbe und Religion hatten und intelligent waren. Was jedoch bei dieser Studie nicht berücksichtigt wurde, sind die Faktoren, die die Maßstäbe für die Bewertung der äußeren Erscheinung bestimmen, wie kulturelle und gesellschaftliche Normen, die festlegen, was als schön zu gelten hat.

Anziehung durch Ähnlichkeit – „Gleich und gleich gesellt sich gern"

Eine weitere Ursache der gegenseitigen Anziehung ist Ähnlichkeit. Der Mensch sucht sich Partner, die ihm ähnlich sind, zum Beispiel hinsichtlich Einstellungen, Schulbildung, Intelligenz, der sozialen Stellung und des Alters. Die Suche nach Partnern, die uns in gewisser Hinsicht ähnlich sind, läßt sich erklären durch das Bedürfnis, Sicherheit zu haben, ob unsere eigenen Meinungen richtig sind. Da Ansichten und Meinungen nicht objektiv gesichert werden können, sucht der Mensch sie in seiner sozialen Umgebung zu bestätigen. Er findet sie am ehesten bei Menschen bestätigt, die ihm ähnlich sind. Die Bedeutung der Ähnlichkeit für gegenseitige Anziehung wurde in zahlreichen Untersuchungen nachgewiesen. Sie kann jedoch nur zu einem Teil erklären, weshalb wir bestimmte Partner wählen.

Anziehung durch gegenseitige Ergänzung – „Gegensätze ziehen sich an"

Im Gegensatz zum Sprichwort „Gleich und Gleich gesellt sich gern" kennen wir auch den Ausspruch „Gegensätze ziehen sich an". Worin bestehen die Gegensätze, die anziehend wirken sollen? In verschiedenen Untersuchungen mit Ehe- und Freundespaaren wurde festgestellt, daß sich die Persönlichkeitseigenschaften der einzelnen Partner wesentlich voneinander unterschieden, zum Teil sogar gegensätzlich waren und sich so gegenseitig ergänzten. Bestimmt auftretende Personen wählten zum Beispiel eher zurückhaltende Partner. Auch im Alltag kann man beobachten, daß sich Personen mit gegensätzlichen Eigenschaften, verschiedenen Stärken und Schwächen zusammentun und sich dadurch wirkungsvoll gegenseitig ergänzen.

Gegenseitige Anziehung durch Sympathie

Sympathie ist eine wichtige Voraussetzung dafür, daß Menschen sich zusammentun, um gemeinsam etwas zu unternehmen. Bereits unsere Alltagserfahrungen zeigen uns, daß wir uns zu Menschen hingezogen fühlen, die uns schätzen und von denen wir wissen, daß wir ihnen sympathisch sind. Diese gegenseitige Sympathie ist aber auch abhängig davon, wie wir uns selbst beurteilen. Findet jemand Eigenschaften und Verhaltensweisen sympathisch, die wir jedoch an uns selbst ablehnen, kann es sein, daß wir diesen Partner ebenfalls ablehnen.

Eine wichtige Bedingung zur Erhaltung der Sympathie ist die Häufigkeit der Kontakte. Wenn Personen häufig miteinander in Kontakt treten, steigt die gegenseitige Sympathie. So kann ein sich selbst verstärkender Prozeß entstehen: Gruppenmitglieder, die sich gegenseitig sympathisch sind, treffen sich häufiger. Durch diese häufigen Kontakte wiederum steigt die gegenseitige Sympathie. Die Gruppenmitglieder haben dann noch stärker den Wunsch, gemeinsam etwas zu unternehmen.

Wenn nicht zumindest eine dieser vier Bedingungen erfüllt ist (attraktive äußere Erscheinung, Ähnlichkeit, Ergänzung und Sympathie), werden sich Menschen kaum zusammenschließen. Eine Ausnahme ist dann gegeben, wenn sie durch äußere Umstände dazu veranlaßt werden, wie das beispielsweise in Arbeitsgruppen der Fall sein kann.

3.2 Phasen in der Entwicklung von Gruppen

Bilden Personen eine Gruppe, um gemeinsam ein Ziel zu erreichen, so lassen sich bestimmte Entwicklungsphasen beobachten. Beobachtungen in sogenannten Trainings-Gruppen veranlaßten Tuckmann (1965) ein Vier-Phasenmodell der Gruppenbildung zu entwickeln:

a) Formierungsphase (forming)
Die unvertraute neue Situation bewirkt Unsicherheit und Angst bei den einzelnen Gruppenmitgliedern. Es findet ein gegenseitiges Abtasten statt: Welche Verhaltensmuster werden von der Gruppe akzeptiert, welche werden abgelehnt? Die Gruppenmitglieder tendieren dazu, sich an einen mögliche Führer bzw. an schon bestehende Normen anzulehnen. Daneben versuchen sie sich an einem Gruppenziel zu orientieren.

b) Konfliktphase (storming)
In dieser Phase entwickeln sich Konflikte zwischen den Gruppenmitgliedern. Es entstehen Untergruppen. Einzelne Mitglieder widersetzen sich den bestehenden Normen, lehnen ihre Partner und mögliche Führer ab. Es entwickeln sich Widerstände gegen das Gruppenziel und die gestellte Aufgabe. Die Verpflichtung zur Erfüllung der Gruppenaufgabe wird als Einschränkung der persönlichen Freiheit empfunden.

c) Normierungsphase (norming)
In der dritten Phase entwickelt sich der Gruppenzusammenhalt *(Gruppenkohäsion)*. Die Mitglieder akzeptieren sich gegenseitig. Zwischenmenschliche Probleme werden gelöst und es entsteht ein sogenanntes „Wir-Gefühl". Die Gruppe

stellt eigene Normen auf. Zur Lösung der Gruppenaufgabe erfolgt ein offener Informationsaustausch zwischen den Gruppenmitgliedern. Jedes Mitglied stellt der Gruppe seine individuellen Ressourcen zur Verfügung.

d) Leistungsphase (performing)
In dieser letzten Phase konzentriert sich die Gruppe auf ihre Aufgabe. Die Rollenbeziehungen werden akzeptiert, gefestigt und im Sinne der Aufgabe genutzt. Dadurch wird die Erreichung des Gruppenzieles und die Lösung von Gruppenproblemen möglich.

Dieses Phasenmodell beschreibt keinen zwangsläufig ablaufenden Prozeß innerhalb von Gruppen, es ist vielmehr ein häufig zu beobachtender Verlauf der Entstehung und Entwicklung von Gruppen. Die zeitliche Dauer der einzelnen Phasen wird beeinflußt durch die Häufigkeit und Art der Beziehungen der Mitglieder und durch die Umgebung. Das Verharren in einer bestimmten Phase kann die Gruppe hindern, zur Arbeitsphase vorzudringen und die Gruppenaufgabe zu lösen.

Neue Aufgaben, neue Gruppenmitglieder oder eine geringe Kontaktintensität können bewirken, daß eine Gruppe die verschiedenen Phasen erneut durchläuft. So kann ein Personalwechsel auf einer Abteilung ein Pflegteam in erhebliche Schwierigkeiten bringen, weil es sich als Gruppe wieder neu konstituieren muß.

4 Die Gruppe – ein System

Gruppen können als Systeme verstanden werden. Diese eher unübliche Betrachtungsweise sieht eine Gruppe als Ganzheit, in der sich die einzelnen Teile wechselseitig beeinflussen. Innerhalb dieser Betrachtungsweise stellt sich für das Verständnis von Gruppenprozessen weniger die Frage nach dem „Warum" als die Frage „Wie funktioniert das System?"

Die Beantwortung dieser Frage setzt eine Auseinandersetzung mit dem Begriff System voraus. Der Systembegriff findet häufig in Physik, Chemie und allgemein in technischen Wissenschaften Verwendung. In der Krankenpflege ist er bekannt aus Anatomie und Physiologie. Man spricht dort von Organsystemen und meint damit verschiedene zusammengehörige Organe, die in ihrer Funktion voneinander abhängig sind und zusammen etwas Ganzes bilden, wie beispielsweise das Kreislaufsystem mit Herz, Arterien, Venen und Kapillaren.

Unter einem **System** versteht man ein Aggregat von einzelnen Elementen, die zusammen ein organisiertes, einheitliches Ganzes bilden und miteinander in wechselseitiger Beziehung stehen. Man spricht von *offenen* Systemen, wenn diese mit ihrer Umwelt in Beziehung treten. Findet kein Austausch des Systems mit der Umwelt statt, ist es *geschlossen.* Biologische und zwischenmenschliche Systeme sind offen. Die beiden folgenden Eigenschaften von offenen Systemen sind für das Verständnis von Gruppen als System von zentraler Bedeutung: Ganzheit und Regelmechanismen.

Ganzheit: Die Bestandteile eines Systems sind so miteinander verbunden, daß eine Änderung in einem Teil des Systems auch Änderungen in anderen Teilen verursacht.

Regelmechanismen: Ein System hat Regelmechanismen, die starke Einwirkungen der Umwelt ausgleichen. Regelmechanismen haben die Funktion, ein System wieder in den ursprünglichen Zustand zu bringen. Ein solcher Regelmechanismus ist das Prinzip der Rückkoppelung, wie es von der Funktion der Hormondrüsensysteme bekannt ist (vgl. Abb. 14).

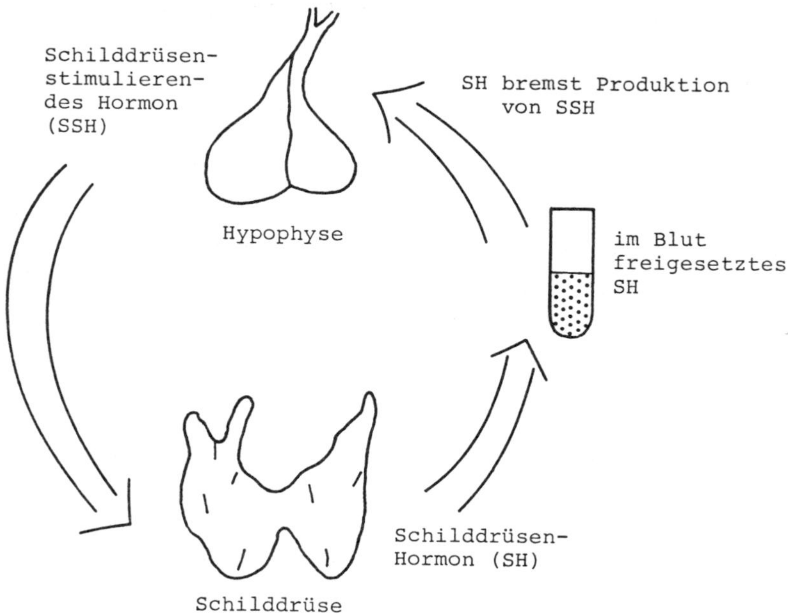

Abbildung 14: Funktionskreis des Schilddrüsenhormonsystems

Die Aufrechterhaltung des normalen Schilddrüsenhormonblutspiegels wird einerseits reguliert durch die stimulierende Wirkung des SSH auf die Schilddrüse und andererseits durch die bremsende Wirkung, die das im Blut freigesetzte Schilddrüsenhormon auf die Hypophyse ausübt.

4.1 Was sind Bestandteile von Gruppensystemen?

Das, was das Systemhafte von Gruppen ausmacht, sind nicht ihre einzelnen Mitglieder mit ihren Eigenschaften, sondern Prozesse, die in einer bestimmten Art und Weise ablaufen. Diese Prozesse machen das aus, was man als den „Charakter“ einer Gruppe bezeichnen könnte. Einzelne Bestandteile oder Elemente einer Gruppe sind beispielsweise:

- Gruppennormen und der Prozeß des Aushandelns von Gruppennormen
- die Rollenstruktur und der Prozeß der Rollendifferenzierung
- Kommunikation
- Machtstruktur und Prozesse der Machtausübung
- Gefühle und emotionale Beziehungen

Diese Elemente beeinflussen sich gegenseitig und sind voneinander abhängig. Eine Veränderung der Rollen der Gruppenmitglieder ist beispielsweise nicht denkbar ohne Auswirkungen auf die Kommunikation innerhalb der Gruppe. Folgendes Beispiel soll diese gegenseitige Beeinflussung veranschaulichen:

Der Einfluß der Rollenverteilung auf die Kommunikation

Der wöchentliche Gruppenrapport verlief auf der Abteilung B zumeist nach dem gleichen Schema: Sr. Ruth teilte die zu behandelnden Themen mit, Sr. Christa und Sr. Anja äußerten ihre Meinung dazu und die andern saßen schweigend da, nickten ab und zu oder warfen sich einen vielsagenden Blick zu. Nach etwa einer Stunde beendete Sr. Ruth die Besprechung und alle liefen mehr oder weniger gelangweilt auseinander. Sr. Christa gefiel diese Art des Gruppengesprächs zunehmend weniger. Sie schlug deshalb an einer Sitzung vor, die Gruppenzusammenkünfte anders zu gestalten: Jedes Mitglied sollte abwechslungsweise die Leitung der Gruppe übernehmen. Am Anfang jeder Sitzung sollten gemeinsam die zu behandelnden Themen aufgestellt werden. Nach einigen Anfangsschwierigkeiten entwickelten sich die Gruppensitzungen nach dieser Änderung zu lebhaften Diskussionen.

Die Veränderung der immer durch die gleichen Personen wahrgenommenen Rollen in der Gruppe – Leiter, Mitsprecher, Schweiger und Zuhörer – durch die wechselnde Gesprächsleitung beeinflußte die Art der Kommunikation. Es beteiligten sich mehr Mitglieder als früher am Gespräch, so daß eine wirkliche Diskussion entstand. An diesem Beispiel zeigt sich die Eigenschaft der *Ganzheit* einer Gruppe.

Regelmechanismen halten gewisse Zustände konstant oder passen sie veränderten Umweltbedingungen an. Sie regeln die jeweilige Funktionsweise einer Gruppe und halten so die Eigenart einer Gruppe konstant. Ein Beispiel soll das veranschaulichen:

Schwester Ruth darf nicht kritisiert werden

An den erwähnten Gruppenrapporten laufen unabhängig vom behandelten Thema immer die gleichen Prozesse ab. Sr. Ruth als Abteilungsschwester hat oft ein ungutes Gefühl gegenüber den anderen Kolleginnen, ohne dieses jedoch erklären zu können. Sie erhält von den anderen Gruppenmitgliedern nur wenig Rückmeldung. Gleichzeitig befürchtet sie aber, man könne ihr Verhalten negativ bewerten. Diese Angst und Unsicherheit versucht sie zu überdecken, indem sie bestimmt und entschlossen auftritt. Die anderen Schwestern wiederum glauben, man sollte einer Abteilungsschwester mit einem so entschlossenen Auftreten möglichst nicht widersprechen. Sie ärgern sich jedoch über gewisse Dinge, die Sr. Ruth anordnet oder vorschlägt. Jedes Mal, wenn sie versuchen den Vorschlägen von Sr. Ruth zu widersprechen, werden sie durch die bestimmt vorgebrachten Begründungen von Sr. Ruth entmutigt. Oft drücken dann nach den Besprechungen die Gruppenmitglieder in kleinen Gruppen ohne Beisein von Sr. Ruth ihren unterdrückten Ärger über sie aus.

Sr. Ruths Angst, kritisiert zu werden und die Scheu der Gruppenmitglieder, sie zu kritisieren, regeln in diesem Beispiel den Grad der Offenheit in der Gruppe. Dieser Regelmechanismus bewirkt, daß immer wieder die gleichen Prozesse ablaufen. Sie drücken sich aus in der Norm „Sr. Ruth darf nicht kritisiert werden“.

4.2 Einzelne Elemente von Gruppensystemen

Wie Gruppennormen das Verhalten der Gruppenmitglieder beeinflussen

Jede Gruppe bildet im Laufe ihrer Entwicklung Regeln, sogenannte *Normen*. Normen legen fest, wie man sich als Mitglied der jeweiligen Gruppe zu verhalten hat. Meistens sind diese Regeln nicht ausformuliert, vielfach sind sie den Mitgliedern auch nicht bewußt und doch bestimmen sie das Verhalten der einzelnen Mitglieder. Oft werden Normen den Mitgliedern von der Gruppe aufgezwungen. Im Verlauf der Zeit eignen sich unter Umständen die Mitglieder die Normen an und machen sie zu ihren eigenen. So kann jemand, der dazu neigt, immer zu spät zu kommen, von einer Gruppe zur Pünktlichkeit gezwungen werden. Im Laufe der Zeit vertritt er dann selbst die Meinung, Unpünktlichkeit sei eine Zumutung an die Mitmenschen.

Normen regeln das Verhalten der Gruppenmitglieder untereinander. Sie bestimmen,

- welche Leistungen zu erbringen sind
- welche Art der Kommunikation erlaubt und erwünscht ist
- worüber gesprochen werden darf
- welche Gefühle gezeigt werden dürfen.

Sie regeln auch Ausnahmen: zum Beispiel wer sich anders verhalten darf als die übrigen Gruppenmitglieder und zu wem sich Gruppenmitglieder anders verhalten dürfen und sollen. Eine Gruppe kann tolerieren, daß ein bestimmtes Mitglied von allen anderen angegriffen wird, ein anderes Gruppenmitglied hingegen nie kritisiert werden darf.

Normen regeln auch das Verhalten der Gruppenmitglieder gegen außen. Sie legen fest, was man über das Gruppengeschehen Außenstehenden mitteilen darf, oder wie man sich als Mitglied einer bestimmten Gruppe in der Öffentlichkeit zu verhalten hat.

Der Druck auf das einzelne Gruppenmitglied, den Normen der Gruppe zu entsprechen, kann von der Gruppe selbst kommen, indem sie durch Sanktionen das Einhalten der Normen zu gewährleisten versucht. Er kann aber auch aus den Bedürfnissen der einzelnen Mitglieder entstehen, wie etwa dem Bedürfnis dazuzugehören, dem Bedürfnis nach Akzeptation oder Unterwerfung. Das Befolgen der Gruppennormen wird dann durch die Befriedigung dieser Bedürfnisse belohnt: Das Mitglied erhält das Gefühl der Anerkennung und Geborgenheit durch die Gruppe.

Vielfach werden Normen eingehalten und als gültig angesehen, obwohl kein Gruppenmitglied diese Normen befürwortet. Es haben sich sogenannte Gewohnheitsnormen entwickelt, an denen die Gruppenmitglieder ihr Verhalten ausrichten, die jedoch – was man bei näherer Überprüfung feststellen kann – von der gesamten Gruppe abgelehnt werden. Eine solche Gewohnheitsnorm kann sein „Wir sind immer alle liebenswürdig zueinander". Diese Norm kann die Offenheit und Echtheit der Gruppenmitglieder untereinander ungewollt wesentlich beeinträchtigen. Eine Diskussion unter dem Motto „Gibt es Normen in unserer Gruppe die mich stören?" kann solche unerwünschten Gewohnheitsnormen aufdecken.

Die Eigenart einer Gruppe kann durch Überprüfen und Verändern der Normen gesteuert und beeinflußt werden. So kann die getroffene Vereinbarung, die Rolle des Leiters abwechslungsweise verschiedenen Mitgliedern zu übergeben, die Aktivität und Verantwortlichkeit der Teilnehmer wesentlich beeinflussen. Ebenfalls können Regeln zum Entscheidungsverhalten in der Gruppe ungeordnete und unangenehme Diskussionen vermeiden helfen.

Wie werden Rollen verteilt und wie beeinflussen sie sich gegenseitig?

Je nach Art der Gruppe unterscheiden sich auch die wahrzunehmenden Rollen. In einer formalen Arbeitsgruppe eines Betriebes sind die Rollen auf die vorgegebenen Arbeitsaufgaben hin orientiert, sie können demnach als *aufgabenorientierte* Rollen bezeichnet werden. In unstrukturierten, vorwiegend informellen Problemlösungsgruppen stehen *situative* Rollen im Vordergrund.

Aufgabenorientierte Rollen finden wir in Pflegeteams. Die Rollen widerspiegeln dann die Art der Aufgabenteilung. „Gruppenpflege" wird oft als funktionelle Aufgabenverteilung verstanden, in der einzelne Schwestern verschiedene pflegerische Aufgaben übernehmen. Es kann sein, daß folgende Rollen verteilt werden: Die „Administratorin" erledigt die Schreibarbeiten, die „Pflegenden" führen die Grundpflege aus, die „Assistentin des Arztes" ist verantwortlich für das Verabreichen der Medikamente, die Behandlungspflege und die diagnostischen Maßnahmen. Diese Art der Rollenverteilung erschwert es dem Patienten, eine Bezugsperson zu finden. Ebenfalls erschwert sie, die Aufgabe des Pflegeteams in seiner Ganzheit zu erfassen.

Es besteht aber auch die Möglichkeit, daß in der Gruppenpflege die Rolle der Krankenschwester in ihrer Gesamtheit für jedes Teammitglied erhalten bleibt und lediglich zusätzliche Aufgaben aufgeteilt werden. In solchen Fällen werden einzelnen Gruppenmitgliedern die Verantwortung für die Betreuung einer bestimmten Anzahl Patienten zugeschrieben. Die Rollen, die der Erfüllung der zusätzlichen Aufgaben dienen, sind oft formal geregelt. Sr. Ruth ist die Leitungs- und Koordinationsrolle übertragen, Sr. Christa ist für das Pflegematerial verantwortlich usw.

Es ist nicht einfach, eingeschliffene, aufgabenorientierte Rollen in einer Gruppe zu verändern, da sie eng mit persönlichem Ansehen und der Möglichkeit, Macht auszuüben, verknüpft sind. Eine Veränderung der Rollenstruktur einer Gruppe hat unweigerlich Auswirkungen auf das Prestige der einzelnen Mitglieder, auf die Macht- und Kommunikationsstruktur und die gefühlsmäßige Beziehung der Gruppenmitglieder zueinander.

Situative Rollen sind charakteristische Verhaltensweisen, die stark an die jeweilige Situation gebunden sind. Solche verhaltensorientierte Rollen sind: Der Initiant, der Mitläufer, der Sprecher, der Schweiger, der Sündenbock usw. Diese Rollen können in verschiedenen Situationen von verschiedenen Personen wahrgenommen werden. Oft werden Personen auch ungewollt in solche Rollen gedrängt, zum Beispiel dann wenn schwelende Konflikte verdrängt werden und für die Schwierigkeiten in der Gruppe ein „Sündenbock“ gesucht wird.

Gewisse Rollen bedingen und stützen sich gegenseitig. So ist die Rolle des „Helfers“ nicht denkbar ohne die der „Hilflosen“, die des „Führers“ nicht ohne die der „Geführten“ oder die eines „Initianten“ nicht ohne die des „Mitläufers“. Ein unerwartet verändertes Verhalten eines sich gegenseitig beeinflussenden Rollenpaares kann den anderen Partner sehr stark verunsichern. Beispiel: Eine Gruppe von „Mitläufern“ wird heftig reagieren, wenn ihr „Initiant“ plötzlich kein initiatives Verhalten mehr zeigt, oder ein „Helfer“ weiß nicht mehr wie er handeln soll, wenn die „Hilflosen“ unerwartet selbständig werden. Gleiche Verhaltensrollen können in unterschiedlichen Situationen von verschiedenen Gruppenmitgliedern wahrgenommen werden. Sie können sich aber auch verfestigen, so daß sie scheinbar zu Persönlichkeitseigenschaften werden. Solche Rollenverfestigungen wirken sich dann ungünstig auf das Gruppenklima aus, wenn sie von den Mitgliedern abgelehnt oder wenn unangenehme oder angenehme Rollen immer von denselben Personen wahrgenommen werden.

Wie kommen Machtbeziehungen zustande?

Überprüft man in einer Gruppe wie und in welchem Ausmaß die Mitglieder das Gruppengeschehen beeinflussen, kann man erhebliche Unterschiede im Verhalten der Mitglieder beobachten. Oft beeinflussen eine oder nur wenige Personen das Denken und Handeln der übrigen Mitglieder. Es ist aber auch möglich, daß je nach Situation abwechselnd verschiedene Mitglieder Einfluß auf Gruppenentscheide und das Gruppengeschehen ausüben.

Man spricht von *Macht* in sozialen Beziehungen dann, wenn eine oder mehrere Personen das Verhalten und Denken anderer Personen – auch gegen Widerstreben – beeinflussen oder in der Lage sind, es zu beeinflussen. Macht ist demnach eine wechselseitige Beziehung zwischen Menschen.

Ein Mensch kann auf andere nur dann Einfluß ausüben, wenn andere sich diesem Einfluß aussetzen und bewußt oder unbewußt bereit sind, die Machtausübung des Mächtigeren zu akzeptieren. Ausnahmen der gegenseitigen Abhängigkeit zwischen den Machtausübenden und den Personen, über die Macht ausgeübt wird, zeigen sich dann, wenn körperliche Gewalt angewendet wird, und ein Mensch sich dieser Gewalt nicht entziehen kann, wenn zum Beispiel einem erregten psychisch Kranken gewaltsam eine Beruhigungsspritze verabreicht wird.

Ob eine Person über eine andere Macht ausüben kann, hängt von den zur Verfügung stehenden Machtgrundlagen oder Hilfsquellen des Machtausübenden ab. Macht kann begründet sein durch: Legitimation, Sachverständigkeit, Information oder die Möglichkeit, Belohnung und Bestrafung zu erteilen. Die Möglichkeit, Macht auszuüben, ist demnach auch abhängig davon, daß eine oder mehrere Personen diese Machtgrundlagen der Machtausübenden akzeptieren.

Macht durch Legitimation beruht darauf, daß einer Person das Recht zugeschrieben wird, Forderungen zu stellen. Machterteilung durch Legitimation erfolgt, wenn in einem Pflegeteam einer Schwester die Rolle der Abteilungsschwester zugeschrieben wird. Durch diese Rolle wird sie legitimiert, Weisungen an die anderen Pflegepersonen zu erteilen und beispielsweise unangenehme Aufgaben zu delegieren. Die Abteilungsschwester besitzt aber nur dann Macht über ihre Mitarbeiterinnen, wenn diese die bestehenden Normen akzeptieren und Werte hinsichtlich des Verhaltens gegenüber Autoritätspersonen internalisiert haben.

Macht durch Sachverständigkeit liegt dann vor, wenn eine Person auf einem Gebiet besondere Kenntnisse besitzt, also Experte ist. Bedeutend sind dabei weniger die tatsächlichen Kenntnisse eines Experten als die von den anderen angenommenen. Zum Beispiel ist ein Patient in der Regel bereit risikoreiche Therapievorschläge seines Arztes zu akzeptieren und zu befolgen, ohne Gegenvorschläge von anderen Ärzten anzuhören, und die tatsächliche Sachverständigkeit seines Arztes zu überprüfen. Oft finden auch Übertragungen auf sachfremde Gebiete statt. Damit läßt sich erklären, daß einem Professor der Medizin oder einer fachlich ausgewiesenen Krankenschwester auch Kompetenz für die eher berufsfremde Aufgabe der Klinikleitung zugeschrieben wird.

Informationsmacht hat eine Person dann, wenn sie Zugänge zu Informationsquellen besitzt und die Weitergabe der Information an andere gezielt einsetzen kann. Ein Gruppenmitglied, das sich vor einer Teambesprechung eingehend informiert und vorbereitet hat, ist gegenüber den unvorbereiteten Mitgliedern hinsichtlich seines Einflusses auf das Gruppengeschehen im Vorteil.

Sanktionsmacht beruht auf der Möglichkeit, das Verhalten anderer zu belohnen oder zu bestrafen. Auch in diesem Fall ist es wesentlich, ob einer Person diese Möglichkeit zugebilligt wird. Ob ein Mensch diese Gelegenheit tatsächlich hat oder wahrzunehmen gedenkt, wird selten überprüft. Deshalb lassen sich Menschen durch Drohungen oder Versprechungen zu Handlungen bewegen, die sie bei einer Hinterfragung der tatsächlichen Sanktionsmöglichkeiten wohl kaum durchführen würden.

Andere Beispiele von befürchteter Sanktionsmacht lassen sich häufig in Pflegegruppen beobachten, wenn ein Pflegeteam die Folgen von Unzulänglichkeiten einer nicht kompetenten Vorgesetzten akzeptiert, aus Furch ein offenes Ansprechen der Mängel könnte durch den Vorgesetzten sanktioniert werden.

Die Beeinflussungsversuche von machtausübenden Personen können von den Gruppenmitgliedern unkritisch akzeptiert werden. Vielfach werden Beeinflussungsversuche von den Betroffenen nicht bewußt wahrgenommen. Oft läßt sich in einer Gruppe beobachten, daß bestimmt geäußerte Meinungen eines angesehenen Gruppenmitgliedes als Gruppenbeschluß übernommen werden, ohne daß darüber in der Gruppe diskutiert wurde. Die Beeinflussung kann auch berechnend angenommen oder abgelehnt werden. In diesem Fall werden Vor- und Nachteile, ob und wie man sich dem Einfluß des Machtausübenden aussetzen will, gegeneinander abgewogen. Das Resultat einer solchen Bilanz kann sein, daß ein Gruppenmitglied einen Mehrheitsentscheid einer Gruppe, der seinen Überzeugungen widerspricht akzeptiert, um nicht als Außenseiter zu gelten.

Mit welchem Erfolg eine Person Macht ausüben kann, hängt neben den zur Verfügung stehenden Machtgrundlagen auch davon ab, welche Mittel oder Taktiken sie einsetzt. Häufig verwendete *Machtmittel* sind Drohungen, Versprechungen, Überreden, Überzeugen oder das Suchen von Bündnispartnern (Bildung von Koalitionen).

Weniger offensichtliche Mittel sind Schweigen, zaghaftes oder schüchternes Verhalten. Dadurch kann eine Gruppe gezwungen werden, bestimmten Mitgliedern in besonderem Maße Aufmerksamkeit zu schenken.

Eine Gruppe kann unerwünschten Formen der Machtausübung entgegenwirken, indem sie festlegt, welche Machtgrundlagen und -mittel sie akzeptieren will. Sie kann auch regeln, wie die Macht innerhalb der Gruppe verteilt werden soll, in welchen Fragen wer entscheidet und welche Kriterien hierfür gelten sollen.

Machtfragen manifestieren menschliche Konflikte zwischen einem allgemein gesellschaftlich anerkannten Wert der Gleichheit und Gerechtigkeit und den individuellen Bedürfnissen, andere zu beherrschen oder sich nicht beherrschen zu lassen. Sie weisen auf gegensätzliche Interessen und Bedürfnisse von Personen oder Parteien hin und können in der Regel kaum ohne emotionale Beteiligung gelöst werden. Es kann für das Gruppenklima und die Gruppenleistung nützlich sein, Fragen der Machtausübung anzusprechen und zu regeln.

5 Führungsverhalten in Gruppen

Führungsfragen werden für eine Gruppe besonders dann wichtig, wenn es um die Erfüllung der Gruppenaufgabe geht. In formalen Gruppen wird das Problem in der Regel durch die Ernennung eines Führers oder Leiters geregelt. Im Krankenhaus zum Beispiel ist einer Abteilungsschwester die Aufgabe der Abteilungsleitung zugeteilt oder einer Gruppenleiterin die Leitung eines kleinen Pflegeteams.

In informalen oder anderen kleinen Gruppen wird der Leiter in der Regel entweder von der Gruppe bestimmt oder er übernimmt die Führung von selbst und wird dann von der Gruppe akzeptiert oder abgelehnt. Ob eine Gruppe zu einem informalen Leiter kommt und wer diese Rolle übernimmt, hängt vorwiegend von der Beantwortung folgender Fragen ab: Benötigt die Gruppe einen Leiter? Gibt es eine, für die Leiterrolle geeignete Person? Hat diese Person die Neigung oder den Willen zu dominieren oder nicht?

5.1 Führung innerhalb einer Organisation

Was versteht man unter Führung? Welche Personen sind geeignet, bestimmte Führungsaufgaben zu übernehmen? Welche Art der Gruppenführung wirkt sich positiv auf die Gruppenleistung aus? Diese Fragen haben das Interesse zahlreicher Wissenschaftler angeregt. Schwierigkeiten bei der Beantwortung dieser Fragen ergaben sich vorwiegend aus der Vielschichtigkeit des Phänomens Führung. Wir beschränken uns im folgenden auf die Beschreibung des Führungsproblems aus der Perspektive der sozialen Interaktionen.

Was versteht man unter Führung?

Lukaszyk (1960) beschreibt Führung als eine Funktion von mindestens vier sich gegenseitig beeinflussenden Faktoren:

a) Die Persönlichkeit des Führers mit ihren angeborenen Fähigkeiten und Begabungen und ihren individuellen Erfahrungen.
b) Die Persönlichkeit der Geführten mit ihren individuellen Einstellungen, Erwartungen und Bedürfnissen in bezug auf den Führer und die Situation.
c) Die Struktur und Funktion der Gruppe als Ganzes, Rollenbeziehungen und Normen.
d) Die spezifische Situation, in der sich die Gruppe befindet, zum Beispiel die Art der zu bewältigenden Aufgaben, das Gruppenziel und andere äußere Bedingungen.

Führung wird hier als eine gegenseitige Beeinflussung und Abhängigkeit verstanden. Diese wechselseitige Beeinflussung äußert sich in konkreten Erwartungen und in der Art, wie diese Erwartungen erfüllt werden, z. B. hinsichtlich:

– der Persönlichkeit des Führers:
Eine initiative Gruppenleiterin, die gerne organisatorische Aufgaben übernimmt, wird eine Pflegegruppe in einer anderen Art und Weise führen als eine Krankenschwester, die gerne selbst pflegt. Die Art zu führen, als ein Ausdruck ihrer Persönlichkeit, wiederum prägt die Erwartungen ihrer Mitarbeiterinnen. Ebenfalls werden Erfahrungen mit früheren Gruppen, z. B. mit ihrer Familie, mit Arbeits- oder Freundesgruppen Vorbildcharakter haben und ihr Verhalten und ihre Erwartungen an die übrigen Gruppenmitglieder beeinflussen. Beispielsweise können diese Erfahrungen bewirken, daß sie anderen Anweisungen erteilt und deren Ausführung erwartet oder aber daß sie eher gemeinsam mit ihren Kolleginnen die Arbeit organisiert.

– der Persönlichkeiten der Geführten:
Die Vorstellungen der Gruppenmitglieder, wie sich eine Leiterin in unterschiedlichen Situationen verhalten sollte, werden ebenfalls durch die Persönlichkeit und die Erfahrungen der verschiedenen Mitglieder geprägt. Diese Vorstellungen unterscheiden sich von Gruppe zu Gruppe und variieren je nach Situation. Es ist beispielsweise möglich, daß ein Pflegeteam in schwierigen Situationen von der Leitenden deutliche Weisungen und Anleitungen erwartet, während ein anderes Team in der gleichen Situation lediglich Beistand und Rat wünscht. Eine andere Gruppe, die von ihrer Leiterin erwartet, daß sie bei der Pflege aktiv mithilft, wird unzufrieden sein, wenn diese nur koordinierende und administrative Aufgaben wahrnimmt. Auch kann eine bestimmte Gruppe durch eine initiative, dominante Leiterin zu eigener Initiative angeregt werden, während eine andere dadurch in ihrer Aktivität gehindert wird.

– Struktur und Funktion der Gruppe:
Normen der Gesamtgruppe oder einzelner Mitglieder, etwa Normen der Arbeitsqualität und der Zusammenarbeit, prägen die Erwartungen und das Verhalten von Führer und Geführten. Wenn beispielsweise kooperatives Verhalten von der Gruppe als Norm anerkannt wird, wird der Gruppenleiter bei einem autoritären Auftreten mit Gegenreaktionen der Gruppenmitglieder rechnen müssen. Welche Rollen in einer Gruppe wahrgenommen werden, in welcher Beziehung sie zueinander stehen und wie sie von den Mitgliedern bewertet werden, beeinflussen die Führung der Gruppe. So kann eine mit der Gruppenleiterin konkurrierende Schwester, die in der Gruppe ein hohes Ansehen genießt, der Leiterin die Ausübung ihrer Führungsaufgabe erheblich erschweren oder gar unmöglich machen.

– der Situation:
Der Einfluß der Situation auf die Führung läßt sich an einer Notfallsituation beschreiben. Wenn ein Patient einen Herzstillstand erleidet, wird ein kooperativer Führer im Interesse des Patienten seinen Führungsstil ändern müssen. Er wird seinen Gruppenmitgliedern klare Anweisungen erteilen und auf Begründungen verzichten. Auch werden klar strukturierte Routinetätigkeiten wie die

tägliche Pflege von Patienten andere Anforderungen an die Führung stellen als neue Aufgaben, wie beispielsweise die Reorganisation einer Abteilung.

Die zwei Grundaufgaben der Gruppenleitung

Führungsaufgaben lassen sich in zwei Gruppen von Grundaufgaben einteilen. Irle (1961, S. 516) beschreibt diese folgendermaßen:

a) *Lokomotionsfunktionen,* das heißt, „solche Funktionen, die der Lösung der jeweiligen Aufgabe der Gruppe, der Annäherung an das gegebene Gruppenziel oder der Bewältigung der äußeren Situation dienen".
b) *Kohäsionsfunktionen,* das heißt, „solche Funktionen, die dem Zusammenhalt, dem inneren Beistand der Gruppe sowie der Aufrechterhaltung von Ordnung und Aktionsfähigkeit dienen."
Vereinfacht kann man sagen, ein Führer hat zwei Aufgaben: Die Gruppe zum Ziel zu führen und die Gruppe zusammenzuhalten.

Zielorientierte Führungsaufgaben (Lokomotion) sind beispielsweise:

- Problemerfassung
- Ziele setzen
- Planen und Organisieren
- Entscheidungsfindung
- Informieren
- Koordinieren und Aufteilen einzelner Aufgaben
- Kontrollieren und Korrigieren

Es ist demnach die Aufgabe der Abteilungsschwester, festzustellen welche pflegerischen Probleme anstehen, wer an der Lösung der Probleme beteiligt werden soll und nach welchen Kriterien die Aufgaben unter den Mitarbeitern aufgeteilt werden sollen.

Der Gruppenzusammenhalt (Kohäsion) wird u.a. gewährleistet durch:

- Gruppengröße und Gruppenzusammensetzung
- Gruppenklima und Kommunikation
- Art und Intensität der Kontakte innerhalb der Gruppe
- Umgang mit Konflikten

Eine Abteilungsschwester hat auch die Aufgabe, auf diese Faktoren in einem günstigen Sinne einzuwirken, da Störungen des Gruppenklimas sich auch störend auf die Erfüllung der Gruppenaufgabe auswirken.

Vernachlässigt ein *formaler Führer* eine dieser beiden Aufgaben (Lokomotion und Kohäsion), muß er damit rechnen, daß ein *informaler Führer* diese Aufgaben wahrnimmt. Ein informaler Führer übt einen Einfluß auf die Gruppe aus, ohne formal Führer zu sein. In der Praxis läßt sich oft beobachten, daß die beiden

Führungsaufgaben, Lokomotion und Kohäsion, von zwei verschiedenen Personen wahrgenommen werden: Eine Person bemüht sich um das Gruppenklima, eine andere um die Gruppenleistung.

Führungsstile

Bedingungen und Auswirkungen verschiedener Führungsformen sind heute noch nicht zufriedenstellend erforscht. Die Frage, welcher Führungsstil in welchen Situationen zur Erreichung von Arbeitszufriedenheit und -effizienz geeignet ist, läßt sich nicht befriedigend beantworten. Wesentlich sind dabei Fragen des Menschenbildes, die die verschiedenen Stile beeinflussen. So werden Führungsstile oft als sich gegenseitig ausschließende Haltungen und Verhaltensweisen dargestellt wie:

- autoritär gegenüber kooperativ oder
- aufgabenorientiert gegenüber mitarbeiterorientiert.

Das interaktive Verständnis von Führung zeigt jedoch die Notwendigkeit, bei der Wahl des jeweiligen Führungsstiles die Persönlichkeit von Führer und Geführten, die Gruppe und die aktuelle Situation zu berücksichtigen.

Dieses vielschichtige Verständnis von Führung stellt Anforderungen an den Führer, die sich je nach Situation verändern.

6 Das Krankenhaus: Eine Institution

6.1 Was versteht man unter einer Institution?

Wird eine Gruppe größer und ihre Aktivitäten komplexer, so entwickelt sie sich allmählich zu einer **Organisation.** Eine Organisation entsteht, wenn das gemeinsame Handeln ausdrücklich zu bestimmten Zwecken organisiert wird. Das Krankenhaus ist eine Organisation, deren Ziel die Befriedigung des gesellschaftlichen Bedürfnisses nach Krankheitserkennung und Heilung ist.

Das Krankenhaus wird auch als **Institution** verstanden. Die Begriffe Organisation und Institution werden oft gleichbedeutend verwendet. Nach diesem Alltagsverständnis versteht man unter Institution eine Einrichtung, die Aufgaben oder Grundprobleme, die in der Regel im öffentlichen Interesse liegen, in organisierter Form wahrnimmt. Die Ehe ist eine Institution, die das Grundbedürfnis nach Intimität und Nachkommenschaft regelt. In Schulen wird die Aufgabe der Ausbildung verwirklicht. Krankenhäuser tragen dem Bedürfnis nach Wiederherstellung der Gesundheit Rechnung.

Die Soziologie versteht unter Institution nicht eine Organisation im alltagssprachlichen Verständnis, sondern etablierte Formen von Verhaltensweisen und Normen, die durch gesellschaftliche Gruppen entstanden sind. Diese entlasten den Menschen, damit er sich nicht immer wieder neu in ähnlichen Situationen zu entscheiden braucht. In diesem Sinne wird Institution eher als Leitbild verstanden und nicht als ein reales Gebilde.

6.2 Institutionelle und strukturelle Eigenarten des Krankenhauses

Das Krankenhaus als betriebliche Organisation unterscheidet sich von vielen anderen Betrieben insbesondere dadurch, daß die Empfänger von Leistungen, die Patienten, sich selbst im Betrieb befinden. Sie bilden eine nicht nur zahlenmäßig bedeutende Gruppe der Organisation Krankenhaus. Aus dieser Tatsache erwachsen auch für das Krankenhaus spezifische Probleme. Die strukturelle Eigenart des Krankenhauses beeinflußt die Kommunikation, die Arbeitszufriedenheit und das psychische Befinden der Patienten.

Unterschiedliche Zielsetzungen

Das Krankenhaus verfolgt, wie andere Organisationen, Ziele nach außen, (die der Pflege und des Wohlbefindens des Patienten) und Ziele, die der Erhaltung der Organisation dienen.

Diese beiden Funktionen, *Dienstleistungs-* und *Erhaltungsfunktion* verursachen im Krankenhausalltag zahlreiche Konflikte.

Sonja weiß nicht, was sie tun soll

Es ist 10.00 Uhr. Die Arztvisite steht bevor. Sonja will zuvor noch die Untersuchungsergebnisse des gestrigen Tages eintragen. Um 11.00 Uhr hat sie dann Doktor Burkhard bei der Lumbalpunktion bei Frau K. zu assistieren. Die Zimmerglocke von Frau K. läutet. Sonja trifft eine äußerst verängstigte Frau an: „Wann werde ich untersucht? Wird die Untersuchung schmerzhaft sein?“ Sonja weiß, daß sie sich jetzt Zeit nehmen und auf die Befürchtungen Frau K's eingehen sollte. Sie weiß aber auch, daß die Kurven für die Arztvisite vorbereitet sein müssen.

Dieses Beispiel beschreibt eine alltägliche Konfliktsituation zwischen einem reibungslos ablaufenden Krankenhausbetrieb und den Bedürfnissen von Patienten.

Sehr oft steht im Krankenhaus die Erhaltungsfunktion im Vordergrund. Diese äußert sich unter anderem in der Art des Tagesablaufes: Der frühmorgendliche Tagesbeginn, die starr festgelegten und zum Teil sehr nah aufeinanderfolgenden Essenszeiten, die eingeschränkten Besuchszeiten.

Weitere Zielkonflikte sind bedingt durch die Verschiedenheit der Dienstleistungen des Krankenhauses. Die dort tätigen Berufsgruppen arbeiten in unterschiedlichen Funktionskreisen: Im *medizinischen* und *pflegerischen* Funktionskreis und in dem der *Verwaltung* und *Versorgung*. Diese drei Bereiche überschneiden sich teilweise. Sie haben eine eigene Hierarchie und eigene Werte, die im Überschneidungsbereich wiederum Anlaß für Konflikte sein können. So gelten in der Verwaltung primär ökonomische Werte, im pflegerischen Bereich soziale und im medizinischen, neben dem Wert der Wiederherstellung der Gesundheit, auch der Wert der wissenschaftlichen Erkenntnis.

Ein Beispiel für einen Zielkonflikt zwischen Verwaltung und Pflegepersonal ist der oft „großzügige" Umgang des Pflegepersonals mit Krankenpflegematerial, Wäsche usw. Das kann zu unliebsamen Diskussionen mit den Verantwortlichen der Wäscherei oder der Materialverwaltung führen.

Statusunterschiede

Die Status- und Prestigeverhältnisse im Krankenhaus sind sehr kompliziert. Sie haben Auswirkungen auf die Tätigkeiten der verschiedenen Berufsgruppen. Als **Statusattribute,** d. h. Statusmerkmale spielen eine Rolle:

- das Geschlecht
- der Grad der Professionalisierung
- Anteil an therapeutischen und diagnostischen Aktivitäten
- Lebensalter und
- Position innerhalb der Hierarchie.

Das Streben nach Prestige wird im Krankenhaus erheblich eingeschränkt, da eine Statuserhöhung nur im Rahmen der jeweiligen Berufsgruppe möglich ist. Versuche des Pflegeberufes, mehr Prestige zu erhalten, zeigen sich in einer sehr starken Orientierung an der Medizin und an der hohen Bewertung von therapeutischen Aufgaben. Das Einführen eines Venenkatheters oder das Assistieren bei einer Punktion wird wesentlich höher bewertet als die grundpflegerische Tätigkeit der morgendlichen Ganzwäsche. Diese Tatsache bringt es mit sich, daß vom Pflegepersonal vermehrt medizinisch therapeutische Verrichtungen, die zum Aufgabenkreis des Arztes gehören, übernommen werden und eigentliche Pflegeaufgaben an Helferinnen delegiert werden.

Statusunterschiede beeinflussen in vielfacher, oft nicht wahrgenommener Weise das Krankenhauspersonal. Es kann von Statusunterschieden abhängen, welche Berufsgruppen miteinander sprechen und sich gegenseitig informieren, wer an Visiten und Konferenzen teilnimmt, wer selbständig Visite am Krankenbett durchführt oder eine Anamnese aufnimmt.

Eine Folge der blockierten Statusmobilität kann Unzufriedenheit des Krankenhauspersonals sein.

Die Administration dient in erster Linie der Vereinfachung und Rationalisierung notwendiger Vorgänge. Durch Rationalisierung und starre Regeln wird die Bewältigung von Situationen, die jeweils neue Überlegungen oder Entscheidungen benötigen, erleichtert. So kann z.B. das Vorhandensein von Merkblättern für die Behandlung von Patienten mit bestimmten Krankheiten eine wesentliche Arbeitserleichterung und Sicherheit für den Patienten darstellen. Dieselben Merkblätter, starr und unflexibel angewandt, können aber auch eine patientengerechte Betreuung verunmöglichen, und zwar dann, wenn die individuellen Unterschiede der Patienten nicht berücksichtigt werden. Ebenfalls können sie die Pflegenden dazu verleiten, routinemäßig und unüberlegt zu handeln und sich der persönlichen Verantwortung zu entziehen.

Bürokratie fördert berufsfremde Fähigkeiten. Es werden Verhaltensweisen gefördert und gefordert, die auf einer anderen Ebene liegen, als die pflegerischen Fähigkeiten. Oft werden diese Verhaltensweisen höher als die Pflegetätigkeit bewertet. Das kann dazu führen, daß anstelle der Arbeitserleichterung Bürokratie zum Selbstzweck wird und nicht mehr den Bedürfnissen des Patienten dient.

Ein wesentlicher Faktor für das Zustandekommen der Krankenhausroutine ist Zeitdruck. Der Zeitdruck ist ein bekanntes Problem des Krankenhauses. Er ist abhängig von der Anzahl des Personals und der Menge der zu erledigenden Verrichtungen. Die Folgen des Zeitdruckes zeigen sich in der Art der zwischenmenschlichen Beziehungen der Pflegenden zu den Patienten, im Mangel der Arbeitsqualität und in der Unzufriedenheit des Personals. Mehr Personal könnte zur Vermenschlichung der Betreuung und zur Verbesserung des Arbeitsklimas beitragen, was jedoch mit erheblichen Kosten verbunden wäre. Es wäre dann zu fordern, daß die Personalerhöhung auch zu einer intensiven Betreuung des Patienten führt. Untersuchungen in den Vereinigten Staaten zeigten, daß eine Erhöhung der Schwesternzahl nicht zu einer Vermehrung der Zeit führt, die das Pflegepersonal am Krankenbett zubringt (Pflanz, 1972). Gründe für solche Erscheinungen sind sicher vielfältig. Sie können in der Krankenhausroutine und in der persönlichen Unsicherheit des Pflegepersonals in der Begegnung und Kommunikation mit den Kranken liegen.

Es ist eine noch weitgehend ungelöste Aufgabe medizinsoziologischer Forschung, die Auswirkungen der institutionellen und strukturellen Probleme im Krankenhaus auf die Heilungsergebnisse festzustellen. Es geht dabei vor allem darum, Strukturen und Abläufe aufzuzeigen, die den Heilungsauftrag des Krankenhauses behindern, und Vorschläge zu unterbreiten, wie diese Hindernisse abgebaut werden können.

Fragen zur Wissensprüfung

- Wie unterscheiden sich soziale Gruppen, situative Gruppierungen und soziale Kategorien? Erklären Sie die Unterschiede jeweils an einem Beispiel.
- Wodurch läßt sich eine Primärgruppe charakterisieren?
- Welche Funktionen können Bezugsgruppen haben?
- Sehr häufig begegnet man Fremdgruppen mit Vorurteilen und Stereotypen. Welche betrieblichen Maßnahmen können dieser Erscheinung entgegenwirken?
- Beschreiben Sie die vier Phasen der Gruppenentwicklung nach Tuckmann.
- Welche Funktionen haben Gruppennormen?
- Nennen Sie sich gegenseitig beeinflussende Verhaltensrollen. Welche Verhaltensweisen bedingen sich gegenseitig?
- Worauf kann Macht beruhen? Wie wird Macht ausgeübt?
- Erläutern Sie die beiden Grundaufgaben der Gruppenführung: Lokomotion und Kohäsion.
- Die Dienstleistungs- und Erhaltungsfunktion des Krankenhauses können zu Zielkonflikten führen. Nennen Sie Beispiele.
- Was versteht man unter einer Institution? Geben Sie ein Beispiel.

Fragen zur Selbstaktualisierung

- Welchen Gruppen gehöre ich an? Warum bin ich Mitglied dieser Gruppe? Welchen persönlichen Nutzen ziehe ich aus der Mitgliedschaft?
- An welchen Gruppen orientiere ich mein Verhalten?
- Gibt es Gruppen, denen ich auf keinen Fall angehören möchte? Weshalb?
- Was zieht mich an anderen Menschen an, was stößt mich eher ab?
- Fällt es mir leicht, Konflikte in Gruppen anzusprechen? Was sind die Gründe dafür?
- Kann ich mich an eine Situation erinnern, in der ich in eine neue Gruppe kam? Wie habe ich die Situation erlebt? Was habe ich dabei empfunden?
- Gibt es in unserem Pflegeteam Vorgänge, die immer nach dem gleichen Schema ablaufen? Wie sehen diese Vorgänge aus?
- Was empfinde ich, wenn ich mich in einer Beziehung unterlegen und abhängig fühle? Wie reagiere ich in der Regel in solchen Situationen?

- Welche Verhaltensweisen in Gruppen sind für mich charakteristisch? Und wie nehmen wohl die andern mein Verhalten in Gruppen wahr?
- Gibt es ein bestimmtes Führungsverhalten, das mich an den andern stört? Warum stört mich dieses Verhalten? Was würde ich anders machen?
- Welche meiner Aufgaben bewerte ich (oder andere Personen) hoch, welche eher gering? Weshalb?

Ergänzende und weiterführende Literatur

Arne, S.: Gruppenpsychologie für Erzieher, Lehrer und Gruppenleiter. 2. Auflage. Heidelberg: Quelle & Meyer 1976

Crott, H.: Soziale Interaktionen und Gruppenprozesse. Stuttgart, Berlin, Köln, Mainz: Kohlhammer 1979

Markefka, M.: Vorurteile – Minderheiten – Diskriminierung. Neuwied, Berlin: Luchterhand 1974

Pflanz, M.: Institutionelle Probleme der Situation des Pflegepersonals. In Pflanz, M.: Die soziale Dimension in der Medizin. Stuttgart: Hippokrates 1975, 211–220

Schneider, H.-D.: Kleingruppenforschung. Stuttgart: Teubner 1975

Teil VI
Zur Psychohygiene des Pflegers

Der Begriff *Psychohygiene* umschreibt für die psychische Gesundheit dasselbe, was die allgemeine Hygiene für die körperliche Gesundheit bedeutet. Durch die Beachtung von hygienischen Grundsätzen und durch eine gesunde Lebensführung soll die körperliche Gesundheit erhalten werden. In analoger Weise sollen die sozialen und psychischen Bedingungen zur Aufrechterhaltung der psychischen Gesundheit beitragen.

Im letzten Teil werden wir uns mit den Belastungen auseinandersetzen, denen Pflegende in ihrer täglichen Arbeit gegenüberstehen und die zu einer Schädigung ihrer psychischen Gesundheit führen können. Zunächst werden belastende Ursachen dargestellt und Möglichkeiten aufgezeigt, wie Pflegepersonen Belastungen zu bewältigen suchen. Wie entstehen Krisen im Leben eines Menschen? Welche Risiken und Chancen bringen Krisen für den einzelnen mit sich? Welche therapeutischen Wege zur psychischen Gesundheit gibt es? Was kann vorbeugend für die psychische Gesundheit der Pflegenden getan werden? So lauten weitere Fragen dieses Teils.

1 Physische und psychische Anforderungen an die Pflegenden

Wie in jedem Beruf, lassen sich auch im Krankenpflegeberuf zahlreiche, für den Beruf spezifische Belastungen finden, mit denen sich die Pflegenden auseinanderzusetzen haben.

Im Zusammenhang mit beruflicher Belastung wird häufig der Begriff **„Streß“** verwendet. Im Laufe der Zeit hat sich die Ansicht der Wissenschaftler darüber, was unter Streß zu verstehen ist, wesentlich geändert. Früher bezeichnete man mit Streß einen Druck, innere Anspannung oder starke Anstrengung. Die heute vorherrschenden Vorstellungen von Streß beinhalten neben den Belastungen auch die Art, wie ein Mensch mit Umweltbelastungen umgeht und sie bewältigt. Streß wird als Ungleichgewicht im Rahmen der Individuum-Umwelt-Reaktion angesehen d.h.:

Ein Individuum wird durch Anforderungen der sozialen Umwelt belastet bzw. bedroht. Aufgrund seiner Persönlichkeit und den gemachten Erfahrungen schätzt es die Bedrohung ein und versucht sie zu bewältigen.

Ein Ungleichgewicht kann an verschiedenen Orten entstehen:

- Die Anforderungen der Umwelt können zu hoch sein,
- das Individuum schätzt die Belastungen zu hoch ein,
- ein Individuum ist nicht in der Lage auch geringe Anforderungen zu bewältigen

Schematisch läßt sich dieser Zusammenhang folgendermaßen darstellen:

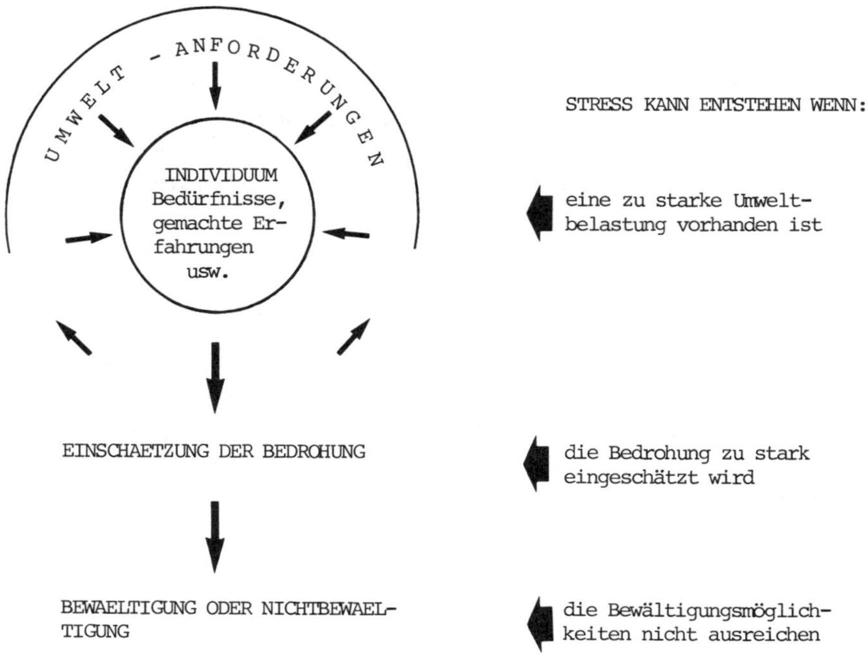

Anforderungen der Umwelt, die nicht bewältigt werden können, nennt man *„Stressoren“*. Solche Stressoren können sein:

- sensorische Reize (Lärm, grelles Licht)
- Deprivation (Entzug) von elementaren Bedürfnissen (Schlaf-, Nahrungsentzug)
- Überforderung (Zeitdruck oder zu geringe Fachkompetenz)
- Monotonie
- Rollenunsicherheit
- Konflikte im Berufs- oder Privatleben
- Lebenskonflikte, zum Beispiel Pubertät, Klimakterium, Pensionierung

Bei Nichtbewältigung dieser streßauslösenden Belastungen treten nach einer gewissen Zeit Streßsymptome auf. Solche Symptome können sein (Cooper 1981, S. 25):

- Schwierigkeiten, rational zu denken und alle Aspekte eines Problems zu sehen
- Rigidität (Starrheit), Vorurteile
- Unangebrachte Aggression und Gereiztheit
- Rückzug aus Beziehungen
- starkes Rauchen
- Unfähigkeit zur Entspannung, was zu Alkohol- oder Medikamentenabhängigkeit führen kann.

Im folgenden Abschnitt wollen wir uns mit Belastungen befassen, denen Angehörige der Pflegeberufe in besonderem Maße ausgesetzt sind. Belastungen ergeben sich durch die Berufsrolle, die Arbeit selbst, die Beziehungen während der Arbeit und die Organisationsstruktur des Krankenhauses und der Pflege. Sie können das Privatleben der Pflegepersonen zum Teil erheblich beeinträchtigen und Auswirkungen auf das psychische und physische Wohlbefinden haben.

1.1 Belastungen durch die Berufsrolle

Die Angehörigen eines Pflegeberufes haben sich mit einem traditionellen, karitativen Rollenverständnis auseinanderzusetzen.

Dieses Rollenbild prägt auch heute noch vielfach die Erwartungen der Umwelt an die Rolle einer Krankenschwester und damit auch ihr eigenes Bild des Pflegeberufes. Weiter wird ihre Berufsrolle geprägt durch die Berufsideale der Krankenpflegeschulen und Berufsverbände. Diesen Idealen stehen die Anforderungen der hoch entwickelten naturwissenschaftlichen Medizin und die Anforderungen der Organisation Krankenhaus gegenüber.

So wird die Rolle der Krankenschwester charakterisiert durch ein schwer erreichbares Idealbild mit einer Vielzahl von sich zum Teil widersprechenden Erwartungen an ihre persönlichen Eigenschaften und fachlichen Fähigkeiten.

Von einer Schwester erwartete Eigenschaften und Verhaltensweisen sind:

- Sie soll freundlich, geduldig, ruhig, ausgeglichen, selbstlos, aufopfernd, verständnisvoll, physisch und psychisch belastbar sein.
- Fachlich wird von ihr erwartet, daß sie die Anordnungen des Arztes korrekt ausführt, daß sie Beobachtungen am Patienten in wichtige und unwichtige unterscheiden kann und die wichtigen dem Arzt mitteilt. Die Pflege sollte sie selbständig und so, wie sie es in ihrer Ausbildung gelernt hat, durchführen – aber auch so, wie es auf der jeweiligen Abteilung üblich ist und wie es die spezielle Situation der Patienten erfordert.
- Im zwischenmenschlichen Bereich erwartet man, daß sich eine Schwester dem Partner zuwendet und dafür genügend Zeit aufbringt. Insbesondere der Patient wünscht von der Schwester, daß sie sich in seine ungewöhnliche Situation einfühlen kann, seine Bedürfnisse erkennt, und auf diese eingeht, und seine Interessen gegenüber dem Arzt und seinen Angehörigen vertritt. Die Schülerin

erwartet von einer diplomierten Krankenschwester verständnisvolle Zuwendung. Sie sollte ihr Dinge erklären, die sie noch nicht versteht und ihr dort, wo sie bereits selbständig handeln kann, den nötigen Freiraum lassen.
– Zusätzlich zu diesen Erwartungen sollte eine diplomierte Krankenschwester auch alle anfallenden organisatorischen Aufgaben der Abteilung genau und rasch erledigen können.

Diese und andere Erwartungen bringen die Krankenschwester immer wieder in Rollenkonflikte. Sie fühlt sich zwischen den verschiedenen Rollenerwartungen hin und her gerissen und wird gezwungen, Entscheidungen zu treffen. Dabei wird sie nur bestimmte Erwartungen erfüllen können. Diese Tatsache kann zu einer unzufriedenen Grundstimmung und einem latent schlechten Gewissen führen.

Der Konflikt zwischen der idealen Rolle einer Krankenschwester und der Krankenhauswirklichkeit wird von den Pflegenden vor allem während der Ausbildung stark empfunden. In einer Studie in den Vereinigten Staaten wurde dieses Problem als „Wirklichkeitsschock" bezeichnet. Die Unfähigkeit mit diesem Konflikt fertig zu werden, veranlaßte die Schwestern oft schon nach kurzer Zeit den Pflegeberuf aufzugeben. Die Gründe für diesen Konflikt werden im Auseinanderklaffen der Berufsauffassung der Schwestern (geprägt durch das Ausbildungsideal) und den Erwartungen des Krankenhauses gesehen. Solche gegensätzliche Erwartungen können sein:

Erwartungen geprägt durch das Ausbildungsideal	*Erwartungen des Krankenhauses*
– Selbständigkeit	– konformes Verhalten Anpassung an die Erfordernisse des Arbeitsplatzes
– Kreativität, Initiative	– Pünktlichkeit, Exaktheit
– Teamfähigkeit, Konfliktfähigkeit	– Einordnung in bestehende Gruppen, Hilfsbereitschaft
– Ganzheitspflege, Einfühlungsvermögen	– rationelles Arbeiten, funktionelle Pflege

Der Krankenhausalltag bewirkt, daß sich Krankenschwestern gezwungenermaßen als Einzelne mit diesen Problemen auseinanderzusetzen haben. Die eigentlichen Konfliktpartner jedoch sind Ausbildungsinstitution und Krankenhaus.

1.2 Die Belastungen durch die Arbeit

Belastungen durch die Arbeit selbst lassen sich einteilen in Belastungen durch die Art und Menge der zu erledigenden Arbeit und die konkreten Bedingungen, unter denen die berufliche Tätigkeit stattfindet.

Die Art und Menge der Arbeit unterscheidet sich von Krankenhaus zu Krankenhaus und von Abteilung zu Abteilung. Auch innerhalb einer Abteilung variiert die Arbeit in bestimmten Zeitintervallen. Was jedoch gleich bleibt, sind bestimmte belastende Eigenarten der Tätigkeit von Pflegenden:

– Umgang mit psychischen Belastungen:
Die Krankenschwester betreut Patienten, die oft schwer krank sind. Sie wird konfrontiert mit Leiden und Sterben, Verzweiflung und Hoffnungslosigkeit. Sie erlebt täglich Situationen, denen andere Menschen nur selten begegnen. Sie ist damit gezwungen, sich mit Extremsituationen des Lebens auseinanderzusetzen und das in einer Lebensphase, in der sich Gleichaltrige in der Regel noch nicht oder selten damit befassen.

Sie begegnet dem frühzeitigen, von ihr oft als sinnlos empfundenen Leiden und Tod. Sie erlebt, wie junge Mütter oder Väter von ihrer Familie weggerissen werden, wie verzweifelte Menschen sich selbst umbringen wollten, wie süchtiges Verhalten ein Leben langsam und grausam zerstört oder wie das Leben von bedeutenden Persönlichkeiten in geistiger Verwirrung endet.

Sie kommt in Situationen, in denen es ihre Aufgabe ist, als erste Bezugsperson Patienten zu helfen, Verluste zu verarbeiten: Sie sollte verstehen was in einem Patienten vorgeht, der als Folge einer Verbrennung sein Gesicht nicht wieder erkennen kann, oder was es etwa für eine Frau bedeutet, wenn sie nach einer Krebsoperation keine Gebärmutter und Eierstöcke mehr hat. Diese Aufgabe wird sie aber nur dann erfüllen können, wenn sie weiß, welche Reaktion ein Kranker zeigen kann und diese Reaktion auch richtig deutet. So können Kranke auf die Nachricht einer unheilbaren Krankheit mit Verzweiflung, Wut oder Verleugnung reagieren.

Es ist in solchen Situationen wichtig, daß eine Schwester Gefühlsausbrüche von Patienten aushalten kann und sie nicht als einen Angriff auf ihre eigene Person betrachtet. Das wiederum setzt voraus, daß eine Schwester ihre eigenen Gefühlsreaktionen kennt und damit umgehen kann. Was geht in ihr vor, wenn sie von einem erregten Patienten, der eine schlechte Nachricht erhalten hat, angeschrien wird? Was empfindet sie, wenn ein Patient unerwartet stirbt? Wie bewältigt sie ihre Unsicherheit gegenüber den trauernden und verzweifelten Angehörigen? Wie wird sie mit den Ekelgefühlen bei der Pflege eines sich laufend erbrechenden Patienten fertig?

– Die fachlichen Anforderungen:
Die pflegerischen Aufgaben erfordern höchste Konzentration. Fehler im Umgang mit Apparaten, Rechenfehler oder Unachtsamkeiten in der Überwachung oder Dokumentation können verhängnisvolle Folgen haben. Die Schwester fühlt sich oft auch dort für ihr Handeln verantwortlich, wo sie selbst nicht mehr zuständig sein kann. Sie fühlt sich verantwortlich für die durch die Arbeitsmenge bedingte Qualitätseinbuße ihrer Arbeit, unabhängig davon, ob sie in der Lage ist, die anfallende Arbeitsmenge zu beeinflussen. So etwa auch dann, wenn der diensttuende Arzt auf der Nachtwache auf ihre Meldung, einem Patienten gehe es sehr schlecht, nicht aufsteht und den Patienten besucht, sondern nur eine telefonische Verordnung gibt.

Der Druck der Verantwortung hindert eine Schwester oft, sich in ihrer Freizeit von den beruflichen Problemen lösen zu können.

– Zeitdruck:
Ein weiteres Merkmal der Tätigkeit einer Krankenschwester ist der permanente oder zumindest periodisch wiederkehrende Zeitdruck, oft eine Folge von Personalknappheit. Der Zeitdruck verunmöglicht der Krankenschwester vielfach, auf die Bedürfnisse der Patienten einzugehen und die Pflege nach ihren persönlichen Maßstäben zu gestalten. Die Folgen des Zeitdruckes äußern sich auch in der Qualität der Arbeit und in der Art und Weise, wie diese ausgeführt werden kann. Dazu ein Beispiel: Eine Krankenschwester sollte einem verwirrten und unruhigen alten Mann wieder ins Bett helfen und die auseinandergefallenen Drainagen- und Infusionsleitungen wieder richtig zusammenstecken. Sie weiß aber, daß sie jetzt im Nebenzimmer sein sollte, weil dort die Infusion mit den Medikamenten in Kürze fertig sein wird, um eine neue Infusion anzuhängen. Verpaßt sie dort den richtigen Moment, verstopft der nach mehrmaligen Versuchen mühsam gesteckte Venenkatheter. Ebenfalls weiß sie, daß sie schon längst wieder die Kontrollen bei der Patientin mit der Magen-Blutung gemacht haben sollte.

Der Zeitdruck löst bei der Schwester eine innere Spannung aus, weil sie befürchtet, es könnten ihr Fehler oder Unterlassungen unterlaufen oder sie könnte die Arbeit nicht bewältigen. Ebenfalls beeinflußt er die Art und Weise, wie die Arbeit ausgeführt wird und ist damit oft verantwortlich für Hektik, Fahrlässigkeit und Rücksichtslosigkeit.

Ein Großteil des Pflegepersonals kann mit der Krankenhaushektik nur ungenügend umgehen.

Auch *die Arbeitszeiten* selbst wirken sich belastend auf das Pflegepersonal aus. Sie üben einen wesentlichen Einfluß auf die Arbeitszufriedenheit und die körperliche und seelische Verfassung aus. Der Krankenhausbetrieb bringt es mit sich, daß die Betreuung der Patienten während 24 Stunden pro Tag gewährleistet sein muß. Für das Pflegepersonal bedeutet diese Tatsache unregelmäßige Arbeitszeiten, Nacht und Wochenendarbeit.

Arbeitsphysiologische und arbeitspsychologische Untersuchungen haben gezeigt, daß körperliche und geistige Leistungen eines Menschen tageszeitlichen Veränderungen unterworfen sind. Gleichzeitig findet man tageszeitliche Schwankungen des Blutdruckes, der Körpertemperaturen und anderer wichtiger Körperfunktionen. Aufgrund der Ergebnisse verschiedener Studien konnte eine Verlaufskurve der physiologischen Leistungsbereitschaft ermittelt werden. Aus dieser Kurve lassen sich Grenzwerte der Arbeitsleistung ablesen, die ohne besondere Anstrengung und mit nur geringer Ermüdung erbracht werden können. So ist während gewissen Nachtzeiten der Körper zu einer deutlich geringeren Arbeitsleistungen fähig als am Tag. Abbildung 15 zeigt, daß der menschliche Körper im Laufe des Tages abwechselnd auf Arbeit und Ruhe eingestellt ist.

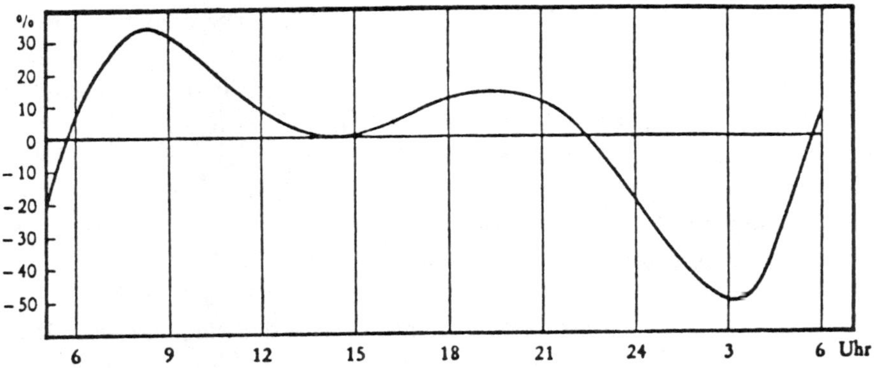

(Aus Ulich/Baitsch 1979, S. 13)

Abbildung 15: Schwankungen der physiologischen Leistungsbereitschaft

Müssen zu ungünstigen Tageszeiten dieselben Leistungen erbracht werden wie zu den günstigen, so wird der Mensch gezwungen, auf Leistungsreserven zurückzugreifen. Diese müssen dann durch willentliche Anstrengung aktiviert werden.

Im Zusammenhang mit der Problematik der Nacht- und Schichtarbeit wurde die Frage diskutiert, ob diese Tagesrhythmik der Leistungsbereitschaft an veränderte Gewohnheiten wie Nachtarbeit oder Tagschlaf angepaßt werden kann. Baitsch (1980, S. 4) schreibt dazu:

„Beim Menschen jedoch kann eine Umstellung des Verlaufs der physiologischen Leistungsbereitschaft durch einen Wechsel der Beleuchtungsbedingungen oder durch eine Umkehrung der Arbeits- und Ruhezeiten nicht erreicht werden. Dies gelingt in der Regel auch dann nicht, wenn Menschen über längere Zeit ausschließlich in der Nacht arbeiten. Physiologische Kennwerte wie Blutdruck, Atemfrequenz usw. wie auch die geistigen und psychomotorischen Leistungsmöglichkeiten folgen in ihrem Rhythmus weiterhin der Tagesrhythmik von normal arbeitenden Menschen."

Einen Grund für diese Nichtumkehrbarkeit sieht Baitsch vor allem im Zeitbewußtsein, das als sogenannter Zeitgeber wirkt. Durch die erhöhte Anstrengung während der Nacht- und Schichtarbeit, in denen der Körper auf Leistungsreserven zurückgreifen muß, ist die Wahrscheinlichkeit des Auftretens bestimmter körperlicher Beschwerden erhöht. Das trifft besonders bei Menschen zu, die für diese Beschwerden bereits eine Disposition aufweisen. Schicht- und Nachtarbeit sind häufig verbunden mit Störungen des Magendarmtraktes (Verdauungsstörungen, Gastritis, Magenbeschwerden und Ulcera) und der Kreislauforgane mit vegetativen Störungen und Schlafstörungen.

Der Schlaf während des Tages bei Nachtarbeitern wird fast regelmäßig durch Lärm gestört. Auch werden beim Tagschlaf die Stadien des paradoxalen Schlafes verkürzt. Diese Stadien dienen zur Wiederherstellung der geistigen Leistungsfähigkeit. Die Träume, die in diesen Stadien vermehrt auftreten, dienen der Aufarbeitung des im Wachzustand Erlebten. Durch diese verringerte Qualität des Tagschlafes ist mit erhöhter Nervosität und geringerer geistiger Leistungsfähigkeit zu rechnen.

Stimmung und Wohlbefinden, die Lebensqualität ganz allgemein, werden durch die Arbeit zu ungewöhnlichen Tageszeiten oft beeinträchtigt. Bei verheirateten Pflegepersonen wird das Familienleben erheblich gestört. Essenszeiten, Freizeit und Wochenende können nicht mit dem Partner (bzw. den übrigen Familienmitgliedern) verbracht werden. Die ständige Rücksichtnahme auf das Schlafbedürfnis des schichtarbeitenden Familienmitgliedes kann das Zusammenleben belasten. Darüber hinaus werden weitere Bereiche des Privatlebens zusätzlich beeinträchtigt. Der größte Teil des soziokulturellen Lebens findet am Abend und an den Wochenenden statt: Kontakte mit Freunden, Besuche von Fortbildungskursen, Teilnahme am Vereinsleben werden eingeschränkt. Regelmäßige Freizeitgewohnheiten, die das Zusammensein mit Mitmenschen voraussetzen, sind erschwert. Damit wird es auch schwierig, Beziehungen mit Personen, die keinen „Krankenhausberuf" ausüben, aufrechtzuerhalten. So beschränkt sich der oft kleine Bekanntenkreis von Pflegepersonen vorwiegend auf Angehörige des gleichen Berufes.

1.3 Belastungen durch menschliche Beziehungen

Die Beziehungen zu anderen Menschen sind ein zentraler Faktor für die menschliche Gesundheit. Durch die arbeits- und rollenbedingten Belastungen des Pflegepersonals werden auch die Beziehungen der Pflegenden untereinander beeinträchtigt. Vielfach führen Überforderungen zu Spannungen in den Beziehungen zu Arbeitskollegen. Störungen in den Beziehungen äußern sich in unguten Gefühlen oder in offenen Konflikten. Der konstruktive Umgang mit Konflikten wird oft erschwert, weil die Anwesenheit von Konflikten negativ bewertet und daher oft verleugnet wird. Weiter löst das Austragen von Konflikten Angst und andere unangenehme Gefühle aus.

Konflikte unter Mitarbeitern lassen sich einteilen in:

- Zielkonflikte
- Konflikte über Mittel der Zielerreichung
- Konflikte über Bedürfnisse und Interessen

Zielkonflikte ergeben sich aus unterschiedlichen Werten und Normen der Konfliktpartner. Dazu ein Beispiel: Die Zielsetzungen des diensttuenden Arztes „jeder behandlungsbedürftige Patient soll aufgenommen werden" ist bei einer belegten Abteilung unvereinbar mit der Zielsetzung der Abteilungsschwester „alle Patienten sollten eine sichere Pflege erhalten". Der Konflikt äußert sich dann in der Weigerung der Abteilungsschwester, einen zusätzlichen Patienten aufzunehmen.

Konflikte über Mittel der Zielerreichung können sich in Uneinigkeiten über Pflege und Behandlungsmethoden äußern. Ein solcher Konflikt kann sich etwa folgendermaßen manifestieren: Die diensttuende Schwester der Frühschicht behandelt den Dekubitus eines Patienten trocken mit Puder, weil sie damit gute Erfahrungen gemacht hat. Die Schwester, die im Spätdienst arbeitet, findet diese Behandlung nicht angemessen und verbindet denselben Dekubitus am Nachmittag mit einer heilenden, fetten Salbe. Die beiden Konfliktpartner ärgern sich über das gegenseitige Verhalten, stellen gegenseitig die fachliche Kompetenz in Frage und fühlen sich vom anderen nicht respektiert.

Konflikte über Bedürfnisse und Interessen äußern sich beispielsweise bei Fragen der Dienstplangestaltung, der Art und Weise der Zusammenarbeit und der Arbeitseinteilung. Solche Konflikte können vorliegen, wenn keine Einigung erzielt werden kann, wer die Pflege eines schwierigen Patienten übernimmt oder wie unangenehme Arbeiten aufgeteilt werden können.

Sich nicht akzeptiert fühlen oder andere nicht akzeptieren können, das Gefühl haben, anderen unterlegen zu sein, ihren Ansprüchen nicht zu genügen, sind weitere Ursachen für Ärger und Angst, die die Arbeitsbeziehungen beeinträchtigen und belasten. Das Aushalten oder die Abwehr solcher Gefühle benötigt viel Energie, die sich in Ermüdung oder anderen körperlichen Beschwerden äußern kann.

1.4 Belastungen durch die Organisation

Schon allein die Tatsache, Mitglied einer Organisation zu sein und die daraus resultierende Einschränkung der Freiheit, Selbständigkeit und Identität, wirkt belastend.

In Untersuchungen konnte festgestellt werden, daß Nichtbeteiligung an Entscheidungsprozessen in Betrieben einen wichtigen streßauslösenden Faktor darstellt. Diese Belastung soll sich in folgenden gesundheitlichen Risikofaktoren äußern: Schlechtes Allgemeinbefinden, Probleme mit Alkohol, depressive Verstimmung, geringe Selbstachtung, geringe Zufriedenheit mit dem Leben, geringe Arbeitsmotivation, Absicht, den Arbeitsplatz zu verlassen und häufige Abwesenheit von der Arbeit.

Die einzelne Pflegeperson im Krankenhaus hat wenig Einfluß auf grundsätzliche Entscheidungen. Ablehnende Äußerungen auf die zunehmende Bürokratisierung und Routinisierung und Kritik an der Spitalhierarchie können als Ausdruck der Ohnmacht gegenüber den eigenen Änderungsmöglichkeiten verstanden werden. Strukturelle Faktoren werden deshalb oft als Gründe für Unzufriedenheit genannt.

Ein weiterer Anlaß für Unzufriedenheit ist das Mißverhältnis zwischen Verantwortung, die man dem Pflegepersonal auferlegt, den Leistungen, die man von ihm erwartet und der geringen Anerkennung, die seiner Arbeit entgegengebracht wird. Die Stellung des Pflegepersonals im krankenhausinternen Statusgefüge zeigt sich nicht zuletzt im Lohnanteil des Pflegepersonals, verglichen mit anderen Krankenhausangestellten. Dazu als Beispiel Abbildung 16.

	Anzahl Personen	Saläranteile* in Prozenten	Personalanteil in Prozenten
Ärzte	490	19 %	13 %
Ärztehonorare	–	3	–
Pflegepersonal	1640	29	42,5
anderes medizinisches Personal	788	17,5	20,5
Administrativpersonal	174	5	4,5
Hauswirtschaft	666	13,5	17
Techniker	94	2	2,5
Sozialberufe	–	11	–
Total	3856	100	100

(In: Probleme der Krankenpflege (ohne Autor). Krankenpflege 10/1980, S. 494)
* Lohnanteil

Abbildung 16: Vergleich zwischen Personalanteil und Saläranteil* in einem Schweizerischen Krankenhaus

2 Wie Pflegende Belastungen zu bewältigen versuchen

Belastungen äußern sich auf verschiedene Art, etwa in chronischer Müdigkeit und Erschöpfung, in körperlichen Beschwerden, in inneren Spannungen und Gereiztheit oder in einem allgemeinen, diffusen Gefühl der Unzufriedenheit oder des persönlichen Ungenügens. Oft sind auch die eigentlichen Ursachen, die belastenden Faktoren nicht bekannt und das Problem wird unbewußt, nach persönlichkeitseigenem Problemlösungsmuster verarbeitet.

Die Belastungen rufen daher bei verschiedenen Personen unterschiedliche Reaktionen hervor. Wie der einzelne mit schwierigen Situationen umgeht, ist unter anderem davon abhängig, wie er Probleme im Verlauf seiner Lebensgeschichte zu bewältigen gelernt hat, welche Einsicht er in seine persönlichen Bedürfnisse und Schwächen besitzt, wie er die jeweilige Situation beurteilen kann und welche Unterstützung er erhält.

Innerhalb der individuell unterschiedlichen Reaktionen lassen sich gewisse Gemeinsamkeiten feststellen. Solche Gemeinsamkeiten, vor allem hinsichtlich der Arbeitszufriedenheit und -unzufriedenheit, wovon letztere ein Ausdruck der beruflichen Belastung ist, stellte Bruggemann (1974, S. 283) fest. Sie untersuchte die Arbeitszufriedenheit in Betrieben und stellte dabei folgende Verarbeitungsmöglichkeiten fest:

„1. Die Befriedigung, bzw. Nichtbefriedigung von Bedürfnissen und Erwartungen zu einem gegebenen Zeitpunkt
2. Erhöhung, Aufrechterhaltung oder Senkung des Anspruchsniveaus als Folge von Befriedigung oder Nichtbefriedigung

3. Problemlösung, Problemfixierung oder Problemverdrängung im Falle von Nichtbefriedigung“

Dieser Prozeß läßt sich in einem Ablaufschema darstellen, das am Beispiel der Arbeitsunzufriedenheit einer belasteten Krankenschwester erklärt werden soll (vgl. Abb. 17).

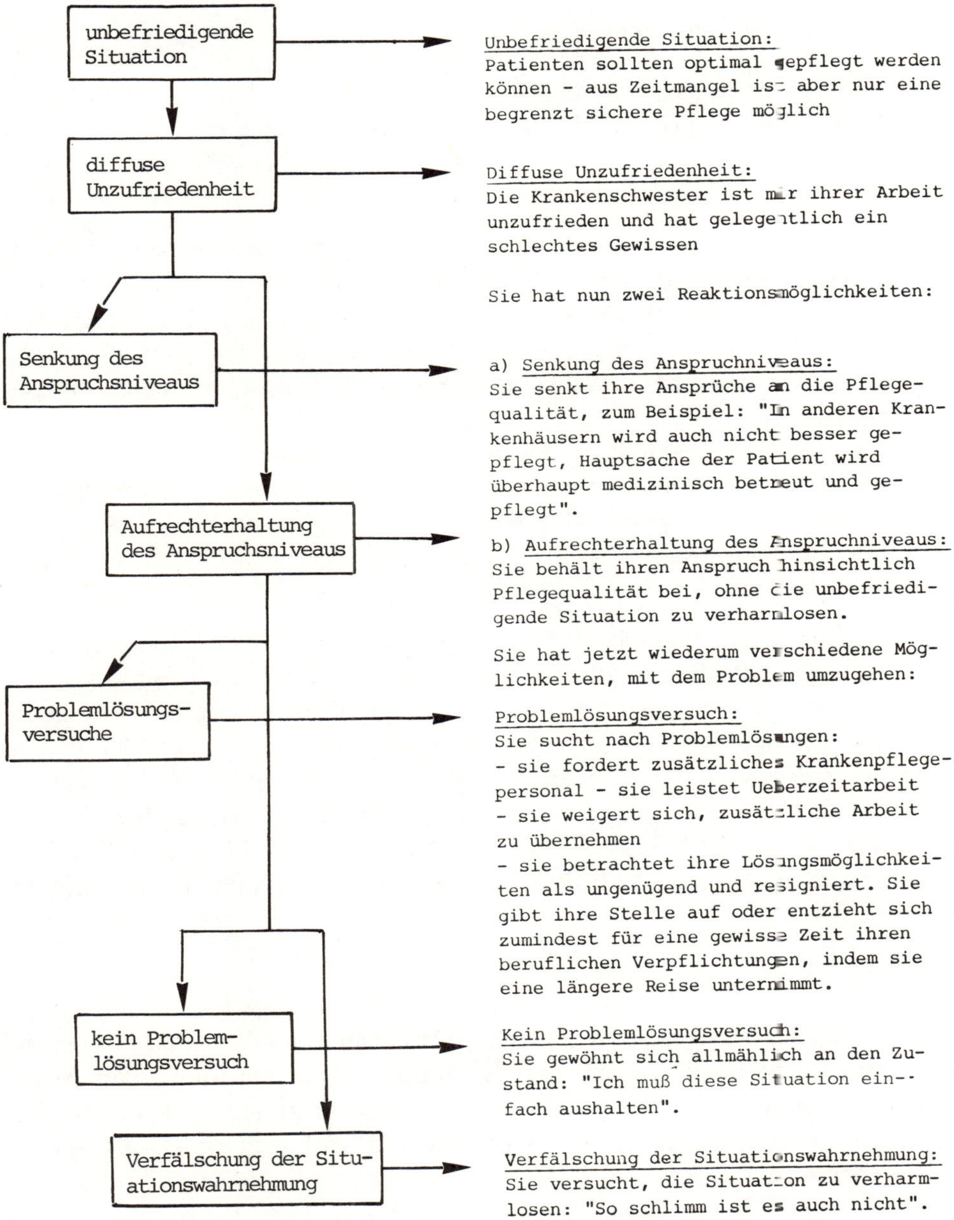

Abbildung 17: Wie eine Krankenschwester mit einer unbefriedigenden Arbeitssituation umgehen kann (Ablaufschema)

Die Vielschichtigkeit der meisten Probleme und ihre häufig strukturelle Bedingtheit sind dafür verantwortlich, daß sie durch persönliche Anstrengung einer einzelnen Pflegeperson allein oft nicht gelöst werden können. So wählen viele Pflegepersonen Problemlösungsversuche auf einer individualistischen Ebene, die – wenn sie die Schwierigkeiten schon nicht aufheben können – ihnen zumindest helfen sollen, mit dem jeweiligen Problem besser umzugehen.

2.1 Individuelle Problemlösungsversuche

Wir wollen im folgenden einige in der Berufspraxis häufig anzutreffende Problemlösungsversuche von Krankenschwestern aufzeigen.

Verdrängung:

Die unguten Gefühle, etwa die Angst, einem Sterbenden zu begegnen, das schlechte Gewissen, wenn man verschiedenen Erwartungen nicht entsprechen konnte, oder das persönliche Betroffensein bei der Begegnung mit dem menschlichen Leiden werden abgeblockt und ins Unbewußte abgeschoben. Im Verlaufe der Zeit werden dann solche unangenehmen Gefühle nicht mehr wahrgenommen.

Dieser Umstand erklärt auch, daß eine Schwester, die belastende Gefühlsempfindungen durch Verdrängung zu vermindern sucht, von anderen Menschen als gefühllos wahrgenommen werden kann.

Innerer Rückzug:

Die durch die Arbeitszeit bedingten Unannehmlichkeiten und Schwierigkeiten, Beziehungen aufzubauen und zu erhalten, werden vom Einzelnen nicht selten durch einen inneren Rückzug überwunden. Krankenschwestern beschränken ihren Bekanntenkreis dann auf einige wenige Personen und wählen oft Freizeitbeschäftigungen, die ohne andere Menschen ausgeübt werden können. Bevorzugte Freizeitbeschäftigungen sind dann häufig: Lesen, Handarbeiten oder Basteln, Wandern, Musikhören oder andere kulturelle Betätigungen. Nicht selten wird die menschliche Isolation durch aufwendige Ferien zu kompensieren versucht.

Berufs- oder Stellenwechsel:

Kommen Krankenschwestern mit ihren Belastungen am Arbeitsplatz nicht mehr zurecht, bleibt häufig zur Lösung der Probleme nur die Möglichkeit eines Stellenwechsels oder während einiger Zeit die berufliche Tätigkeit aufzugeben, etwa in Form eines unbezahlten Urlaubes. Oft wird auch ein Berufswechsel vorgenommen.

Bei einer im Kanton Zürich durchgeführten Studie, in der das Krankenpflegepersonal verschiedener Krankenhäuser nach Kündigungsgründen gefragt wurde, wurde folgendes genannt:

- zu wenig Freizeit, zu wenig Zeit für Hobbies, Freunde und Familie
- zu anstrengende Arbeit, sie überfordert im Laufe der Zeit
- zu wenig Weiterbildungsmöglichkeit
- kann mir für den Patienten zu wenig Zeit nehmen
- zu viele Nachtschichten
- andere Erwartungen bei Eintritt
- Schwierigkeiten mit direkten Vorgesetzten
- schlechte Bezahlungen

Andere Nennungen, die über den eigentlichen Kündigungsgrund nichts aussagten, waren zum Beispiel Stellenwechsel in anderes Spital, Wohnortwechsel oder Auslandaufenthalt (Explora, 1979). Die Ergebnisse der genannten Studie deuten darauf hin, daß das Verlassen der Stelle von vielen Pflegepersonen als eine mögliche Form der Problemlösung betrachtet wird.

Selbstüberforderung:

Vielfach versuchen Krankenschwestern durch vermehrte eigene Anstrengungen den vielseitigen Anforderungen gerecht zu werden. Das mag einige Zeit gelingen, aber mit zunehmender Dauer treten häufig *psychosomatische Störungen* auf, wie Migräne, Rückenschmerzen, Magendarmbeschwerden oder auch Depressionen oder Medikamentensucht. Psychosomatik meint, daß psychische Belastungen und Konflikte sich in körperlichen Störungen äußern können. Das Auftreten psychosomatischer Störungen kann folgendermaßen erklärt werden:

Durch chronische Überlastungen können über den Weg des vegetativen Nervensystems und das endokrine System somatische Veränderungen in Organsystemen hervorgerufen werden.

Diese individualistischen Problemlösungsversuche sind häufig das letzte Glied in einer Kette vorangegangener, erfolgloser Bewältigungsversuche.

3 *Ein psychologischer Erklärungsansatz: Das Helfer-Syndrom*

Schmidbauer (1977) geht in seinen Ausführungen über „die hilflosen Helfer" davon aus, daß die psychische Gesundheit von Angehörigen helfender Berufe (Ärzte, Krankenpflegepersonal, Sozialarbeiter, Psychologen u. a.) im Vergleich zu anderen Berufen stärker gestört ist. Das Vorhandensein von psychischen Störungen ist für den Beruf des Arztes durch statistische Daten am deutlichsten dokumentiert. So zeigten Untersuchungen, daß

- die Selbstmordhäufigkeit bei Ärzten deutlich über derjenigen der Durchschnittsbevölkerung liegt (nach einer englischen Untersuchung 2,5 mal so hoch). Die Selbstmordhäufigkeit wiederum läßt sich als eine Schätzgröße für das Auftreten von Depressionen betrachten.

– Ärzte öfter in psychiatrische Kliniken aufgenommen wurden als vergleichbare Bevölkerungsgruppen.
Weiter ergaben Studien, daß Ärzte häufiger schlechte Ehen hatten oder sich scheiden ließen und daß sie häufiger als eine vergleichbare Gruppe Drogen und/ oder Alkohol konsumierten.

Es ist anzunehmen – so Schmidbauer – daß Krankenschwestern, Sozialarbeiter oder Psychologen sich in dieser Hinsicht kaum von Ärzten unterscheiden dürften.

Die angeführten Störungen sind Erscheinungsformen einer Persönlichkeitsproblematik, die Schmidbauer als „Helfer-Syndrom“ umschreibt:

„Das Helfer-Syndrom, die zur Persönlichkeitsstruktur gewordene Unfähigkeit, eigene Gefühle und Bedürfnisse zu äußeren, verbunden mit einer scheinbar omnipotenten, unangreifbaren Fassade im Bereich der sozialen Dienstleistungen, ist sehr weit verbreitet“ (Schmidbauer 1977, S. 12).

Die Grundproblematik des Menschen mit dem Helfer-Syndrom besteht darin, eine Fassade der Stärke aufrechterhalten zu müssen und eigene Schwäche und Hilfsbedürftigkeit nicht zulassen zu können. Gegenseitigkeit und Nähe in sozialen Beziehungen werden vermieden. Es werden Beziehungen gesucht, in denen der Partner der schwächere und hilfsbedürftige ist. Die Ansprüche an die eigene Arbeit und die eigene Person sind meist viel zu hoch, so daß der Helfer mit seiner Arbeit selten zufrieden ist. „Es kommt zu einem ständigen Schwanken zwischen Allmachts- und Ohnmachtsgefühlen, zwischen unrealistischen Größenvorstellungen und ebenso unrealistischen, übersteigerten Minderwertigkeitsgefühlen – negativen Größenphantasien“ (Schmidbauer 1977, S. 56). Aus diesem Grund hängen überhöhter Anspruch bzw. Ehrgeiz und Resignation beim Menschen mit dem Helfer-Syndrom eng zusammen; er pendelt ständig zwischen den beiden Extremen. Die Ausführungen einer 30jährigen Sozialarbeiterin unterstreichen exemplarisch diese Problematik:

„Früher habe ich mich oft schier zerrissen und hatte doch das Gefühl, ich erreiche nichts. Wenn um Mitternacht ein Anruf kam, bin ich hingegangen und habe mit den Leuten geredet. Ich dachte einfach, ich darf nicht nein sagen, wenn es jemandem schlecht geht. Aber ich konnte das Gefühl nicht los werden, daß meine Klienten das ausnützen ... Seit ich die Ausbildung gemacht habe, vor allem auch die Einzelanalyse, habe ich das geändert. Ich sage jetzt solchen Anrufern, sie sollten sich während der Dienstzeit an mich wenden. Da kann ich aber auch voll für sie da sein, weil ich ausgeschlafen und nicht insgeheim wütend bin. Solche Gefühle habe ich mir früher überhaupt nicht zugestanden. Ich dachte, ich muß immer nur für die anderen da sein. Aber da ist auch die Ausbildung schuld. Man lernt nichts als den höchsten Anspruch an sich zu stellen, und kriegt kaum konkrete Mittel in die Hand, um auch etwas zu erreichen ...“ (Schmidbauer 1977, S. 13).

Die Ursache für die Entstehung der „Helfer-Syndrom-Persönlichkeit“ wird von Schmidbauer in frühen Kindheitserfahrungen gesehen. Es ist hier vor allem das frühkindliche Erlebnis eines Menschen, nur für das was er macht und nicht um seiner selbst willen geliebt zu werden. Dieses Gefühl, nur für Leistungen und

Anpassung geliebt zu werden, bewirkt eine tiefe Kränkung des Selbstwertgefühls (narzistische Kränkung). Diese Kränkung erfolgt in einer Phase, in der die Beziehung des Kleinkindes zu seinen Bezugspersonen durch Nähe und Abhängigkeit charakterisiert ist. Da diese Situation – Nähe und Abhängigkeit – vom Kind mit Kränkung und Schmerz verbunden wird, wird es später versuchen, Nähe und Abhängigkeit in Beziehungen ganz oder teilweise zu vermeiden. Ein Mensch wird dann Beziehungen aufbauen, in denen – wenn er Nähe noch erleben kann – zumindest die Abhängigkeit beim Partner größer ist. Die Helfer-Beziehung entspricht in den meisten Fällen dieser Situation: Persönliche Nähe des Helfers zu seinem Klienten und Abhängigkeit des hilfsbedürftigen Klienten vom Helfer. Oft weisen auch die Freundschafts- und Liebesbeziehungen von „Helferpersönlichkeiten" diese asymmetrische Struktur auf.

Es ist – so Schmidbauer – wichtig, die hinter dem Helfer-Syndrom stehende Persönlichkeitsproblematik für die eigene berufliche Tätigkeit in einer produktiven Weise zu verarbeiten und für die persönliche Entwicklung fruchtbar zu machen. Ziel ist dabei nicht, sich einem Idealbild des perfekten Helfers anzunähern, sondern das Akzeptieren der eigenen Schwäche und der Umgang damit. Die Auseinandersetzung mit den eigenen Bedürfnissen, Schwächen und Ängsten sollte ein Bestandteil der Ausbildung in einem helfenden Beruf sein.

4 Die Krise: Risiko und Chance

Sonja kann nicht mehr

Kurz nachdem die Schwesternschülerin Sonja vom Patienten S. wegen eines Versäumnisses angegriffen worden war, bricht sie im Schwesternzimmer mit einem Weinkrampf zusammen. Nach etlichen Minuten ist es Ruth, der Abteilungsschwester, möglich, Sonja anzusprechen. Im Gespräch mit ihr ergibt sich folgendes: Sonja war vor 10 Monaten von ihren Eltern weg ins Schwesternwohnheim gezogen und hatte mit diesem Schritt auch die Beziehungen zu ihrem früheren Freundeskreis weitgehend aufgeben müssen. Dazu kam, daß vor einigen Wochen die Freundschaft mit Klaus in die Brüche ging. Auch wurden die schulischen und beruflichen Anstrengungen für sie immer schwerer zu ertragen. Verbunden damit war eine zunehmende Unsicherheit darüber, ob sie auch den richtigen Beruf gewählt hatte. „Ich kenne auch niemanden, mit dem ich über diese Probleme reden kann. Zwar sind die Arbeitskolleginnen und die Schülerinnen im Wohnheim zumeist sehr nett, aber ich habe nicht genügend Vertrauen zu ihnen und weiß auch nicht, ob ihnen eine Auseinandersetzung mit meinen Schwierigkeiten nicht unangenehm gewesen wäre." Die Abteilungsschwester rät Sonja nach dem etwa einstündigen Gespräch, einige Tage frei zu nehmen und macht sie auf eine in der Nachbarabteilung bestehende Selbsthilfegruppe von Pflegepersonen aufmerksam.

Die Schülerin Sonja befindet sich in einer Belastungs- und Konfliktsituation, die zu einer dramatischen Zuspitzung geführt hat. Bei solchen Situationen spricht man von *Krisen.* Der Begriff Krise entstammt der medizinischen Fachsprache und bezeichnet den Höhe- bzw. Wendepunkt einer Krankheit. Im übertragenen Sinne wird Krise auch für schwierige und belastende Lebenssituationen verwendet. Ein Mensch in einer Krise befindet sich an einem Wendepunkt seiner psychischen Gesundheit. Er sieht sich einer bedrohlichen Situation gegenüber, in der seine früheren problemlösenden Verhaltensweisen entweder versagen oder nicht ausreichen. Hieraus können Angst, Verwirrtheit und Gefühle der Hilflosigkeit und des Überfordertseins resultieren.

Das Ergebnis einer Krise kann ein geringes Selbstvertrauen und eine erhöhte Anfälligkeit gegenüber psychischen Beeinträchtigungen sein. Andererseits sind Krisen auch eine Chance für den einzelnen Menschen. Er wird, wenn er die Krise bewältigen kann, erleben, daß er auch neue belastende Situationen überwinden kann und wird mit mehr Selbstvertrauen an künftige Herausforderungen herangehen. Krisen können somit nicht nur belastend, sondern im Gegenteil ein wichtiger Anstoß zu einer Weiterentwicklung und Neuorientierung sein.

Caplan und Grunebaum (1977, S. 58) schreiben zu den Entstehungsursachen von Krisen:

> „Krisen können Folge entweder interner oder externer Veränderungen sein, die Anpassung notwendig machen. Die internen Veränderungen können entwicklungsbedingt oder Folge einer Krankheit oder eines Traumas sein, während die externen Veränderungen,
> a) den Verlust eines bedeutsamen Menschen oder einer Quelle der Bedürfnisbefriedigung
> b) einen drohenden Verlust oder
> c) eine Anforderung, die die Anpassungskapazitäten zu überfordern droht,
> umfassen."

Die Hauptthese der Life – Event – Forschung (Lebensereignisforschung) besagt, daß lebensverändernde Ereignisse zu psychischem Schaden führen können. Dabei werden positive wie negative Ereignisse gleichermaßen als Belastungen bewertet: Veränderung per se im menschlichen Leben ist demnach ein belastender Faktor, der im Extremfall körperliche und psychische Erkrankungen bewirken kann. In verschiedenen Untersuchungen konnte ein Zusammenhang zwischen hohen Lebensveränderungswerten und dem Beginn von Tuberkulose, Herzkrankheiten, Hauterkrankungen, psychischen Erkrankungen und einer allgemeinen Verschlechterung des Gesundheitszustandes gezeigt werden (Cooper, 1981, S. 111).

Die Gültigkeit eines solchen Zusammenhangs in dieser einfachen Form wurde bestritten, hängt doch das Ausmaß, in dem diese Ereignisse zu Erkrankungen führen, doch wesentlich von weiteren Faktoren ab. Solche Faktoren sind etwa die Fähigkeit des jeweiligen Menschen mit belastenden Situationen fertig zu werden, die Unterstützung, mit der er in seiner sozialen Umgebung rechnen kann, und die Bedeutung, die das jeweilige Ereignis für ihn besitzt. Um die Wichtigkeit der einzelnen Ereignisse zu erfassen, wurde versucht, die einzelnen Lebensereignisse mit durchschnittlichen Punktwerten zu versehen. Die Bewertung der verschiedenen Lebensereignisse wurde aufgrund der Ergebnisse repräsentativer Publikumsbefragungen vorgenommen. Das heißt aber auch, daß der Punktwert eines Ereignisses, der ein Durchschnitswert ist, für jede Person verschieden sein kann und somit nur eine grobe Orientierungsgröße darstellt.

Eine häufig verwendete Skala zur Messung der Bedeutung einzelner Lebensereignisse – und damit auch die Möglichkeit einen Gesamtsummenwert für belastende Lebensereignisse zu bilden – ist das von Holmes und Rahe (1967) entwickelte Lebensstreß-Inventar (Tab. 6).

Tabelle 6: Die Wichtigkeit verschiedener Lebensereignisse (Das Holmes-Rahe-Lebensstreß-Inventar (Auszug))

Rang	Lebensereignis	Durchschnittswert
1.	Tod des Ehepartners	100
2.	Scheidung	73
3.	Trennung vom Ehepartner	65
4.	Zwangsaufenthalt im Gefängnis oder in anderen Institutionen	63
5.	Tod eines nahen Verwandten	63
6.	Schwere körperliche Verletzung oder Krankheit	53
7.	Heirat	50
8.	Kündigung durch den Arbeitgeber	47
9.	Versöhnung mit dem Ehepartner	45
10.	Pensionierung	45
18.	Wechsel zu anderer Arbeit	36
25.	Herausragende persönliche Leistung	28
30.	Schwierigkeiten mit dem Vorgesetzten	23
31.	Größere Veränderungen in Arbeitszeiten oder -bedingungen	20
32.	Wohnortwechsel	20
33.	Schulwechsel	20
41.	Ferien	13
42.	Weihnachten	12

(Aus: Holmes, Th., Rahe, R.: Holmes-Rahe Social Readjustment Rating Scale. Journal of Psychosomatic Research, 1967, 2. In Cooper, 1981, S. 113–114)

Ein Wert zwischen 150 und 300 Punkten auf dieser Skala bedeutet nach Holmes und Rahe, daß in den nächsten beiden Jahren mit einer 50prozentigen Wahrscheinlichkeit eine wesentliche gesundheitliche Störung eintreten wird. Diese Wahrscheinlichkeit soll bei einem Wert von über 300 Punkten auf über 80 Prozent ansteigen.

Erinnern wir uns an das Gespräch zwischen Sonja und der Abteilungsschwester. In den Äußerungen Sonjas werden mehrere lebensverändernde Ereignisse sichtbar: Wegzug aus dem Elternhaus, Beginn einer Berufsausbildung, Verlust des Freundeskreises, Trennung vom Freund. Hinzu kommt, daß sie in ihrem neuen Lebensbereich keine vertrauten Personen besaß, die für sie in dieser schwierigen Situation eine emotionale Unterstützung hätten sein können. In diese Richtung zielt der Hinweis der Abteilungsschwester Ruth. Mit dem Eintritt in eine Selbsthilfegruppe hat Sonja die Möglichkeit, ihre eigenen Schwierigkeiten und Probleme gemeinsam mit Berufskolleginnen zu besprechen, nach Problemlösungen zu suchen und durch die Gruppe emotionale Unterstützung zu erhalten. Für Sonja bietet ihre augenblickliche schwierige Situation auch die Chance der Reifung und Stärkung ihrer Persönlichkeit.

Ungewöhnliche, belastende Ereignisse sind unvermeidbare Bestandteile des menschlichen Lebens. Wir können die Konfrontation mit Krankheit, Tod, Schmerz, Trennung nicht ausschließen. Aber wir können die Konsequenzen dieser Ereignisse besser zu bewältigen versuchen, damit aus Trennungsschmerz nicht Verzweiflung entsteht. Es ist deshalb wichtig, daß beispielsweise nach dem Tod eines Partners oder nach der Trennung von einem Partner ein Mensch nicht plötzlich allein ist, sondern sich an Freunde oder vertrauenswürdige Bekannte wenden kann. Gerade Laien können entscheidende Hilfe in psychisch belastenden Situationen bieten. Weit stärker noch als im Bereich der körperlichen Störungen werden psychische Störungen gemeinsam mit Freunden, Bekannten, Arbeitskollegen überwunden und nicht mit Hilfe von Fachpersonen.

Es ist leichter, Krisen zu bewältigen, wenn man weiß, welche Empfindungen und Erfahrungen einem bevorstehen. Ein Beispiel hierfür ist der im Teil I/3.2.1 erwähnte Befund, daß Patienten, die vor der Operation über mögliche Schmerzen und Unannehmlichkeiten aufgeklärt werden, den chirurgischen Eingriff besser verarbeiten, weniger postoperative Medikamente benötigen und auch durchschnittlich früher entlassen werden konnten als nicht aufgeklärte Patienten. Offensichtlich findet hier eine Art „emotionale Impfung“ statt, die bewirkt, daß sich der Patient schon vorher mit dem was auf ihn zukommt auseinandersetzen kann und so auf die Operation und die damit verbundenen Empfindungen besser vorbereitet ist. Ähnliches dürfte für die Vorbereitung schwangerer Frauen auf die Geburt und den Umgang mit den Problemen bei der Erziehung ihrer Kinder gelten (Caplan/Grunebaum, 1977, S. 64–65).

5 Therapeutische Wege zur psychischen Gesundheit

Gelegentlich können psychische Störungen so stark werden, daß es dem einzelnen nicht möglich ist, allein oder mit Hilfe von Freunden damit fertig zu werden. In solchen Fällen sollte man es nicht als ein Zeichen von Schwäche betrachten, die Hilfe von Fachpersonen, das heißt beruflich anerkannte Fachleute, in Anspruch zu nehmen.

Im folgenden soll ein Überblick über einige der wichtigsten psychotherapeutischen Richtungen gegeben werden, die einem Menschen bei psychischen Störungen eine Hilfe sein können. Es sind dies: Psychoanalyse, Gestalttherapie, Gesprächspsychotherapie und Verhaltenstherapie.

5.1 Psychoanalyse

Unter der *Psychoanalyse* versteht man nicht nur eine von Freud entwickelte Persönlichkeitstheorie (s. Teil II), sie ist zugleich auch die Bezeichnung für eine psychotherapeutische Methode. Die psychoanalytische Behandlungsmethode ist ein Verfahren, das versucht, Konflikte, die aus der frühen Zeit der psychosexuellen Entwicklungsphasen eines Menschen stammen, aufzudecken und zu bearbeiten. Ihr Ziel ist es, die ins Unbewußte verdrängten Erlebnisse bewußt zu machen und dem einzelnen Menschen bei der nachträglichen Bewältigung dieser Erfahrungen zu helfen. Zu den wichtigsten Elementen einer Psychoanalyse gehören: das freie Assoziieren, die Traumanalyse, Deutung, Widerstand und Übertragung.

Durch das *freie Assoziieren* sollen unbewußte, verdrängte Erlebnisinhalte wieder offen gelegt werden. Der Klient wird aufgefordert, seinen Gedanken und Gefühlen freien Lauf zu lassen und alles zu äußern, was ihm in den Sinn kommt. Neben den freien Assoziationen sind es vor allem Trauminhalte, die den Zugang zum Unbewußten öffnen sollen, da sich in den Träumen oft Gedanken und Gefühle niederschlagen – häufig in einer verschlüsselten, symbolhaften Form –, die ein Mensch im wachen Zustand nicht zulassen würde.

Das aus den Träumen und den freien Assoziationen der Klienten gewonnene Material ist für den Psychoanalytiker die Grundlage, die er im Lichte der psychoanalytischen Theorie zu deuten versucht. Diese *Deutungen* teilt er dem Klienten mit, wenn er glaubt, daß sie von ihm angenommen und verarbeitet werden können. Erfolgen die Deutungen des Analytikers zu früh, ist der Klient also für bestimmte Einsichten noch nicht bereit, wird er mit *Widerstand* reagieren und die Deutungen des Analytikers abwehren. Der Umgang mit diesen Widerständen und schließlich ihr Abbau können ein langwieriger und schwieriger Prozeß sein. Einsichten führen aber nur dann zu einer psychischen Besserung, wenn es dem Klienten möglich ist, auch die gefühlsmäßigen Anteile dieser in der frühen Kindheit nicht verarbeiteten Konflikte noch einmal zu erleben. Man kann eine Psychoanalyse deshalb als eine Art emotionale Nachreifung betrachten in der ein Mensch nochmals konflikthafte, oft mit Schmerzen verbundene Erfahrungen der frühen Kindheit nacherlebt.

Im Laufe einer psychoanalytischen Behandlung kommt es in der Regel zu einer auch emotional engen Beziehung von Klient und Analytiker. Sehr oft identifiziert der Klient den Analytiker dann mit einer ihm nahestehenden Person und überträgt auf ihn Beziehungen, die aus seiner frühen Kindheit stammen. Diese Erscheinung bezeichnet man als **Übertragung**. In den meisten Fällen wird der Analytiker mit einem Elternteil identifiziert („Die böse Mutter", „der gute Vater").

Positive Übertragungen sind mit Gefühlen der Zuneigung und Bewunderung, negative Übertragungen mit Gefühlen der Feindschaft und Ablehnung verbunden. Daneben kann auch der Analytiker Gefühle auf den Klienten übertragen. Man bezeichnet diesen Vorgang als *Gegenübertragung*. Die Verarbeitung von

Übertragungsphänomenen stellt einen wichtigen und zugleich auch schwierigen Teil der psychoanalytischen Behandlung dar.

Die Psychoanalyse ist eine zeitlich und finanziell aufwendige Behandlungsmethode, da bei einer wöchentlichen Behandlungshäufigkeit von 2–5 Stunden eine Gesamtdauer von 1–5 Jahren üblich ist.

Das folgende Beispiel gibt einen Einblick in den Verlauf einer psychoanalytischen Behandlung:

„Frau Sabine W. befindet sich wegen häufiger Depressionen in psychoanalytischer Behandlung. Sie hat große Probleme mit ihrem Mann. Sie nörgelt oft an ihm herum und verachtet ihn andererseits dafür, daß er sich das gefallen läßt. Wehrt er sich, dann gerät sie außer sich, so daß der Mann schließlich doch wieder klein beigibt. Frau W. weiß das alles, kann es aber nicht ändern. Zu Anfang der analytischen Behandlung ist Frau W. von ihrem Analytiker begeistert. Sie fühlt sich wie umgewandelt. Nach einigen Monaten jedoch wird Frau W. sehr unzufrieden. Sie findet ihren Analytiker schlecht, unfähig, trottelig. Der Analytiker macht sie darauf aufmerksam, daß sie sich ihm gegenüber verhalte wie gegen ihren Mann. Als Frau W. dieses einsehen kann, wird sie depressiv und vermutet, daß der Analytiker ihr nicht helfen will, obwohl er kann. Sie hat nun plötzlich Angst vor ihm. Sie denkt daran, die Analyse abzubrechen, tut es aber nicht – wie sie sagt – aus Angst vor ihm. Sie erlebt ihn kalt und herzlos. Diese Phase dauert lange. Schließlich entwickelt Frau W. ein starkes Gefühl der Abhängigkeit von ihrem Analytiker. Sie fühlt sich hilflos und ängstlich. In diesem Prozeß erkennt Frau W., daß sie hier Stadien durchmacht, wie in ihrer Kindheit, teilweise jedoch in umgekehrter Richtung. Es war ihre Mutter, die sie als kalt erlebt hat. Enttäuscht davon hat sie sich als Kind schließlich dem Vater zugewandt. Der war ihr aber gegen die starke Mutter keine Hilfe. Sie hatte sich darum wieder zurückgewandt zur Mutter und sich mit ihr identifiziert und den Vater wegen seiner Schwachheit verachtet. Das Entscheidende aber war, daß sie die erste Enttäuschung durch die Mutter und die Angst vor ihr dadurch scheinbar überwand und vergaß, daß sie so wurde wie die Mutter. Ihren Mann hat sie darum wie ihren Vater behandelt. Sie konnte dies aber nicht ändern, solange die Angst vor der Mutter nicht bewußt und damit überwunden wurde." (Matakas, 1981, S. 151)

5.2 Gestalttherapie

Der Begründer der *Gestalttherapie* Fritz Perls, der ursprünglich Psychoanalytiker war, geht davon aus, daß lediglich das, was jetzt in der Gegenwart existiert, in der Therapie behandelt werden sollte. Die Probleme und Schwierigkeiten eines Menschen werden im Gegensatz zur Psychoanalyse nicht auf frühkindliche Erlebnisse zurückgeführt. Ihren Namen erhielt diese relativ neue Therapie von der Gestaltpsychologie, aus der einige psychologische Prinzipien übernommen wurden.

Das Vorgehen der Gestalttherapie läßt sich nach Pauls (1981, S. 68–75) auf vier grundlegende Prinzipien zurückführen:

a) *Der Grundsatz des Hier und-jetzt*
Lediglich das, was in der Gegenwart vom Klienten erlebt wird, zählt. „Was erlebst du hier und jetzt" lautet die zentrale Frage der Gestalttherapie.

b) *Der Grundsatz der Ganzheitlichkeit*
Wirklichkeit bedeutet für die Gestalttherapie die Einheit von Denken, Fühlen und Handeln. Sie bilden eine Ganzheit, die für uns im Erleben erfahrbar wird. Interpretationen und gedankliche Spekulationen sind lediglich ein Teil unserer Wirklichkeit.

c) *Der Grundsatz der unabgeschlossenen Handlung*
Ein auf gestaltpsychologische Erkenntnisse zurückgehendes Prinzip besagt, daß sich Menschen von Handlungen, die nicht abgeschlossen werden konnten, nicht lösen können. Sie beschäftigen sie weiter und drängen darauf abgeschlossen zu werden.

Beispiel: Ein Mensch trägt Gedanken und Empfindungen, die er eigentlich seinen Eltern mitteilen wollte, es aber aus Angst vor Liebesverlust nicht getan hat, in sein späteres Erwachsenenleben hinein. Diese unabgeschlossene Handlung wird ihn immer wieder dazu zwingen, das, was er seinen Eltern gegenüber nicht äußern konnte, an anderen Menschen auszutragen.

d) *Der Grundsatz der Verantwortlichkeit*
Dieses Prinzip meint, daß der Klient in der Therapie beginnen sollte das zu tun, was er will und nicht das, was ihm von den anderen Personen beispielsweise vom Vater oder Mutter aufgetragen wurde. Der Klient soll lernen Verantwortung für sein Handeln, für sein Leben zu übernehmen.

Gestalttherapie findet meist in Gruppen statt, die von ein oder zwei Therapeuten geleitet werden. Eine Hauptmethode besteht im Nachspielen und Nacherleben konflikthafter Situationen und Beziehungen. Dabei wird besonders auf Gefühle und Empfindungen geachtet, die der Klient unbewußt durch seine Körperhaltung und Gestik zum Ausdruck bringt.

5.3 Gesprächspsychotherapie

Die klientenzentrierte, nichtdirektive Gesprächspsychotherapie wurde von dem amerikanischen Psychologen Karl Rogers, einem Vertreter der humanistischen Psychologie, entwickelt. „Klientenzentriert" bedeutet, daß der Therapeut immer auf die Person und die Erlebniswelt des Klienten orientiert sein sollte und nicht auf einzelne Störungen und Symptome. „Nichtdirektiv" meint, daß der Therapeut keine Ratschläge oder Deutungen gibt und den Gesprächsverlauf weitgehend der Initiative des Klienten überläßt. Die Gesprächspsychotherapie geht davon aus, daß eine ausreichend motivierte Person ihr Problem allein bewältigen kann und auch – eine ähnliche Annahme wie in der Gestalttherapie – für die Lösung selbst verantwortlich ist. Der Therapeut versucht eine Atmosphäre herzustellen, in der es dem Klienten möglich wird, frei über alles zu sprechen, was ihn quält und worunter er leidet. Der Klient soll vor allem Beziehungen zwischen seinen Gefühlen und seinem Verhalten sehen können. Die Hauptaufgabe des

Therapeuten besteht darin, dem Klienten immer wieder zu sagen, welche Gefühle er gerade anspricht, und somit in einer Art Spiegelfunktion seine eigenen Gefühle zurückzuspiegeln. Die Technik, die der Therapeut hierbei benutzt, besteht in der Verbalisierung der emotionalen Erlebnisinhalte des Klienten. Das heißt, er versucht, die wahrgenommenen Gefühle in Worte zu fassen und dem Klienten zurückzumelden. Der Therapeut versucht, sich soweit wie möglich in den Klienten hineinzuversetzen und ihn und seine Erlebniswelt zu verstehen, dabei so echt wie möglich zu sein und den Klienten und seine Äußerungen ohne Vorbehalte zu akzeptieren. Diese Verhaltensweisen des Therapeuten – Einfühlung, Echtheit und Annahme des Klienten – sollen dem Hilfesuchenden helfen, Kraft und Selbstvertrauen für die Lösung seiner Probleme zu entwickeln.

Der folgende Ausschnitt aus einer Therapie zeigt das nichtdirektive Vorgehen des Therapeuten und die Veränderung von negativen zu positiven Gefühlen bei der Klientin:

„Maria Johanna Tilden (ein Pseudonym), 20 Jahre alt, wurde von ihrer Mutter zum Therapeuten gebracht. Sie schien vom Leben zurückgezogen, wobei sie den größten Teil des Tages schlafend, Radio hörend oder vor sich hinträumend verbrachte. Sie hatte ihren Beruf und alle Kontakte aufgegeben; nur selten nahm sie sich die Mühe, sich anzuziehen. Das erste Interview war vollkommen negativ, außer daß sie sich zu einer Fortführung der Behandlung entschloß.

Fräulein T.: „... Vor allem, wenn ich mich mit anderen Mädchen vergleiche – ich fühle mich dazu überhaupt nicht in der Lage ... Sie machen immer einen so normalen Eindruck, und sie schlugen den Weg ein, den jedermann einschlagen sollte, und wenn ich über mich selbst nachdachte, glaubte ich: ‚Um Gotteswillen, ich komme noch nicht einmal in die Nähe davon'. Und es war ein schwerer Schlag, als – ich bemerkte gerade, daß es mit mir nicht vorwärts ging auf dem Weg, den ich gehen sollte – ich meine, ich kam einfach nicht voran."

Therapeut: „Es war nicht, daß sie eifersüchtig waren, sondern daß sie allmählich bemerkten, daß die anderen für Neues bereit waren, Sie selbst jedoch nicht."

Fräulein T. „... Es gibt etwas, worüber ich mir nicht klarwerden kann – ich habe versucht, darauf zu kommen – Was wäre, wenn ich diese Richtung einschlagen würde? Was will ich wirklich? Auch wenn ich intensiv über mich nachdenke, kann ich nicht erkennen, was ich eigentlich will. Nur wenn ich sehe, was andere Leute wollen, glaube ich, daß es das sein könnte, was ich will. Es ist eigenartig und es gefällt mir nicht. Deshalb habe ich das Gefühl –, daß ich nicht das tun kann, was ich tun will, da ich gar nicht wirklich weiß, was ich will."

Therapeut: „Sie halten es nach dem bisher Erreichten für das Beste, einfach ein Ziel zu nehmen, das für einen anderen gut ist, aber Sie glauben nicht, daß es irgendetwas gibt, das Sie wirklich wollen."

Während des fünften Interviews berichtete Fräulein T. über ihren ersten Versuch zur Verbesserung ihrer Situation, allerdings mit vielen Vorbehalten. Im achten Interview fing sie an, ihr Verhalten objektiver zu betrachten.

Fräulein T.: „... Wenn man aus einer Familie kommt, in der der Bruder aufs College gegangen ist, und jeder intelligent ist, stellt sich für mich die Frage, ob es nicht richtiger ist, mich so zu sehen, wie ich bin: nämlich nicht fähig, diese Dinge zu erreichen. Ich habe immer versucht, so zu sein, wie es andere haben wollten; aber jetzt frage ich mich, ob ich mich nicht so sehen sollte, wie ich bin."

Therapeut: „Sie fühlen, daß Sie in der Vergangenheit nach den Vorstellungen anderer gelebt haben, und momentan sind Sie nicht sicher, was zu tun richtig ist. Aber allmählich fühlen Sie, daß es am besten für sie wäre, sich selbst so zu akzeptieren, wie Sie wirklich sind."

Fräulein T.: „Ja, das stimmt wohl. Ich weiß nicht, was mich so sehr verändert hat. Doch, ich weiß es. Diese Gespräche haben mir stark geholfen; und dann noch die Bücher, die ich gelesen habe. Ich habe gerade einen solchen Unterschied bemerkt. Ich stelle fest, daß meine Gefühle von mehr Gleichmut begleitet werden, sogar wenn ich Haß fühle. Es macht mir nichts aus. Ich fühle mich irgendwie freier. Ich fühle mich nicht mehr irgendwelcher Dinge schuldig." (Rogers 1947 in Zimbardo 1978, S. 411)

Aus den Gesprächsausschnitten wird deutlich, wie es der Klientin im Verlauf der Therapie allmählich gelingt, ihre Person zu bejahen und ein neues, positives Selbstverständnis zu entwickeln. Der Therapeut gab keine Ratschläge oder Ermunterungen. Er versuchte lediglich, die Gefühle und Gedanken der Klientin in eigene Worte zu fassen und ihr zurückzuspiegeln.

5.4 Verhaltenstherapie

Die Verhaltenstherapie ist eine Methode, die sich vorwiegend auf Lerntheorien stützt (s. Teil II: Klassisches Konditionieren, instrumentelles Konditionieren, Modellernen). Sie geht davon aus, daß Verhalten, unter dem ein Mensch leidet, auf die gleiche Weise entsteht wie normales Verhalten, nämlich durch Lernprozesse. Störende, unerwünschte Verhaltensweisen werden als Ergebnis von falschem Lernen verstanden. An den einzelnen problematischen Verhaltensweisen – am jeweiligen Symptom – setzt die Verhaltenstherapie an und versucht, das störende Verhalten zu löschen und neue, erwünschte Verhaltensweisen aufzubauen.

Zu den wichtigsten verhaltenstherapeutischen Verfahren gehören: die Verstärkung erwünschter Verhaltensweisen, die systematische Desensibilisierung bzw. Desensitivierung und die Aversionstherapie.

Verstärkung erwünschter Verhaltensweisen: Dieses Verfahren besteht im wesentlichen darin, den Klienten immer dann durch Belohnungen zu verstärken, wenn er das gewünschte Verhalten zeigt oder daß der Klient lernt sich in diesen Fällen selbst zu belohnen. Beispiel: Autistische Kinder sollen das Aufnehmen von sozialen Kontakten erlernen. Um dieses Ziel zu erreichen, wird der Verhaltenstherapeut jede soziale Verhaltensweise des Kindes, zum Beispiel Blickkontakt mit dem Therapeut durch Verstärkung belohnen. Die Belohnung kann recht unterschiedlich sein und kann etwa in verbalem Lob, körperlichem Streicheln oder Süßigkeiten bestehen. In ähnlicher Weise werden alle weiteren Formen der Aufmerksamkeitszuwendung des Kindes und das Auftreten von sprachlichen Lauten verstärkt.

Systematische Desensibilisierung bzw. Desensitivierung: Hier soll der Klient nach einem festgelegten Therapieplan lernen, angstauslösende Situationen angstfrei erleben zu können. Die Methode läßt sich in drei Phasen gliedern:

a) Entspannungstraining
b) Aufstellung einer Hierarchie von angstauslösenden Reizen bzw. Situationen
c) Kombination der abgestuften Angstreize mit der Entspannungsreaktion

Zunächst wird versucht, den Klienten in einen Entspannungszustand zu versetzen. Um den Zustand der vollständigen Entspannung zu erreichen, können Hypnose oder Drogen eingesetzt werden. Danach beginnt die eigentliche Desensibilisierung. Der Klient soll sich jetzt den schwächsten, der in eine Hierarchie gebrachten angstauslösenden Reize bzw. Situationen vorstellen. Hinter dieser Vorgehensweise steht die Annahme, daß ein Mensch nicht gleichzeitig fröhlich und traurig oder entspannt und ängstlich sein kann. Durch den Entspannungszustand, in dem sich der Klient befindet, soll verhindert werden, daß ein Klient beim Vorstellen der Angstsituation Angst empfindet. Der Entspannungszustand verhindert das Auftreten der gegensätzlichen Empfindung Angst. Sobald die Situation angstfrei erlebt werden kann, wird zur nächstschwierigen Situation weitergegangen. Nach einigen Therapiesitzungen wird sich der Klient auch die stark angstbesetzten Situationen ohne Angst vorstellen können. Erfahrungen lassen den Schluß zu, daß Klienten, die auf diese Weise „desensibilisiert“ wurden, auch in den realen Situationen keine Angst mehr empfinden.

Beispiel einer „Angsthierarchie“:

„1. Abwertende Bemerkungen von seiten des Ehemannes
2. Abwertende Bemerkungen von Freunden
3. Spott vom Ehemann oder von Freunden
4. Bemängelnde Kritik
5. Eine Gruppe ansprechen
6. An einer Geselligkeit von mehr als vier Personen teilnehmen
7. Sich um eine Stelle bewerben
8. Von einer Gruppenveranstaltung ausgeschlossen werden
9. Mit jemanden konfrontiert werden, der einen von oben herab behandelt“
(Legewie/Ehlers, 1972, S. 296)

Desensibilisierungsverfahren eignen sich besonders für die Behandlung von Prüfungsängsten, Lampenfieber, Tierphobien (zum Beispiel Angst vor Schlangen), Angst vor geschlossenen Räumen oder großen Plätzen und Höhenangst.

Aversionstherapie wird bzw. wurde vor allem bei der Behandlung von Süchtigen und sexuellen Störungen, wie zum Beispiel Fetischismus eingesetzt. Hier wird das süchtige bzw. sexuell abweichende Verhalten mit schmerzhaften oder unangenehmen Reizen (zum Beispiel leichte elektrische Schocks, übelkeitserregende Drogen) gekoppelt, beispielsweise bei der Antabusbehandlung alkoholabhängiger Menschen: Ein Alkoholabhängiger nimmt regelmäßig Antabustabletten ein. Trinkt der behandelte Mensch Alkohol, so treten vegetative Störungen wie Übelkeit, Erbrechen, Kopfschmerzen auf, die so unangenehm sind, daß diese Person jede weitere Alkoholeinnahme vermeiden wird – sofern sie die Tabletten regelmäßig einnimmt. Aversionstherapie ist eine heute eher selten verwendete therapeutische Technik, nicht zuletzt aus ethischen Gründen.

Zu den weniger typischen verhaltenstherapeutischen Methoden zählt das *Rollenspiel,* Im Rollenspiel, das zumeist in Gruppen durchgeführt wird, werden schwierige und konflikthafte Situationen nachgespielt. Der Klient soll durch Nachahmung und Übung lernen, Verhaltensweisen auszuüben, über die er bislang nicht verfügte oder die er aus irgendwelchen Gründen nicht zu zeigen wagte. Zu diesen vor allem im Bereich Selbstsicherheit und Selbstbehauptung liegenden Verhaltensweisen zählen beispielsweise Widersprechen und Angreifen, in der Ich-Form sprechen, ausdrucksstarkes Sprechen.

Die erwähnten Therapieformen sind in der Einzeltherapie zwischen Therapeut und Klient als auch in Gruppen möglich. Ein Vorteil der Gruppentherapie liegt in der großen Anzahl behandelter Personen. Daneben können die in der Gruppensituation auftretenden gruppendynamischen Prozesse für den psychischen Heilungsvorgang nutzbar gemacht werden.

Oft ist die Störung bzw. Erkrankung eines Menschen durch die familiären Strukturen und Beziehungen bedingt, in der ein Mensch eingebunden ist. Unbewußt kann die Familie den Kranken in einer Rolle, etwa des Sündenbocks, festhalten. In diesen Fällen ist es notwendig, die Familie in den Therapieprozeß miteinzubeziehen. Dies geschieht in der *Familientherapie,* die nicht auf den einzelnen Patienten, sondern auf die Familie selbst (Richter: „Patient Familie") therapeutisch zielt. Die Familientherapie arbeitet mit verschiedenen therapeutischen Methoden.

Eine Psychotherapie läßt sich durch zwei Faktoren charakterisieren: Die psychotherapeutische Methode und die Person des Therapeuten. Untersuchungsergebnisse weisen darauf hin, daß der Person des Therapeuten mehr Bedeutung für den Behandlungserfolg zukommt als der angewendeten Methode. Welche Methode ein Therapeut wählt und zu welcher Methode sich ein Klient am ehesten hingezogen fühlt, dürfte nicht zuletzt davon abhängen, inwieweit die Grundannahmen einer Therapierichtung seinem Menschenbild gerecht werden. Ob Klient und Therapeut im jeweiligen Fall eine therapeutische Beziehung eingehen sollten, sollte nach einer Vorphase des Informierens und Probierens von beiden entschieden werden. Ein Therapeut kann nicht mit jedem Klienten gleich gut umgehen, und ein Klient wird zu den verschiedenen Therapeuten mehr oder weniger starkes Vertrauen haben.

6 *Prävention: Was kann vorbeugend für die psychische Gesundheit der Pflegenden getan werden?*

Vorbeugen ist besser als Heilen. Dieses Prinzip ist schon seit langem zumindest theoretisch bekannt, obwohl sehr oft – nicht nur in der Medizin – die präventiven Möglichkeiten zu wenig genützt werden.

Unter *Prävention* oder *Prophylaxe* sind all jene Maßnahmen zu verstehen, die das Auftreten von Erkrankungen bzw. unerwünschten Ereignissen verhindern sollen. Positiv formuliert bedeutet Prävention die Schaffung von fördernden Bedingungen für die körperliche und psychische Gesundheit.

Prophylaktische Bemühungen lassen sich durch eine Kategorisierung in primäre, sekundäre und tertiäre Prophylaxe unterscheiden. Dies ist eine Einteilung nach dem Zeitpunkt des Eingriffs oder der Wirkung präventiver Kräfte.

Die *Tertiärprophylaxe* strebt eine Verhinderung von Schäden an, die als Folge bereits bestehender Störungen auftreten können. Die *Sekundärprophylaxe* zielt auf eine Verkürzung beginnender oder bereits bestehender Erkrankungen. Die *Primärprophylaxe* als höchste Stufe präventiver Wirkung möchte die Verhinderung einer Störung von vornherein erreichen, d.h. sie muß bereits vor dem Auftreten von Anfangssymptomen einsetzen und mögliche Ursachen und auslösende Faktoren treffen.

Primäre Prävention, die psychische Störungen verhindern will, setzt an der sozialen Umwelt (struktureller Ansatz) und am einzelnen Menschen selbst an (individueller Ansatz). Eine an der sozialen Umwelt ansetztende Primärprophylaxe hat die gesellschaftlichen Bedingungen so zu verändern, daß krankmachende Faktoren ausgeschlossen bzw. ihre Wirkung minimiert wird. Ansatzpunkte hierfür sind in gesellschaftlichen Teilbereichen wie Familie, Schule, Arbeit zu suchen. Auf der Seite des Individuums heißt primäre Prävention die Vermittlung von Handlungskompetenzen, welche dem einzelnen Menschen eine angemessene Auseinandersetzung mit den Anforderungen seiner Umwelt ermöglichen (Sommer/Ernst 1977).

Zu diesen Handlungskompetenzen zählen: Beziehungen zu Mitmenschen herstellen können; die eigenen Gefühle und Bedürfnisse äußern und vertreten können; auf andere Menschen eingehen können; Konflikte lösen und wo dies nicht möglich ist, sie ertragen und aushalten können.

6.1 *Institutionelle und individuelle Maßnahmen zur Verbesserung der Arbeitsbedingungen*

Durch institutionelle (strukturelle) und individuelle Maßnahmen können arbeitsbedingte Belastungen reduziert und die Fähigkeit im Umgang mit Streßsituationen geübt werden.

Ein erster Schritt zur Bewältigung oder Vorbeugung ist herauszufinden, welche konkreten Situationen für die einzelne Person belastend wirken. Das kann individuell sehr unterschiedlich sein. Während sich eine Person vor einer neuen Aufgabe fürchtet und schlaflose Nächte hat, findet eine andere, eine neue Tätigkeit in Angriff zu nehmen, spannend, erfreulich und stimulierend.

Steinmetz (1977) entwickelte folgenden Fragebogen, der zur Feststellung streßhafter Arbeitsbedingungen dienen kann und aus dem einige Aussagen wiedergegeben werden sollen.

Streßhafte Arbeitsbedingungen (Cooper 1981, S. 164/165, Auszug):

„Häufig existieren tagtäglich Bedingungen bei der Arbeit, die wir als streßhaft erleben. Geben Sie bei den folgenden Items an, wie häufig jede der Bedingungen für Streß für Sie zutrifft, indem sie die entsprechende Zahl ankreuzen.

	nie	selten	manchmal	oft	immer
1. Andere, mit denen ich arbeite, scheinen im unklaren darüber zu sein, worin meine Aufgabe besteht.	1	2	3	4	5
3. Die Forderungen, die andere an meine Arbeitszeit stellen, stehen im Konflikt miteinander.	1	2	3	4	5
7. Ich bekomme nur Rückmeldung, wenn meine Leistung unbefriedigend ist.	1	2	3	4	5
9. Ich habe zuviel zu tun und zu wenig Zeit dafür.	1	2	3	4	5
10. Ich habe das Gefühl, für meine Arbeit zu qualifiziert zu sein.	1	2	3	4	5
11. Ich habe das Gefühl, für meine Arbeit nicht ausreichend qualifiziert zu sein.	1	2	3	4	5
14. Ich habe unbereinigte Konflikte mit Leuten in meiner Abteilung.	1	2	3	4	5
19. Ich fühle mich von der Familie wegen Überstunden, Arbeit an Wochenenden usw. unter Druck gesetzt.	1	2	3	4	5
21. Es fällt mir schwer, Gleichgestellten negative Rückmeldung zu geben.	1	2	3	4	5
22. Es fällt mir schwer, Untergebenen negative Rückmeldung zu geben.	1	2	3	4	5
23. Es fällt mir schwer, mit aggressiven Leuten umzugehen.	1	2	3	4	5
34. Meine persönlichen Bedürfnisse stehen im Widerspruch zu denen der Organisation.	1	2	3	4	5
36. Administrative Maßnahmen behindern meine Arbeit	1	2	3	4	5“

Im folgenden werden einige Beispiele von Maßnahmen aufgezeigt, die zur Verminderung oder besseren Bewältigung von Belastungen führen können.

a) Die Berücksichtigung arbeitsphysiologischer und -psychologischer Erkenntnisse bei der Dienstplangestaltung:

Wie schon erwähnt, ist Schicht- und Nachtarbeit mit gesundheitlichen Risiken und einer Reihe von Unannehmlichkeiten verbunden. Um gesundheitliche Störungen und die sozialen Auswirkungen der Schichtarbeit zu reduzieren, sollte der Gestaltung von Dienstplänen besondere Sorgfalt gewidmet werden.

Baitsch (1980) nennt zwei Grundprinzipien, die dabei beachtet werden sollten: *Individualität* und *Flexibilität.* Bei der Dienstplangestaltung sollten individuelle Wünsche und Bedürfnisse berücksichtigt werden können, zum Beispiel Veränderungen des Arbeitsbeginnes oder -endes, damit öffentliche Verkehrsmittel benützt werden können oder Abstimmung der Schichtverteilung auf den Dienstplan des Partners. Das Prinzip der Flexibilität soll den Schichtarbeitenden ermöglichen, kurzfristig, ohne größeren bürokratischen Aufwand Änderungen vorzunehmen. Anpassungen an augenblickliche Erfordernisse sollten von den Pflegenden in eigener Kompetenz und durch gemeinsame Absprache möglich sein (zum Beispiel Austausch von einzelnen Diensten). Um Benachteiligungen einzelner Personen zu vermeiden, können dabei Spielregeln abgemacht werden. Die Verwirklichung dieser Prinzipien macht eine weitgehende Mitsprache der Betroffenen bei der Erstellung der Dienstpläne erforderlich. Sie setzt auch voraus, daß die Beteiligten über die physiologischen Gesetzmäßigkeiten der Schichtarbeit und die Technik der Dienstplangestaltung informiert sind.

Wie lange sollten die einzelnen Schichten dauern? Wie viele Früh-, Spät- oder Nachtschichten sind physiologisch günstig? Aus arbeitsmedizinischer Sicht ist es am sinnvollsten, die verschiedenen Dienstformen möglichst schnell zu wechseln. Nach Baitsch liegt die Höchstgrenze für ununterbrochene Nachtwache bei 5–7 Nächten. Bei längeren Perioden wird das Schlafdefizit und damit die gesundheitliche Beeinträchtigung durch die Nachtwache zu hoch. Nach der Nachtwache sollte jeweils eine zusammenhängende Freizeit von mindestens 24 Stunden folgen, die nicht als „Freitag“ angerechnet wird. Weiter wird empfohlen, daß Schichtwechsel, bei dem keine Frei-Tage dazwischen liegen, „vorwärts“ erfolgen sollten, also Frühdienst → Spätdienst → Nachtwache und nicht umgekehrt. Sonst entstehen am Tage des Wechsels zu kurze Freizeiten und die nötige Erholung wäre nicht mehr gewährleistet.

Bei der Festlegung der Frei-Tage sollte beachtet werden, daß größere Freizeitblöcke höheren Erholungswert als einzelne verstreute Tage haben.

Eine tägliche Arbeitszeit von acht Stunden oder wenig mehr ist physiologisch günstig. Die Dauer der Abwesenheit vom Wohnort sollte nicht durch lange Mittagszeit übermäßig verlängert werden.

Bevor jemand in den Schicht- oder Nachtdienst aufgenommen wird, sollte er ärztlich untersucht werden und über die möglichen gesundheitlichen Störungen informiert werden. Ebenfalls sind alle zwei bis drei Jahre Kontrolluntersuchungen nötig.

b) Mitsprache bei der Arbeit zur Vorbeugung von Streß: Die Ergebnisse verschiedener Untersuchungen deuten darauf hin, daß sich Mitsprache bei der Arbeit in verschiedener Hinsicht sehr günstig auswirkt. So kann Mitsprache vorbeugend gegen Streß wirken. Die Abbildung 18 zeigt die verschiedenen Auswirkungen, die Mitsprache auf einen Menschen haben kann.

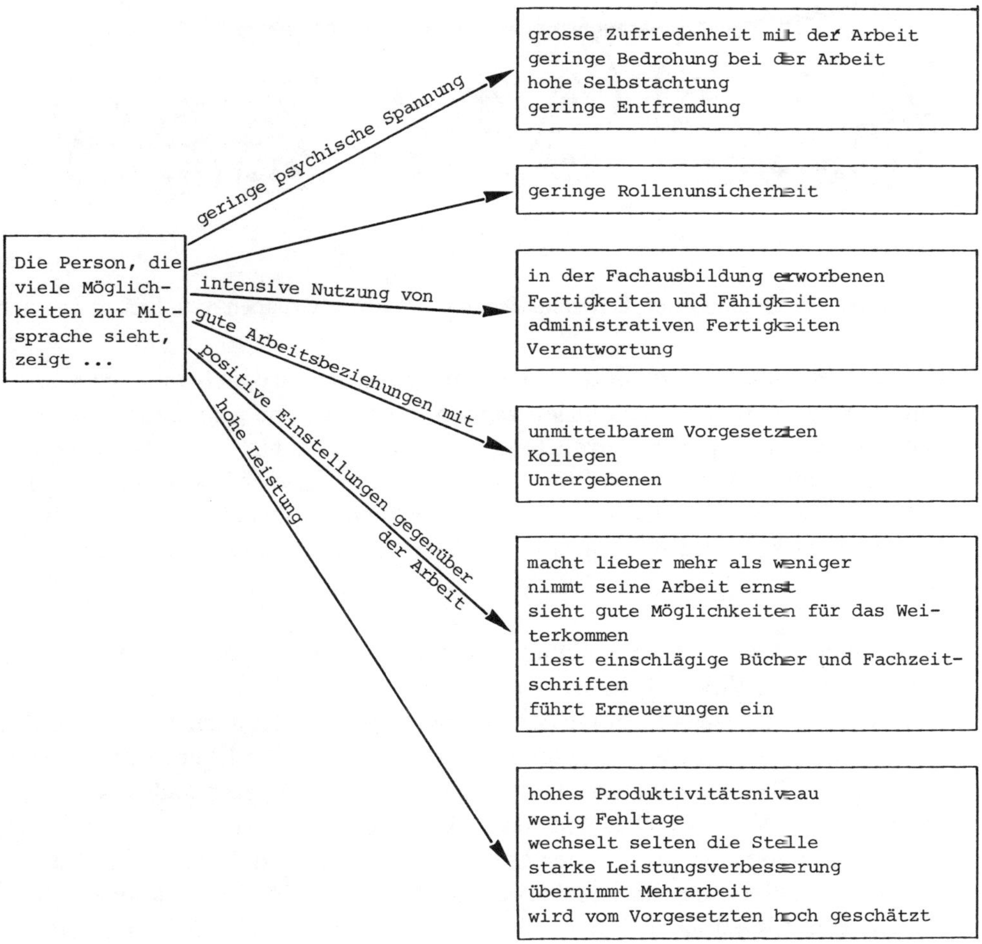

(aus Cooper 1981, S. 92)

Selbständige, kleine Arbeitsteams können zu einer vermehrten Mitsprache und zum Abbau der starren Hierarchie im Krankenhaus beitragen. Lickert (1961 und 1967) schlug eine Organisationsstruktur mit kleinen Gruppen vor in der jeweils immer ein Mitglied einer Gruppe Mitglied in einer ranghöheren Gruppe ist. Dadurch ergibt sich eine Organisation als System sich überlappender Gruppen (vgl. Abb. 19).

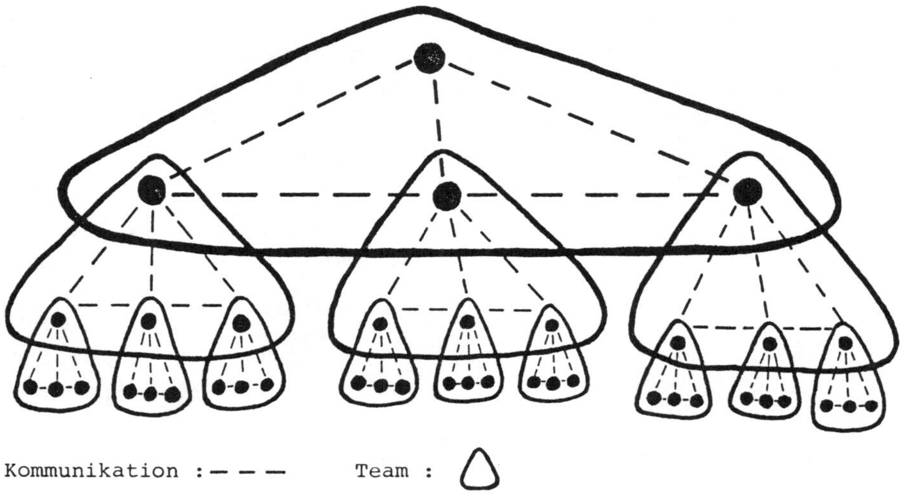

Abbildung 19: Organisation als System sich überlappender Gruppen nach Lickert

Bei diesem Modell werden Aufgaben langfristig an Gruppen und nicht an Einzelne delegiert. Entscheidungen werden in der Gruppe gemeinsam gefällt, der Vorgesetzte ist jedoch verpflichtet, dann zu entscheiden, wenn die Gruppe sich nicht einigen kann. Nach Lickert können durch diese „effektiven" kleinen Gruppen individuelle Initiativen besser in wichtige Entscheidungen eingehen. Das führt zu kooperativer Führung und erleichtert die Anwendung der Mitsprache.

c) Zusammenarbeit von Ausbildungsinstitutionen und Krankenhaus zur Verminderung des „Wirklichkeitsschocks":
Es ist wünschbar, daß zur Lösung der Konflikte zwischen der idealen Rolle einer Krankenschwester und der Krankenhauswirklichkeit auf der Ebene der beiden Institutionen Krankenhaus und Krankenpflegeschule Wege gefunden werden können. Eine Möglichkeit bestünde darin, Übungen für die Auseinandersetzung mit der Krankenhausrealität in den Lehrplan einzubauen. Beispielsweise könnten dann mit Hilfe von Fallbeispielen oder Rollenspielen Konfliktsituationen, die im Krankenhaus häufig auftreten, besprochen und bearbeitet und verschiedene Lösungsstrategien eingeübt werden.

6.1.2 Maßnahmen zur besseren Bewältigung von beruflichen und zwischenmenschlichen Problemen

a) Praxisberatung oder Supervision:
Es bestehen Hinweise, daß mitmenschlicher Beistand streßlindernd wirkt und wesentlich zur besseren Gesundheit beiträgt. *Praxisberatung,* auch *Supervision* genannt, könnte eine betriebliche Hilfeleistung sein, die das Pflegepersonal bei der Bewältigung der beruflichen Anforderungen unterstützt. Praxisberatung ist

eine auf die Berufspraxis bezogene, problemorientierte Form der Weiterbildung. Sie macht den Beteiligten Zusammenhänge und Prozesse der bearbeiteten Probleme klarer. Damit wird ganz allgemein die Fähigkeit im Umgang mit Problemen der Berufspraxis gefördert. Praxisberatung wird in der Regel in Gruppen durchgeführt. Die Sitzungen können unterschiedlich lange dauern und in verschiedenen Intervallen wiederholt werden.

Mit Vorteil wird die Praxisberatung von einem Supervisor geleitet, der den Beruf seiner Supervisanden gut kennt oder wenn möglich selbst Berufserfahrung hat. Es wäre demnach wünschenswert, wenn sich Krankenschwestern zu Supervisoren ausbilden ließen. Da es aber heute nur wenige solcher Krankenschwestern gibt, wird Praxisberatung von Psychologen, Psychiatern oder Sozialarbeitern geleitet. An einer Praxisberatungsveranstaltung schildern die Teilnehmer ein momentan aktuelles konkretes berufliches Problem, etwa die Frage, wie die Gruppenrapporte befriedigender gestaltet werden könnten, oder wie man sich gegenüber Herrn X., der an der Pflege immer etwas auszusetzen hat, am besten verhält, oder wie man die Pflege eines Sterbenden, der sich gegen das Sterben auflehnt, bewältigen kann.

In der Gruppe werden die Probleme gemeinsam bearbeitet, und es werden mögliche Lösungen gesucht.

Praxisberatung kann unterteilt werden in ausbildungs- und arbeitsteambezogene Praxisberatung.

Ausbildungsbezogene Praxisberatung kann die Lernenden während oder nach der Ausbildung bei der Umsetzung des Gelernten unterstützen. In der Gruppe können Erfahrungen aus der Praxis ausgetauscht und überdacht werden. Durch diesen Erfahrungsaustausch lassen sich Probleme, die durch die Ausbildung entstehen, verarbeiten. Wichtig dabei ist, daß Praxisberatung nicht mit dem Qualifikationssystem verknüpft ist. Ein Supervisor sollte also nichts mit der Notengebung zu tun haben.

Praxisberatung im Anschluß an die Ausbildung durchgeführt kann helfen, den sogenannten Wirklichkeitsschock zu verarbeiten, und dadurch eine wichtige Starthilfe in die Berufspraxis sein.

Bei der arbeitsteambezogenen Praxisberatung läßt sich ein Arbeitsteam gemeinsam supervisieren. Das kann ein Pflegeteam einer Krankenhausabteilung oder ein Schulteam sein. Diese Art Praxisberatung hat den Vorteil, daß die Probleme dort, wo sie entstanden sind, bearbeitet werden können.

Fragen, die in der Teamsupervision bearbeitet werden, können das Team selbst betreffen, beispielsweise Spannungen zwischen den Mitgliedern oder die Arbeitsweise des Teams oder aber auch die Arbeit mit den Patienten oder Schülerinnen. Die zweite Ebene der Problembearbeitung ist unter dem Namen „Balint-Gruppe" bekannt und unter Ärzten und Psychiatern verbreitet.

Durch regelmäßige Praxisberatung können die Beteiligten allmählich sicherer werden, Konflikte dort, wo sie entstehen, direkt zu bearbeiten. Dadurch wird Energie freigesetzt, und es stehen wieder mehr Zeit und Kraft zur Bewältigung der Arbeit zur Verfügung.

b) Innerbetriebliche Ausbildung:
Ein wesentlicher Beitrag zur Verbesserung der Zusammenarbeit und zur Bewältigung von Belastungen kann durch kontinuierlich durchgeführte innerbetriebliche Ausbildung geleistet werden. Solche Ausbildungsveranstaltungen sollten jeweils für die Mitglieder einer Abteilung durchgeführt werden, damit diejenigen Personen, die zusammenarbeiten auch gemeinsame Lerngruppen bilden.

Wünschenswert wären Themen, die zur besseren Bewältigung von Streßsituationen beitragen, zum Beispiel „Umgang mit Konflikten“, „Kennenlernen der eigenen Fähigkeiten und Grenzen“, „Zwischenmenschliche Beziehungen“. Es wäre auch von Vorteil, wenn Pflegepersonal und Ärzte gemeinsam an solchen Veranstaltungen teilnehmen würden, zur Verbesserung des gegenseitigen Verständnisses und der Zusammenarbeit.

c) Selbsthilfegruppen:
In Selbsthilfegruppen finden sich Menschen zusammen, die ohne Mithilfe eines Therapeuten (bzw. eines Führers) gemeinsam ihre persönlichen Probleme und Konflikte zu bewältigen versuchen. Zunächst waren Krisen, Krankheit und Notsituationen die Ausgangspunkte für die Bildung einer Selbsthilfegruppe. Als die wohl älteste Form einer Selbsthilfegruppe können die Anonymen Alkoholiker gelten, die sich im Jahre 1935 erstmals konstituierten. Es gibt heute eine Vielzahl von Selbsthilfegruppen für Menschen mit den verschiedensten Belastungen und Erkrankungen, wie Übergewichtige, Behinderte, Eltern mit kranken Kindern, Krebspatienten, Selbstmordgefährdete, Schüchterne, Suchtmittelabhängige.

In den Selbsthilfegruppen wird vor allem die oft vernachlässigte seelische Problematik einer Erkrankung oder Behinderung in einer Art Gruppenselbstbehandlung aufgearbeitet.

Neben diesen Gruppen für kranke und behinderte Menschen sind Selbsthilfegruppen – unabhängig von Krisen und Erkrankungen – eine Chance für jeden, sich selbst besser kennenzulernen und sich mit den Anforderungen des Alltagslebens sinnvoller auseinanderzusetzen. Für Paare, Alleinstehende, alte Menschen etwa sind solche auch als „eigenverantwortliche Gesprächsgruppen“ bezeichnete Selbsthilfegruppen ein Ort, an dem man mit anderen über Probleme sprechen und sich mit den eigenen Gefühlen auseinandersetzen kann.

Eigenverantwortliche Gesprächsgruppen können als eine Antwort auf die zunehmende Beziehungslosigkeit unseres Zusammenlebens betrachtet werden. Die wichtigsten Merkmale dieser Gesprächsgruppen sind (Möller, 1978):

- alle Gruppenmitglieder sind gleichgestellt
- jeder bestimmt über sich selbst
- jeder geht in die Gruppe wegen eigener Schwierigkeiten
- die Gruppe entscheidet selbstverantwortlich
- was in der Gruppe besprochen wird soll in der Gruppe bleiben und nicht nach außen dringen
- die Teilnahme an der Gruppe ist kostenlos.

Die Bedeutung und die Möglichkeiten von Selbsthilfegruppen sind gerade von Angehörigen von helfenden und pädagogischen Berufen recht früh erkannt worden. So gibt es Selbsthilfegruppen für Sozialarbeiter, Lehrer und Krankenschwestern. In diesen Selbsthilfegruppen können die Mitglieder sich mit den psychischen Konflikten und Belastungen auseinandersetzen, die aus ihrer beruflichen Tätigkeit resultieren. Es ist hier auch möglich, daß die persönliche Problematik diskutiert wird, die zur eigenen Berufswahl beigetragen hat (s. Teil VI/3 Das Helfer-Syndrom).

6.1.3 Erhöhung der individuellen und sozialen Handlungskompetenz

Bedeutend für die Erhaltung der psychischen Gesundheit ist die individuelle und soziale Handlungskompetenz. *Handlungskompetenz* kann verstanden werden als das Ausmaß, in dem ein Mensch lernt, seine Lebensprobleme zu bewältigen und erfolgreich mit gemachten Erfahrungen umzugehen. Merkmale individueller und sozialer Handlungskompetenz sind:

- eigene Gefühle, Bedürfnisse und Interessen wahrnehmen und bejahen, anderen mitteilen und angemessen durchsetzen können
- das eigene Verhalten verstehen und kritisch hinterfragen können
- ein hohes Maß an Selbständigkeit, Eigensteuerung und Selbstwertgefühl
- sensible soziale Wahrnehmung
- kommunizieren und kooperieren können
- Konflikte erleben und austragen können

Die Erhöhung dieser Fähigkeiten ist eine notwendige allgemeine gesundheitserzieherische Aufgabe, der in Familie und Schule besondere Bedeutung beigemessen werden sollte. Für Krankenschwestern und helfende Berufe im besonderen scheinen uns vor allem drei Aspekte von Bedeutung:

a) Eigene Gefühle und Bedürfnisse wahrnehmen, diese bejahen, anderen mitteilen und angemessen durchsetzen:

Jeder hat das Recht auf seine eigenen Gefühle und darauf, daß sie von anderen ernst genommen werden. Es ist eine Erscheinung unserer Zeit, daß es vielen Menschen schwer fällt, Gefühle wahrzunehmen. Außerdem werden ganz bestimmte Gefühle weniger zugelassen als andere, wie etwa Gefühle der Trauer und Hilflosigkeit bei einem Mann oder Gefühle des Zorns bei einer Frau.

Gewisse psychologische Erklärungsansätze sehen den Grund darin, daß einem Kleinkind Äußerungen bestimmter Gefühle verboten werden, in einem Alter, in dem das Kind noch nicht unterscheiden kann zwischen seinem wahrgenommenen Gefühl und der Gefühlsäußerung. Dieses Verbot führt dazu, daß die jeweiligen Gefühle verdrängt werden. Dazu ein Beispiel:

Ein kleiner Junge ist wütend, weil sein jüngeres Schwesterchen sein Spielzeug weggenommen hat. Er weint und schlägt seine kleine Schwester. Die Mutter kommt dazu und schimpft: „Du darfst Deine kleine Schwester nicht schlagen, das ist doch kein Grund so wütend zu sein." Mit dieser Aussage nimmt die Mutter die Wut des Kindes nicht ernst. Sie verunmöglicht damit auch, daß der Junge seine Gefühl der Wut äußern kann. Anders wäre es gewesen wenn sie gesagt hätte: „Ich sehe, Du bist sehr wütend. Das verstehe ich, aber weißt Du, deshalb solltest Du Deine Schwester nicht schlagen, sie versteht das noch nicht." Häufen sich solche strafenden Zurechtweisungen der Eltern, die die Gefühle der Kinder nicht ernst nehmen, wird ein Kind lernen, seine Gefühle zu unterdrücken und sie nicht mehr wahrzunehmen. An Stelle der „verbotenen" Gefühle treten dann sogenannte erlaubte Ersatzgefühle, etwa an Stelle der Wut chronisches Unbefriedigtsein, Ratlosigkeit, Gereiztheit. Solche Lernerfahrungen bewirken, daß es später einem erwachsenen Menschen schwer fällt, seine „echten" Gefühle wahrzunehmen.

Eine wesentliche Voraussetzung für die psychische Gesundheit besteht darin, zu lernen, seine Gefühle und Bedürfnisse wahrzunehmen und zu ihnen zu stehen. Ein erster Schritt kann sein, sich das Recht auf die Existenz von Gefühlen, auch von sozial abgelehnten Gefühlen zuzugestehen. Ein weiterer Schritt wäre dann, zu lernen auf die Gefühle zu achten, sie wahrzunehmen. Die Trennung von Wahrnehmen von Gefühlen und Bedürfnissen und ihrem Ausleben kann helfen, besser mit ihnen umzugehen.

b) Ein hohes Maß an Selbstwertgefühl, Selbständigkeit und Eigensteuerung:

Jeder Mensch hat den Anspruch auf Selbstsicherheit und darauf, sein Leben selbst bestimmen zu können. Auch diese Fähigkeit, zu sich selbst ja zu sagen und sich ebenso ernst zu nehmen wie andere, und sein Leben selbst zu steuern, wurde bei vielen durch Erziehungspraktiken in der Kindheit unterdrückt.

Unter Selbstwertgefühl verstehen wir, daß ein Mensch zu sich selbst, zu seinen Fähigkeiten, Eigenarten und Schwächen ja sagen kann. Indem ein Mensch seine Fähigkeiten erkennt, sie entwickelt und andere Menschen findet, die ihn mit seinen Fehlern und Schwächen annehmen und schätzen, kann er sein Selbstwertgefühl entwickeln. Um sich und seine Fähigkeiten und Schwächen besser kennenzulernen und zu wissen, wie er auf andere wirkt, kann er bewußt Feedback bei anderen einholen.

Ein erster Schritt zur Förderung der Selbständigkeit ist die Erkenntnis, daß jeder Mensch das Recht hat, eine eigene Meinung zu haben und sein Leben selbst zu bestimmen. Es ist jedoch nicht einfach, sich den erlernten Verhaltensweisen der Anpassung und den manipulativen Techniken anderer zu widersetzen. Zur Förderung der Selbständigkeit können Strategien erlernt werden, die einer Person ermöglichen, ihre Ziele zu erreichen und mit auftretenden Problemen umzugehen, etwa Problemlösungs- und Entscheidungstechniken und Argumentationstechniken.

Dazu gehört auch, daß ein Mensch ein realistisches Anspruchsniveau entwikkelt und lernt, nein zu sagen.

c) Konflikte erleben und austragen können:

Konflikte sind unaufhebbare Bestandteile des menschlichen Lebens. Man versteht darunter eine Unvereinbarkeit von Interessen, Bedürfnissen, Zielen oder Werten, die sich beim einzelnen Menschen in einer inneren Spannung äußert. Konflikte entstehen auf verschiedenen Ebenen: Innerhalb eines Menschen (siehe Teil II: „Der Konflikt"), zwischen Menschen, Gruppen oder Nationen.

In unserer Kultur besteht eine allgemeine Tendenz, Konflikte als etwas Negatives, Schlechtes zu betrachten, das nicht sein sollte. Man findet diese Tendenz ausgeprägt in religiösen Systemen, in denen der Zustand der Harmonie, Ruhe und Entspannung als paradiesischer Zustand angestrebt wird. Dieser Einstellung liegt ein Menschenbild zu Grunde, das davon ausgeht, daß alle Menschen gleiche Bedürfnisse haben und diese Bedürfnisse im Laufe des Lebens konstant bleiben. Menschen sind jedoch trotz vieler Gemeinsamkeiten unterschiedlich. Sie haben unterschiedliche Bedürfnisse, die sich widersprechen können unde so zu Konflikten führen. Daher ist auch die Vorstellung einer idealen, konfliktfreien Gesellschaft utopisch.

Die Grundüberzeugung, daß Konflikte schlecht sind, kann darin liegen, daß wir nicht in der Lage sind, zwischen Konflikt und Konfliktfolgen zu unterscheiden.

Mertens (1974) nennt drei wesentliche Faktoren, die bei der Konfliktbewältigung eine Rolle spielen:

- der Konflikt
- die Einstellung zum Konflikt und
- das Konfliktverhalten.

Die Vermischung dieser Faktoren kann den Umgang mit Konflikten erschweren und zu einer Verschärfung des Konfliktes führen. Dazu ein Beispiel:

Ein Ehepaar hat unvereinbare Bedürfnisse. ER möchte nach der Arbeit in Ruhe seine Zeitung lesen und entspannen, SIE hat das Bedürfnis, ihrem Mann die Erlebnisse des Tages zu erzählen und mit ihm über die entstandenen Probleme zu sprechen. *(Konflikt)*.

Sie spricht ihn an und er weist sie zurück. Die Frau wird frustriert. Das Gefühl der Frustration führt zu Aggressivität, was als negative *Einstellung* interpretiert werden kann. Das *Verhalten,* das aus dieser Einstellung folgt, etwa eine Anklage, der Mann schätze ihre Hausfrauentätigkeit nicht, verschärft den Konflikt.

Die Voraussetzung für eine konstruktive Konfliktbewältigung liegt wesentlich in der Grundeinstellung zu Konflikten. Weiter sollte unterschieden werden, zwischen dem Konflikt und den Konfliktfolgen, den Konflikteinstellungen und dem Konfliktverhalten.

Die Förderung von Fähigkeiten, etwa gegensätzliche Ziele, Bedürfnisse gegeneinander abzuwägen und auszuhandeln, und das Fördern von Einfühlungsvermögen, Sensibilität und Gerechtigkeitssinn können wesentlich zur Verbesserung der Konfliktfähigkeit beitragen.

Fragen zur Wissensprüfung

- Erklären Sie den Begriff Psychohygiene
- Was versteht man unter Streß? Wie kann Streß entstehen?
- Welche Auswirkungen auf die psychische Gesundheit der Pflegenden können Nacht- und Wochenenddienste haben?
- Wie versuchen Pflegende, die Belastungen, denen sie in ihrem Arbeitsalltag ausgesetzt sind, zu lösen? Nennen Sie einige Möglichkeiten.
- Was versteht Schmidbauer unter dem Helfer-Syndrom?
- Definieren Sie den Begriff Krise. Welche Risiken und welche Chancen sind mit einer Krise verbunden?
- Erklären Sie die folgenden Elemente einer Psychoanalyse: Freies Assoziieren, Deutung, Widerstand und Übertragung.
- Beschreiben Sie, welche Auswirkungen Mitsprache am Arbeitsplatz auf den einzelnen Menschen haben kann.
- Was versteht man unter Selbsthilfegruppen? Geben Sie Beispiele.
- Beschreiben Sie die Bedeutung, die Supervision bzw. Praxisberatung für die einzelne Pflegeperson haben kann.

Fragen zur Selbstaktualisierung

- Was bedeutet für mich persönlich psychisches Gesundsein?
- Mit welchen Belastungen meiner beruflichen Tätigkeit habe ich die meiste Mühe?
- Wie reagiere ich in der Regel auf starke psychische Belastungen?
- Wie ist mir zumute, wenn ich meinen beruflichen Idealvorstellungen nicht genügen kann?
- Was empfinde ich, wenn ich unter Zeitdruck stehe? Wie versuche ich damit umzugehen?
- Fällt es mir leicht, zu hohe Leistungsansprüche an meine berufliche Tätigkeit zurückzuweisen? Weshalb fällt es mir leicht, oder weshalb fällt es mir schwer?
- Habe ich selbst schon „ausweglose“ Situationen erlebt? Wie war das damals? Was hat, bzw. was hätte mir in dieser Situation geholfen?

- Was empfinde ich, wenn ich bei meiner Pflegetätigkeit mit schweren menschlichen Schicksalen konfrontiert werde? Fällt es mir leicht, mit anderen Menschen über diese Empfindungen zu sprechen?
- Wieviele Freunde/Freundinnen habe ich? Würde ich mir mehr wünschen? Kann ich mich in einer Notsituation an Freunde oder gute Bekannte wenden?
- Würde es mir in einer Notsituation leicht fallen, psychotherapeutische Hilfe in Anspruch zu nehmen?
- Gibt es Gefühle, die ich nur schwer zulassen kann? Was sind die Gründe dafür?
- Bin ich mit mir selbst, das heißt, so wie ich bin, im großen und ganzen einverstanden? Was kann ich gut und was kann ich überhaupt nicht an mir akzeptieren?
- Wie war das früher in meinem Elternhaus: Wurden Konflikte offen ausgetragen oder eher verdrängt? An welche konkreten Konfliktsituationen kann ich mich noch erinnern?

Ergänzende und weiterführende Literatur

Cooper, G.L.: Streßbewältigung: Person, Familie, Beruf. München, Wien, Baltimore: Urban & Schwarzenberg 1981
Moeller, M. L.: Selbsthilfegruppen. Reinbek bei Hamburg: Rowohlt 1978
Rothschild, B.: Seelische Notsituationen. Verstehen und Helfen. Weinheim: Beltz 1980
Schmidbauer, W.: Die hilflosen Helfer. Reinbek bei Hamburg: Rowohlt 1977
Smith, M. J.: Sage nein ohne Skrupel. Techniken zur Stärkung der Selbstsicherheit. Reinbek bei Hamburg: Rowohlt 1979

Glossar

Abwehrmechanismen: Mechanismen, die nach der psychoanalytischen Theorie das „Ich“ einsetzen kann, um zwischen den Geboten des „Überichs“ und den Ansprüchen des „Es“ auszugleichen (z.B. Verdrängung, Rationalisierung).

Autostereotyp: Selbstbild; Bild, das eine Gruppe von sich selbst hat.

Bezugsgruppen (Referenzgruppen): Gruppen, an denen man sein Verhalten orientiert, unabhängig davon, ob man ihnen angehört.

Bogardus Skala: Maß, das entwickelt wurde, um die soziale Distanz zwischen verschiedenen Gruppen zu erfassen.

Eigengruppe (Wir-Gruppe): Gruppen, deren Mitglied man ist und denen man sich zugehörig fühlt.

Einstellungen (Attitüden): relativ stabile Verhaltensbereitschaften bestimmte Objekte (Menschen, Gruppen Situationen usw.) in einer bestimmten Art und Weise wahrzunehmen und auf sie zu reagieren. Es werden drei Aspekte der Einstellung unterschieden; der kognitive, der affektive und der Verhaltensaspekt.

Empfänger: Person oder Institution, die eine Nachricht erhalten soll.

formelle (formale) Gruppen: Gruppen, die in der Regel aus der Betriebsorganisation entstanden sind und die einem bestimmten betrieblichen Ziel dienen. In der Regel haben sie eher unpersönlichen Charakter, vorgegebene Regeln und Rollenverteilungen.

Fremdgruppen: Gruppen, denen man nicht angehört.

Halo-Effekt: Wahrnehmungsfehler; der Wahrnehmende hat die Tendenz, sich bei der Beurteilung einer Person von einem allgemeinen guten oder schlechten Eindruck oder einer hervorstechenden Eigenschaft leiten zu lassen. Die Beurteilung einzelner Eigenschaften und Merkmale wird durch diese allgemeine Vorstellung von der einzuschätzenden Person beeinflußt.

Heterostereotyp: Fremdbild; Bild, welches eine Gruppe von einer anderen hat.

Informelle (informale Gruppen): entstehen innerhalb formaler Organisationen aus zwei oder mehreren Personen, aufgrund eines gemeinsamen Interesses. Es sind Gruppen ohne formal festgelegte Struktur.

Innerpsychischer Konflikt, bzw. seelischer Konflikt: Konflikt innerhalb einer Person, der durch zwei oder mehrere widerstrebende, das heißt nicht gleichzeitig zu realisierende Motive zustande kommt.

Institution: etablierte Formen von Verhaltensweisen und Normen, die durch gesellschaftliche Gruppen entstanden sind. Diese entlasten den Menschen, damit er sich nicht immer wieder neu in ähnlichen Situationen entscheiden muß.

Instrumentelles Konditionieren: Lernprozeß, in dem durch die Konsequenz gelernt wird, die unmittelbar auf eine Reaktion folgt (Lernen an den Konsequenzen).

Internalisieren: Ein Mensch übernimmt gesellschaftliche Verhaltensvorschriften und Regeln und betrachtet sie als seine eigenen.

Interrollenkonflikt: Widersprüchliche Erwartungen an ein und dieselbe Rolle, die ein Mensch innehat.

Intrarollenkonflikt: Widersprüchliche Erwartungen an ein und dieselbe Rolle, die ein Mensch innehat.

Klassisches Konditionieren, bzw. Signallernen: Klassisches Konditionieren bezeichnet einen Lernvorgang, in dem ein ursprünglich neutraler Reiz (z.B. Glockenton) durch wiederholtes Koppeln mit einem unkonditionierten Reiz (z.B. Futter) eine ähnliche Reaktion wie der unkonditionierte Reiz hervorrufen kann.

Kognitive Dissonanz: Läßt sich umschreiben mit Unvereinbarkeit, Widerspruch, Unstimmigkeit oder Ungleichgewicht (Dissonanz) zwischen zwei oder mehreren Erkenntnisinhalten (Kognitionen).

Kommunikation, Interaktion: Prozeß des Gedanken-, Informationsaustausches zwischen zwei oder mehreren Personen: „Wo immer zwei oder mehrere Individuen sich zueinander verhalten, sei es im Gespräch, in Verhandlungen, in Spiel oder Streit, in Liebe oder Haß, sei es um einer Sache oder um ihrer selbst willen, sprechen wir von sozialen Interaktionen oder zwischenmenschlicher Kommunikation" (Graumann 1972, S. 1109).

Neben dieser gleichartigen Verwendungsweise der beiden Begriffe gibt es ein Verständnis, das den Kommunikationsbegriff dem Interaktionsbegriff unterordnet: Nicht jede Interaktion ist auch Kommunikation, es gibt auch Interaktionsprozesse, bei denen kein Informationsaustausch stattfindet.

Konsultation im Laiensystem: Wenn ein Mensch mit einer gesundheitlichen Störung den Rat der Familienmitglieder, Freunde oder Bekannten einholt, wie er auf diese Störung reagieren sollte.

Kontrastfehler: Werden mehrere Personen nacheinander wahrgenommen und beurteilt, so sind die Urteile nicht unabhängig voneinander. Die ersten Beurteilungen bilden einen Vergleichsmaßstab für die folgenden Urteile.

Kranken-, Patientenkarriere: Der zeitliche und soziale Prozeß, der sich mit dem Kranksein und Patientsein ergibt. Dieser Prozeß ist zumeist mit dem Verlust von Handlungsmöglichkeiten, mit der Zunahme von Einschränkungen und mit der Einbuße von gesellschaftlichem Ansehen verbunden.

Krankenrolle: Das durch Erwartungen gesteuerte Verhalten eines Kranken, das heißt Erwartungen, die an das Befinden und Verhalten einer kranken Person gestellt werden.

Laienverständnis bzw. Laiendefinition von Krankheit: Vorstellungen, die in einer Bevölkerung darüber vorhanden sind, was als krank zu gelten hat und wie man auf gesundheitliche Störungen reagieren sollte.

Lernen am Modell (Modellernen): Lernen, das dadurch zustande kommt, daß ein Individuum das Verhalten anderer, sogenannter Modelle, beobachtet und anschließend imstande ist, die beobachtete Verhaltensweise durch Nachahmung zu zeigen.

Logischer Fehler („Private Persönlichkeitstheorie"): Ein Beobachter hat genaue Vorstellungen darüber, welche Persönlichkeitseigenschaften zusammen gehören. Aufgrund seiner persönlichen Erfahrung nimmt er an, daß bestimmte Persönlichkeitsmerkmale immer in Verbindung miteinander auftreten.

Metakommunikation: Kommunikation über die Kommunikation, das heißt also darüber zu reden, wie man miteinander kommuniziert.

Motiv: Annahmen über die dem Verhalten zugrunde liegenden physiologischen und psychologischen Ursachen (hypothetische Konstrukte).

Motivation: Umschreibt und erklärt den gesamten Prozeß und die Faktoren, die menschliches Verhalten bestimmen.

Muß-, Soll-, Kannerwartungen: Verschiedene Erwartungsintensitäten an einen Rolleninhaber (Verhaltensweisen, die ein Rolleninhaber erbringen muß, erbringen soll oder erbringen kann).

Nachricht, Botschaft: Das was in einem Kommunikationsprozeß übermittelt wird.

Nichtsprachliche oder nonverbale Kommunikation: Geschieht durch Bereiche, die neben der Sprache eine kommunikative Bedeutung und Funktion übernehmen können, wie der menschliche Körper, Objekte und der Raum.

Normen: Normen sind von der Mehrzahl der Gruppen, bzw. Gesellschaftsmitglieder geteilte Vorstellungen darüber, welches Verhalten einer bestimmten Situation angemessen ist.
Organisation: Soziales Gebilde, das als Netz von Rollen und Beziehungen verschiedenster Art zwischen Rollenträgern erscheint. Die Personen bauen ihre Beziehungen auf und entwickeln sie, um ein gemeinsames Ziel zu erreichen.
Paralinguistische Kommunikation: Die Art wie eine Nachricht vermittelt wird (Lautstärke, Sprechpausen, Sprechgeschwindigkeit usw.).
Patientenrolle: Die Krankenrolle wird zur Patientenrolle, wenn ein erkrankter Mensch mit den medizinischen Einrichtungen in Kontakt kommt. Die Patientenrolle umfaßt alle Erwartungen, die an das Befinden und Verhalten eines Patienten gerichtet werden.
Persönlichkeit: Das was ein Individuum charakterisiert und worin es sich von anderen Menschen unterscheidet.
Personenwahrnehmung: Teil der sozialen Wahrnehmung, bezieht sich auf den Vorgang der Wahrnehmung anderer Personen.
Position, soziale: Ort oder Platz, den eine Person in einem Gesellschaftssystem einnimmt.
Primäre Motive: die für das Individuum lebensnotwendigen Bedürfnisse, wie Essen, Trinken, Schlafen. Primäre Motive sind biologisch vorgegeben also dem Menschen angeboren.
Primäre Sozialisation: Teil des gesamten Sozialisationsprozesses. Die primäre Sozialisation findet in der frühen Kindheit, in der Regel in der Familie statt.
Primärgruppe: Gruppen mit einer kleinen Mitgliederzahl, in denen sich die Mitglieder persönlich kennen und die durch regelmäßigen gegenseitigen Kontakt ein starkes Zusammengehörigkeitsgefühl entwickeln.
Prinzip der Patientensteuerung: Bedeutet, daß die Entscheidung, sich medizinisch behandeln zu lassen im Normalfall vom Patienten gefällt wird.
Regression: Begriff aus der psychoanalytischen Theorie Sigmund Freuds. Er bedeutet das Zurückfallen bzw. Zurückgehen auf frühere Entwicklungsstufen.
Rolle, soziale: Das durch Erwartungen gesteuerte Handeln, das der Inhaber einer bestimmten Position in einer bestimmten Situation erbringen sollte. Ansprüche können an das Verhalten des Rolleninhabers (Rollenverhalten) und an die Erscheinung eines Rollenträgers (Rollenattribute) gerichtet werden.
Rollenambiguität: Die Rollenerwartungen sind nicht deutlich formuliert, es gibt keine klaren Abgrenzungen gegenüber ähnlichen Rollen.
Rollenabweichung: Abweichung vom vorgeschriebenen Rollenverhalten.
Rollendistanz: Der Rolleninhaber spielt zwar seine Rolle, macht aber gleichzeitig durch Signale deutlich, daß er sich von seinem eigenen Rollenverhalten innerlich distanziert, zum Beispiel durch Humor oder Selbstironie.
Rollenkonformität: Übereinstimmung mit dem vorgeschriebenen Rollenverhalten („das Spielen der Rolle nach vorgegebenem Drehbuch").
Rollenkonflikt: Ensteht durch widersprüchliche und unvereinbare Erwartungen an den Inhaber einer Rolle.
Rollenselbstbild: Vorstellungen, die der Rolleninhaber von seiner Rolle hat.
Rollensegment: Teil aus dem gesamten Rollenset (z. B. „Krankenschwester-Patient" oder „Krankenschwester-Arzt").
Rollensequenz: Die Abfolge gewisser Rollen innerhalb einer Entwicklungsreihe (z. B. Altersrollensequenz, Rangrollensequenz).
Rollenset: Vielzahl von Rollenerwartungen, die an eine soziale Rolle gestellt werden.
Rollentoleranz: Spielraum eines Rolleninhabers, den die Umwelt sanktionslos akzeptiert.
Rollentransfer, externer: Andere Personen schließen von einer Rolle, die ein Mensch einnimmt, wie sich derselbe Mensch in einer anderen Rolle zu verhalten hat.
Rollentransfer, interner: Der Rolleninhaber überträgt Handlungsweisen, die sich in der Ausübung einer Rolle bewährt haben in eine andere Rolle (z. B. Krankenschwester überträgt Handlungsweisen aus dem beruflichen Alltag in ihr Privatleben).

Rückmeldung (Feedback): der Empfänger teilt dem Sender mit, wie seine Nachricht angekommen ist.

Sanktion: Reaktion auf das Rollenverhalten. Sie soll die Einhaltung der mit einer Rolle verbundenen Handlungsregeln gewährleisten und kann in einer positiven Form (Lob, Belohnung) oder in einer negativen (Mißbilligung, Strafe) erfolgen.

Sekundäre Motive: Werden im Laufe der Entwicklung eines Menschen durch den Umgang und die Erfahrungen mit anderen Menschen gelernt, wie zum Beispiel das Bedürfnis nach Anerkennung und Sicherheit, das Gesellungsmotiv, das Leistungsmotiv. Sie sind nicht an biologische Mangelzustände gebunden.

Sekundäre Sozialisation: Die nach der primären Sozialisation einsetzenden Einflüsse, denen der Heranwachsende nach dem Heraustreten aus der Familie ausgesetzt ist. Die sekundäre Sozialisation ist ein fortwährender, lebenslanger Vorgang, in dem ein Mensch immer wieder mit neuen Aufgaben und Anforderungen konfrontiert wird.

Sekundärgruppen: Größere Gruppen, deren Mitgliederzahl keinen engeren persönlichen Kontakt aller Mitglieder erlaubt.

Sender: Die Person oder Institution, die eine Nachricht übermittelt.

Sich selbsterfüllende Prophezeiung: („Selffulfilling prophecy"): Die falsche Definition einer Situation kann diese so verändern, daß die Definition schließlich zutrifft. Beispiel: Weil man glaubt, daß Neger dümmer sind, gibt man ihnen schlechtere Schulen. Weil sie keine guten Schulen haben, besitzen sie schlechtere Entwicklungschancen und bleiben schließlich dümmer.

Situative Gruppierung: Räumliches oder zeitliches Zusammentreffen von Menschen, die in gegenseitiger Anonymität verbleiben (z.B. Theaterbesucher, Zuschauer eines Fußballspiels).

Soziale Distanz: Grad der Bereitschaft, ein Mitglied einer anderen Gruppe in einer bestimmten sozialen Nähe zu dulden, zum Beispiel als Wohnungsnachbar oder als Arbeitskollege.

Soziale Gruppe: Eine überschaubare Anzahl Personen, die für eine bestimmte Zeitdauer ein gemeinsames Ziel haben und die voneinander abhängig sind, um das Ziel zu erreichen.

Soziale Kategorie: Gedachte oder vorgestellte Zusammengehörigkeit von Menschen, aufgrund bestimmter gleicher Merkmale (z.B. die Radfahrer, die Radiohörer, die Frauen).

Soziale Schicht: Eine soziale Schicht besteht aus Individuen, die zumindest ein gemeinsames Merkmal aufweisen. Dieses Merkmal bestimmt den Rang dieser Schicht im Verhältnis zu anderen Schichten und erlaubt eine Einstufung nach oben oder unten. In modernen Gesellschaften werden vor allem drei Merkmale zur Bestimmung einer sozialen Schicht als wichtig erachtet: Beruf, bzw. berufliche Position, Bildung und Einkommen.

Soziale Schichtung: Meint, daß es innerhalb einer Gesellschaft abgrenzbare Schichten, bzw. ein „Höher" und „Tiefer" gibt. Die Gesellschaft wird als hierarchisch geschichtetes System betrachtet.

Sozialer Status: Bewertete Position, die ein Individuum innerhalb einer Gesellschaft einnimmt. Einen zugeschriebenen Status hat eine Person unabhängig von ihren eigenen Fähigkeiten, zum Beispiel hoher Status aufgrund der sozialen Herkunft. Beim erworbenen Status handelt es sich um eine Position, die sich eine Person aufgrund persönlicher Leistungen, beispielsweise im Beruf erworben hat.

Soziale Wahrnehmung: bedeutet zunächst die Wahrnehmung von Sozialem, etwa die Wahrnehmung von Personen und Gruppen im Gegensatz zur allgemeinen Wahrnehmung, wie zum Beispiel die Erfassung von Farb- oder Helligkeitsunterschieden. Soziale Wahrnehmung meint weiter, daß unsere Wahrnehmungen durch psychische und soziale Faktoren mitbedingt sind.

Sozialisation: Der Prozeß, durch den ein Individuum zum Mitglied einer Gesellschaft wird, indem es die gesellschaftlich gewünschten Einstellungen und Verhaltensweisen erlernt und übernimmt.

Sozialisationsinstanzen: Instanzen, wie zum Beispiel Familie, Schule, Kirche, durch die die Vermittlung der gesellschaftlich vorgegebenen Werte und Verhaltensweisen erfolgt.

Sprachliche Kommunikation: Der Informationsaustausch findet durch die gesprochene oder geschriebene Sprache statt.

*Statusattribute:*Statusmerkmale, zum Beispiel Grad der Professionalisierung, berufliche Position, Bildung, Besitz.

Statusinkonsistenz: Ist dann gegeben, wenn die einzelnen Merkmale bei einer Person auseinanderklaffen. Beispiel: Jemand besitzt hohe Bildung, aber nur geringes Einkommen.

Statuskonsistenz: Eine Person ist auf den bewerteten Merkmalen (z. B. Bildung, Einkommen) jeweils gleich hoch bzw. gleich niedrig vertreten.

Stereotyp: Übervereinfachende und übergeneralisierende Vorstellung darüber, wie Angehörige einer bestimmten sozialen Kategorie sein sollen. Beispiel: Geschlechtsstereotyp.

Streß: Belastungen und die Art und Weise, wie ein Mensch mit diesen Belastungen umgeht und sie bewältigt. Streß wird als Ungleichgewicht der Individuum-Umwelt-Reaktion angesehen.

System: Aggregat von einzelnen Elementen, die zusammen ein organisiertes einheitliches Ganzes bilden und miteinander in wechselseitiger Beziehung stehen.

Theorie der kognitiven Dissonanz: Diese von Festinger (1957) entwickelte Theorie geht davon aus, daß Menschen Inkonsistenzen und Dissonanzen nicht ertragen können und deshalb versuchen werden, diesen für sie unangenehmen Zustand aufzulösen.

Übertragung: Begriff aus der psychoanalytischen Theorie: frühkindliche Beziehungsmuster, zum Beispiel wie ein Kind seine Mutter wahrnimmt, werden von einem Menschen später auf seine Beziehungen zu Erwachsenen übertragen.

Vorurteile: „Vorurteile sind negative oder ablehnende Einstellungen einem Menschen oder einer Menschengruppe gegenüber, wobei dieser Gruppe infolge stereotyper Vorstellungen bestimmte Eigenschaften von vornherein zugeschrieben werden, die sich aufgrund von Starrheit und gefühlsmäßiger Ladung, selbst bei widersprechender Erfahrung schwer korrigieren lassen". (Davis 1969, S. 53).

Werte: Vorstellungen über erstrebenswerte Zustände einer Gesellschaft, wie wirtschaftlicher Fortschritt, Freiheit des Denkens, Gesundheit.

Werthierarchie: Rangfolge von Werten.

Literatur

Argyle, M.: Soziale Interaktion. Köln, Berlin: Kiepenheuer & Witsch 1972

Arne, S.: Gruppenpsychologie für Erzieher, Lehrer und Gruppenleiter. 2. Auflage, Heidelberg: Quelle & Meyer 1976

Baitsch, C.: Schicht- und Nachtschicht im Spital, Probleme und Lösungsansätze zur möglichst menschengerechten Gestaltung der Dienstpläne im Spital. Manuskript, Zürich 1980

Basler, H.-D. u. a.: Medizinische Psychologie II. Sozialwissenschaftliche Aspekte der Medizin. Stuttgart, Berlin, Köln, Mainz: Kohlhammer 1978

Becker, H. S.: Außenseiter. Zur Soziologie abweichenden Verhaltens. Frankfurt a. M.: Fischer 1973

Bernstein, B.: Elaborated and restricted codes: Their social origins and some consequences. Am. Anthropologist, Bd. 66, 1964

Bolte, K. M.: Schichtung. In König, R. (Hrsg.): Soziologie. Fischer Lexikon. Frankfurt a. M.: Fischer 1965

Bruggemann, A.: Arbeitszufriedenheit. Theoretische Ansätze, Probleme, empirische Ergebnisse. Unterlage zur Vorlesung „Arbeits- und Betriebspsychologie“ E. Ulich, ETH Zürich, 1974

Bruggemann, A.: Zur Unterscheidung verschiedener Formen von „Arbeitszufriedenheit“. Arbeit und Leistung/28. Jg., Nr. 11, 1974, 281–284

Bruner, J. S.; Goodman, L. L.: Value and need as organizing factors in perception. J. Abnorm. Soc. Psychol., 42, 1947, 33–44

Buser, K.; Kaul, U. (Hrsg.): Medizinische Psychologie. Medizinische Soziologie. Stuttgart, New York: Fischer 1978

Caplan, G.; Grunebaum, H.: Perspektiven primärer Prävention. In Sommer/Ernst (1977) S. 51–69

Cooper, G. L.: Streßbewältigung: Person, Familie, Beruf. München, Wien, Baltimore: Urban & Schwarzenberg 1981

Crott, H.: Soziale Interaktionen und Gruppenprozesse. Stuttgart, Berlin, Köln, Mainz: Kohlhammer, 1979

Dahrendorf, R.: Homo Sociologicus. In R. Dahrendorf: Pfade aus Utopia. München: Piper 1967, 128–194

Davis, E.: Zum gegenwärtigen Stand der Vorurteilsforschung. In: Vorurteile – ihre Erforschung und Bekämpfung. Politische Psychologie Bd. 3. 3. unveränd. Auflage. Frankfurt: Europäische Verlagsanstalt 1969, 51–71

Dechmann, B.; Lächler, J.: Soziologie, Gruppenverhalten: Unterrichtsmaterialien. Zürich 1980/81.

Egloff, E.: Praxisschock? – Also Praxisberatung! Krankenpflege 5, 1980, 258–262

Engel, G. L.: Die Notwendigkeit eines neuen medizinischen Modells: Eine Herausforderung der Biomedizin. In: Keup, H. (Hrsg.): Normalität und Abweichung. Fortsetzung einer notwendigen Kontroverse. München, Wien, Baltimore: Urban & Schwarzenberg, 1979, 63–85

Engel, G. L.: The Clinical Application of the Biopsychosocial Model. Am. J. Psychiatry 137: 5, Mai 1980

Engelhardt, K.; u. a.: Kranke im Krankenhaus. Grenzen und Ergänzungsbedürftigkeit naturwissenschaftlich-technischer Medizin. Stuttgart: Enke 1973

English, F.: Transaktionsanalyse, Gefühle und Ersatzgefühle in Beziehungen. Hamburg: ISKOPRESS, K. W. Vopel, 1980

Enke, H.; Enke-Ferchland, E.; Malzahn, B.; Pohlmeier, H.; Speierer, G.-W.; Troschke von, J.: Lehrbuch der Medizinischen Psychologie. München, Wien, Baltimore: Urban & Schwarzenberg 1973

Explora AG, (Institut für Motiv-, Marketing- und Sozialforschung): Die Kündigungsmotive des Diplomierten Krankenpflegepersonals, Zusammenfassung der Untersuchungsergebnisse. Zürich, Nov. 1979

Faller, A.: Der Körper des Menschen. Stuttgart: Thieme 1976

Ferber, Ch. von: Soziologie für Mediziner. Eine Einführung. Berlin, Heidelberg, New York: Springer 1975

Festinger, L.: A theory of cognitive dissonance. Stanford: Stanford University Press. 1957

Fittkau, B.; Müller-Wolf, H.-M.; Schulz von Thun, F.: Kommunizieren lernen (und umlernen) Braunschweig: Westermann 1977

Frey, D.; Hornung, R.: Rauchen und die Reduktion kognitiver Dissonanz. Psychologische Beiträge. Band 20. 1978, 251–266

Geissler, B.: Gesundheits- und Krankheitsverhalten. In Geissler, B., Thoma, P. (Hrsg.): Medizinsoziologie. Eine Einführung für medizinische und soziale Berufe. Frankfurt a. M.: Campus 1975

Goeppert, S.: Medizinische Psychologie. Band 1 u. 2. Reinbek b. Hamburg: Rowohlt 1980

Goffman, E.: Asyle. Frankfurt a. M.: Suhrkamp 1972

Graumann, C. F.: Interaktion und Kommunikation. In Graumann, C. F. (Hrsg.): Handbuch der Psychologie. Bd. 7, Sozialpsychologie. Göttingen: Hogrefe 1972. 1109–1262

Greitemeyer, M.; Schmitz, B.: Medizinische Psychologie. Medizinische Soziologie. Stuttgart – Bad Canstatt: Frommann-Holzboog 1980

Heim, E.: Krankheit als Krise und Chance. Stuttgart, Berlin: Kreuz 1980

Herkner, W.: Einführung in die Sozialpsychologie. Bern, Stuttgart, Wien: Huber 1975

Hofstätter, P. R.: Gruppenforschung. Wie Nationen einander sehen. In Gruppendynamik, Hamburg: Rowohlt 1957, 116–118, 192–195

Holmes, Th.; Rahe, R.: Holmes – Rahe Social Readjustment Rating Scale. Journal of Psychosomatic Research, 2, 1967

Irle, M.: Führungsprobleme. In Handbuch der Psychologie, Band 9. Göttingen: Hogrefe 1961

Israel, J.: Sozialpsychologie. Theorie-Probleme-Versuche. Stuttgart: Hippokrates 1976

Kirsch, W.: Einführung in die Theorie der Entscheidungsprozesse. Zweiter u. dritter Band. 2. durchgesehene und ergänzte Auflage Wiesbaden: Gabler 1977

Koos, E. L.: Krankheit in Regionville. In Mitscherlich u. a. (1970), 304–310

Kretschmer, E.: Körperbau und Charakter. Berlin, Heidelberg, New York: Springer 1967

Legewie, H.; Ehlers, W.: Knaurs moderne Psychologie. München, Zürich: Droemer, Knauer 1972

Lewin, K.: A dynamic theory of personality. New York: Mc Graw-Hill 1935

Lickert, R.: New patterns of management. New York 1961, in Rosenstiel, L. u. a. (1975)

Lickert, R.: The human organization. New York 1967, in Rosenstiel, L. u. a. (1975)

Lindgren, C. H.: Einführung in die Sozialpsychologie. Weinheim, Basel: Beltz 1973

Lohmann, H.: Krankheit oder Entfremdung. Stuttgart: Thieme 1978

Lukascyk, K.: Zur Theorie der Führerrolle. Psychologische Rundschau 11, 1960 179–188

Malzahn, P.: Die psychosoziale Situation des Patienten. In Geissler, B., Thoma, P. (Hrsg.): Medizinsoziologie. Eine Einführung für medizinsiche und soziale Berufe. Frankfurt a. M.: Campus 1975, 253–286

Mann, L.: Sozialpsychologie. 2. durchgesehene Auflage, Weinheim, Basel: Beltz 1974
Markefka, M.: Vorurteile – Minderheiten – Diskriminierung. Neuwied, Berlin: Luchterhand 1974
*Maslow, A. H.:*Motivation and Personality, 2. Auflage New York – Evanston – London: Harper and Row 1970
Matakas, F.: Sprünge in der Seele. Reinbek bei Hamburg: Rowohlt 1981
Mayer, B.: Die Karriere des Kranken. In Basler, H.-D. u. a. (1978), 11–32
Meier, M.: Der Wirklichkeitsschock oder warum verlassen die Schwestern die Pflege? Das Schweizer Spital Nr. 7/1979
Mertens, W.: Erziehung zur Konfliktfähigkeit. München: Ehrenwirth 1974
Meyer, P.: Soziale Ungleichheit. In: Reinmann, H., u. a.: Basale Soziologie: Hauptprobleme. 2. verbesserte Auflage. Opladen: Westdeutscher Verlag 1979, 53–71
Mitscherlich, A.; Brocher, T.; Mering von, O.; Horn, K. (Hrsg.): Der Kranke in der modernen Gesellschaft. Dritte Auflage. Köln, Berlin: Kiepenheuer & Witsch 1970
Moeller, M. L.: Selbsthilfegruppen. Reinbek bei Hamburg: Rowohlt 1978
*Nick, F. R.:*Management durch Motivation. Stuttgart, Berlin, Köln, Mainz: Kohlhammer 1974
Ostermann, A.; Nicklas, H.: Vorurteile und Feindbilder. München, Wien, Baltimore: Urban & Schwarzenberg 1976
Pauls, W.: Wer anderen in die Seele sieht ... Alltagspsychologie und Psychologenalltag. Weinheim, Basel: Beltz 1981
Payk, R. P.: Einführung in die Medizinische Psychologie. Stuttgart: Hippokrates 1980
Pflanz, M.: Institutionelle Probleme der Situation des Pflegepersonals. In Pflanz, M.: Die soziale Dimension in der Medizin. Stuttgart: Hippokrates 1975, 211–220
*Pinding, M.:*Krankenpflege in unserer Gesellschaft. Stuttgart: Enke 1972
Rathgeber, W.: Medizinische Psychologie und Medizinische Soziologie. München: Freytag & Müller 1979
Reimann, H.; Mühlefeld, C.: Soziale Rolle. In: H. Reimann u. a.: Basale Soziologie: Hauptprobleme. 2. verbesserte Auflage. Opladen: Westdeutscher Verlag 1979, 165–189
Richter, H. E.: Lernziel Solidarität. Reinbek bei Hamburg: Rowohlt 1974
Rogers, C. R.: The case of Mary Jane Tilden. In Snyder, W. U. (Ed.): Casebook of non-directive counseling, Boston: Houghton Mifflin 1947. In Zimbardo (1978)
Rohde, J. J.: Soziologie des Krankenhauses. Stuttgart: Enke 1962
Rosenhan, D. L.: On being sane in insane places. Science 179, 1973, 250–258
Rosenstiel, L.; Molt, W.; Rüttinger, B.: Organisationspsychologie. 2. Auflage. Stuttgart, Berlin, Köln, Mainz: Kohlhammer 1975
Rothschild, B.: Seele in Not. Was tun? Zürich: Fachverlag 1980. Titel der dt. Ausgabe: Seelische Notsituationen. Verstehen und Helfen. Weinheim: Beltz 1980
Rüegg, W.: Soziologie. Funk-Kolleg. Frankfurt a. M.: Fischer 1969
Schmidbauer, W.: Unsere kranken Therapeuten. Psychologie heute. September 1977, 53–56
Schmidbauer, W.: Die hilflosen Helfer. Reinbek bei Hamburg: Rowohlt 1977
Schneider, H. D.: Kleingruppenforschung. Stuttgart: Teubner 1975
Schneller, T.: Soziale Lernprozesse in der Auseinandersetzung mit der Umwelt. In: Tewes, U. u. a.: Medizinische Psychologie I. Psychologische Konzepte für die Medizin. Stuttgart, Köln, Mainz: Kohlhammer 1978, 81–109
Schraml, W. J.: Psychologie im Krankenhaus. Ein Leitfaden für Schwestern, Pfleger und verwandte Berufe. 3. Auflage. Bern, Stuttgart, Wien: Huber 1975
Schuller, A.: Patientenkarriere und Krankheitsbegriff, Medizin, Mensch, Gesellschaft, Band 1, Heft 1, 1976, 47–53
Schulte, W.; Tölle, R.: Psychiatrie. Vierte überarbeitete Auflage. Berlin, Heidelberg, New York: Springer 1977

Schulz von Thun, F.: Psychologische Vorgänge in der zwischenmenschlichen Kommunikation. In: Fittkau u. a., 1977, 9–100
Secord, P. F.; Backmann, C. W.: Sozialpsychologie. Frankfurt a. M.: Fachbuchhandlung für Psychologie 1976
Seidler, E.: Geschichte der Pflege des kranken Menschen. Stuttgart, Berlin, Köln, Mainz: Kohlhammer 1966
Siegrist, J.: Lehrbuch der Medizinischen Soziologie. Zweite, überarbeitete und erweiterte Auflage. München, Wien, Baltimore: Urban & Schwarzenberg 1975
Siegrist, J.: Empirische Untersuchungen zu Kommunikationsprozessen bei Visiten. Österreichische Zeitschrift für Soziologie. 3/4, 1977, 6–15
Smith, M. J.: Sage nein ohne Skrupel. Techniken zur Stärkung der Selbstsicherheit. Reinbek bei Hamburg: Rowohlt 1979
Sommer, G.; Ernst, H.: Gemeindepsychologie. München, Wien, Baltimore: Urban & Schwarzenberg 1977
Spranger, E.: Lebensformen; geisteswisssenschaftliche Psychologie und Ethik der Persönlichkeit. Halle (Saale) 1925. In Scholl-Schaaf, M.: Werthaltung und Wertsystem. Bonn: Bouvier, 1975
Tewes, U. u. a.: Medizinische Psychologie I. Stuttgart, Berlin, Köln, Mainz: Kohlhammer 1978
Troschke, J. von: Gesundheitserziehung. In M. Blohmke (Hrsg.): Ökologischer Kurs: Teil Sozialmedizin. Stuttgart: Enke 1979
Tuckmann, B. W.: Development sequence in small groups. Psychological Bulletin 63, 1965, 384–389
Ulich, E.: Führung – Führer. In: Handbuch d. Psychologie Bd. 9 „Betriebspsychologie“. Göttingen: Hogrefe 1961, 9–17
Ulich, E.; Baitsch, C.: Schicht- und Nachtarbeit im Betrieb. Rüschlikon/Zürich: gdi 1979
Vischher, R.: Psychische und soziale Belastungen des Krankenpflegepersonals. Krankenpflege 3, 1980, 162–165
Volpert, W.: Führerpersönlichkeit und Führereigenschaften. In Handbuch d. Psychologie Bd. 9 „Betriebspsychologie“. Göttingen: Hogrefe 1961, 41–46
Walster, E.; Aronson, U.; Abrahams, D.; Rottmann, L.: Importance of physical attractiveness in dating behavior. Journal of Personality and Social Psychology 4, 1966, 508–516
Watzlawick, P.; Beavin, J. H.; Jackson, D. D.: Menschliche Kommunikation. Bern, Stuttgart, Wien: Huber 1969
Wieser, St.: Isolation. Vom schwierigen Menschen zum hoffnungslosen Fall. Reinbek bei Hamburg: Rowohlt 1973
Wolff, R.; Hartung, K.: Psychische Verelendung und die Politik der Psychiatrie. In: Das Elend mit der Psyche. I Psychiatrie. Kursbuch 28. Berlin: Wagenbach, Juli 1972, 1–106
Zigler, E.; Child, J. L.: Socialisation. In Lindzey, G.; Aronson, E. (Eds.): The Handbook of Social Psychology. Vol. 3. Reading, Mass.: Addison-Wesley 1969
Zimbardo, P. G.: Lehrbuch der Psychologie. 3. Auflage. Berlin, Heidelberg, New York: Springer 1978
Zola, J. K.: Pathways to the doctor – from person to patient. Soc. Sci. & Med. 1973, 7, 677–689. In: Basler u. a. (1978), 29–30